GSAT

Global Samsung Aptitude Test

4급 전문대졸 채용

SD에듀
㈜시대고시기획

2024 최신판 SD에듀 삼성 온라인 GSAT 4급 전문대졸채용
7개년 기출 + 모의고사 4회 + 무료4급특강

Always **with you**

사람의 인연은 길에서 우연하게 만나거나 함께 살아가는 것만을 의미하지는 않습니다.
책을 펴내는 출판사와 그 책을 읽는 독자의 만남도 소중한 인연입니다.
SD에듀는 항상 독자의 마음을 헤아리기 위해 노력하고 있습니다. 늘 독자와 함께하겠습니다.

머리말

삼성 경영철학의 최우선순위는 '인간존중' 이념이다. 이를 구현하기 위해 삼성은 1995년에 개인의 능력과 무관한 학력, 성별 등의 모든 차별을 배제한 '열린채용'을 실시함으로써 채용문화에 변화의 바람을 일으켰다. 이때 삼성 직무적성검사(SSAT; SamSung Aptitude Test)를 도입, 단편적 지식과 학력 위주의 평가 방식에서 과감히 탈피했다.

20년 동안 채용을 진행하면서 입사 후 우수 직원들의 업무성과 요인 등을 분석한 결과, 직군별 성과요인에 차이가 있었다. 또한 미래 경영환경의 변화와 글로벌 주요 기업들의 사례를 통해 창의적이고 우수한 인재를 효과적으로 확보할 필요성이 생겼다. 이에 삼성은 2015년 하반기 공채부터 시험 위주의 획일적 채용방식을 직군별로 다양화하는 방향으로 채용제도를 개편했다. 이와 더불어 SSAT(국내)와 GSAT(해외)로 혼재되어 사용하던 삼성 직무적성검사의 명칭을 GSAT(Global Samsung Aptitude Test)로 통일시켰다.

실제 삼성 직무적성검사 기출문제를 살펴보면 평소 꾸준히 준비하지 않는 이상 쉽게 통과할 수 없도록 구성되어 있다. 더군다나 입사 경쟁이 날이 갈수록 치열해지는 요즘과 같은 상황에서는 더욱 철저한 준비가 요구된다. '철저한 준비'는 단지 입사를 위해서뿐만 아니라 성공적인 직장생활을 위해서도 필수적이다.

이에 SD에듀는 수험생들이 GSAT에 대한 '철저한 준비'를 할 수 있도록 다음과 같이 교재를 구성하였으며, 이를 통해 단기에 성적을 올릴 수 있는 학습법을 제시하였다.

도서의 특징

❶ 2023~2017년에 출제된 7개년 기출복원문제를 수록하여 최신출제경향을 파악할 수 있도록 하였다.

❷ 온라인 삼성 직무적성검사에 맞춰 영역과 문항을 구성하였고, 영역별 핵심이론과 적중예상문제를 통해 보다 체계적으로 공부할 수 있도록 하였다.

❸ 최종점검 모의고사 2회와 도서 동형 온라인 실전연습 서비스를 제공하여 실제와 같이 연습할 수 있도록 하였다.

❹ 인성검사와 면접 유형 및 실전 대책, 면접 기출 질문을 수록하여 별도의 학습서가 필요하지 않도록 하였다.

끝으로 본서를 통해 삼성 채용 시험을 준비하는 여러분 모두의 건강과 합격을 진심으로 기원한다.

SDC(Sidae Data Center) 씀

◯ 경영철학과 목표

1

인재와 기술을 바탕으로
- 인재 육성과 기술우위 확보를 경영의 원칙으로 삼는다.
- 인재와 기술의 조화를 통해 경영전반의 시너지 효과를 증대한다.

2

최고의 제품과 서비스를 창출하여
- 고객에게 최고의 만족을 줄 수 있는 제품과 서비스를 창출한다.
- 동종업계에서 세계 1군의 위치를 확보한다.

3

인류사회에 공헌한다.
- 인류의 공동이익과 풍요로운 삶을 위해 기여한다.
- 인류공동체 일원으로서의 사명을 다한다.

◯ 핵심가치

인재제일 ▶ '기업은 사람이다.'라는 신념을 바탕으로 인재를 소중히 여기고 마음껏 능력을 발휘할 수 있는 기회의 장을 만들어 간다.

최고지향 ▶ 끊임없는 열정과 도전정신으로 모든 면에서 세계 최고가 되기 위해 최선을 다한다.

변화선도 ▶ 변화하지 않으면 살아남을 수 없다는 위기의식을 가지고 신속하고 주도적으로 변화와 혁신을 실행한다.

정도경영 ▶ 곧은 마음과 진실되고 바른 행동으로 명예와 품위를 지키며 모든 일에 있어서 항상 정도를 추구한다.

상생추구 ▶ 우리는 사회의 일원으로서 더불어 살아간다는 마음을 가지고 지역사회, 국가, 인류의 공동 번영을 위해 노력한다.

⟳ 경영원칙

1

법과 윤리를 준수한다.
- 개인의 존엄성과 다양성을 존중한다.
- 법과 상도의에 따라 공정하게 경쟁한다.
- 정확한 회계기록을 통해 회계의 투명성을 유지한다.
- 정치에 개입하지 않으며 중립을 유지한다.

2

깨끗한 조직 문화를 유지한다.
- 모든 업무활동에서 공과 사를 엄격히 구분한다.
- 회사와 타인의 지적 재산을 보호하고 존중한다.
- 건전한 조직 분위기를 조성한다.

3

고객, 주주, 종업원을 존중한다.
- 고객만족을 경영활동의 우선적 가치로 삼는다.
- 주주가치 중심의 경영을 추구한다.
- 종업원의 「삶의 질」 향상을 위해 노력한다.

4

환경 · 안전 · 건강을 중시한다.
- 환경친화적 경영을 추구한다.
- 인류의 안전과 건강을 중시한다.

5

글로벌 기업시민으로서 사회적 책임을 다한다.
- 기업시민으로서 지켜야 할 기본적 책무를 성실히 수행한다.
- 현지의 사회 · 문화적 특성을 존중하고 상생을 실천한다.
- 사업 파트너와 공존공영의 관계를 구축한다.

⟳ 모집시기

연 1~2회 공채 및 수시 채용(시기 미정)

⟳ 지원자격

❶ 고등학교 · 전문대 졸업 또는 졸업예정자
❷ 군복무 중인 자는 당해년도 전역 가능한 자
❸ 해외여행에 결격사유가 없는 자

⟳ 채용전형 절차

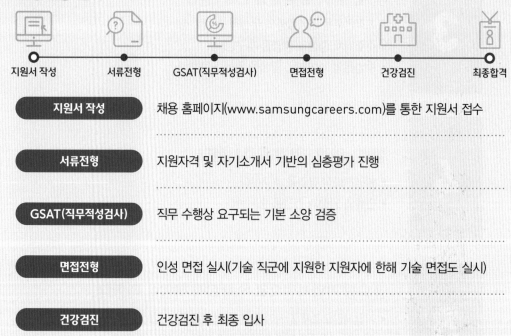

| 지원서 작성 | 서류전형 | GSAT(직무적성검사) | 면접전형 | 건강검진 | 최종합격 |

지원서 작성	채용 홈페이지(www.samsungcareers.com)를 통한 지원서 접수
서류전형	지원자격 및 자기소개서 기반의 심층평가 진행
GSAT(직무적성검사)	직무 수행상 요구되는 기본 소양 검증
면접전형	인성 면접 실시(기술 직군에 지원한 지원자에 한해 기술 면접도 실시)
건강검진	건강검진 후 최종 입사

❖ 채용 절차는 채용유형, 채용직무, 채용시기 등에 따라 변동될 수 있으므로 반드시 발표되는 채용공고를 확인하기 바랍니다.

삼성 온라인 GSAT 합격기

"기출복원문제를 통해 출제경향 파악!"

누군가는 시험이 매우 쉽기 때문에 따로 공부할 필요가 없다고 했고, 또 누군가는 시험이 쉽기 때문에 공부해야 한다고 했습니다. 저는 집안 사정상 합격이 절박했기 때문에 1점이라도 더 올린다는 마음으로 시험을 준비했던 것 같습니다. 먼저 여러 책을 둘러보아 유형을 확인하고, 책들 중에서 가장 난도가 높다는 이야기가 많았던 SD에듀 도서를 구매했습니다. 쉬운 시험을 쉽게 준비하면 큰 의미가 없다고 생각했거든요. 확실히 듣던 대로 쉬운 문제와 어려운 문제가 섞여있는 데다 푸는 요령도 없어 처음에는 제 시간에 맞춰 문제를 푸는 것도 버거웠습니다. 그래도 풀다보니 요령이 조금씩 생기기 시작했고, 자신감도 많이 붙었습니다. 실제 시험에서도 일말의 막힘없이 수월하게 문제를 풀 수 있었기 때문에 후회 없는 선택이었습니다.

"모두가 그렇듯 저 또한 너무 간절했기 때문에"

'아, 이번엔 진짜 붙어야겠다.'는 마음으로 인터넷에 올라와 있는 문제집 중에 급하게 SD에듀 도서를 주문해서 풀고, 온라인 GSAT인 만큼 미리 테스트해보고 싶어서 e-book으로 되어있는 모의고사도 구매해서 풀어봤어요. 개인적으로 어떤 게 더 어렵다기보다는 시간이 한정적이기 때문에 시간 관리에 더 심혈을 들여야 할 것 같아요. 시험의 전체적인 난이도는 SD에듀 문제집보다 쉬웠습니다. GSAT를 공부하며 모르는 부분이 있으면 답지를 보고 파악하고, 짧은 시간 내에 효율적으로 SD에듀 교재와 온라인 모의고사로 공부하여 합격할 수 있었습니다.

❖ 본 독자 후기는 실제 SD에듀의 도서를 통해 공부하여 합격한 독자들께서 보내주신 후기를 재구성한 것입니다.

이 책의 차례 CONTENTS

PART

1

7개년 기출복원문제

01 | 2023년 하반기

정답 및 해설 p.002

01 ▶ 수리능력검사

※ 다음 식을 계산한 값으로 옳은 것을 고르시오. [1~3]

01

$$5^2+3^3-2^2+6^2-9^2$$

① 1   ② 2

③ 3   ④ 4

02

$$6,788\div4+2,847$$

① 4,534   ② 4,544

③ 4,554   ④ 4,564

03

$$54\times3-113+5\times143$$

① 754   ② 764

③ 774   ④ 784

04 길이 258m인 터널을 완전히 통과하는 데 18초가 걸리는 A열차가 있다. 이 열차가 길이 144m인 터널을 완전히 통과하는 데 걸리는 시간이 16초인 B열차와 서로 마주보는 방향으로 달려 완전히 지나는 데 걸린 시간이 9초였다. B열차의 길이가 80m라면, A열차의 길이는?

① 320m

② 330m

③ 340m

④ 350m

05 농도 12%의 소금물 600g에 물을 넣어 4% 이하의 소금물을 만들고자 한다. 부어야 하는 물의 최소 용량은?

① 1,150g

② 1,200g

③ 1,250g

④ 1,300g

※ 다음은 2022년 가계대출 유형별 가중평균 금리에 대한 표이다. 이를 보고 이어지는 질문에 답하시오.
  [6~7]

〈2022년 가계대출 유형별 가중평균 금리〉

(단위 : 연 %)

구분	5월	6월	7월	8월
가계대출	3.49	3.25	3.12	2.92
소액대출	4.65	4.55	4.37	4.13
주택담보대출	2.93	2.74	2.64	2.47
예·적금담보대출	3.20	3.21	3.12	3.02
보증대출	3.43	3.20	3.11	2.95
일반신용대출	4.40	4.23	3.96	3.63
집단대출	3.28	2.85	2.76	2.76
공공 및 기타부문대출	3.61	3.75	3.49	3.32

06 자료에 대한 설명으로 옳지 않은 것은?

① 6~8월 동안 전월 대비 가계대출 가중평균 금리는 매달 감소했다.

② 7월에 가계대출 금리 이하의 금리를 갖는 대출 유형은 보증대출, 집단대출 2가지이다.

③ 5월 대비 6월에 금리가 하락한 유형 중 가장 적게 하락한 유형은 소액대출이다.

④ 8월 공공 및 기타부문대출과 주택담보대출 금리 차이는 0.85%p이다.

07 다음 중 5월 대비 8월에 가중평균 금리가 가장 많이 감소한 가계대출 유형은?

① 일반신용대출　　　　　　　　② 소액대출

③ 집단대출　　　　　　　　　　④ 보증대출

※ 일정한 규칙으로 수를 나열할 때, 빈칸에 들어갈 수로 적절한 것을 고르시오. **[1~2]**

01

6	24	60	120	( )	336	504	720

① 198 ② 210

③ 256 ④ 274

02

77	35	42	−7	49	( )	105	−161

① −54 ② −56

③ −58 ④ −60

※ 일정한 규칙으로 문자를 나열할 때, 빈칸에 들어갈 알맞은 문자를 고르시오(단, 모음은 일반모음 10개만 세는 것을 기준으로 한다). **[3~4]**

03

ㅑ	ㅓ	ㅗ	ㅠ	( )

① ㅑ ② ㅕ

③ ㅛ ④ ㅣ

04

b	e	n	o	( )	a

① p ② q

③ r ④ s

05

[제시문 A]
- 피로가 쌓이면 휴식을 취한다.
- 마음이 안정되지 않으면 휴식을 취하지 않는다.
- 피로가 쌓이지 않으면 모든 연락을 끊지 않는다.

[제시문 B]
모든 연락을 끊으면 마음이 안정된다.

① 참   ② 거짓   ③ 알 수 없음

06

[제시문 A]
- A가 수영을 배우면 B는 태권도를 배운다.
- B가 태권도를 배우면 C는 테니스를 배운다.
- D가 중국어를 배우지 않으면 C는 테니스를 배우지 않는다.

[제시문 B]
B가 태권도를 배우면 D는 중국어를 배운다.

① 참   ② 거짓   ③ 알 수 없음

07 다음은 S사의 제품번호 등록규칙이다. 다음 중 제품번호 'IND22Q03D9210'에 대한 설명으로 적절한 것은?

〈S사 제품번호 등록규칙〉

• 제품번호 등록규칙은 다음과 같다.
 [생산지 구분] – [생산 연도] – [생산 분기] – [제품 구분] – [운송 구분]

• 생산지 구분

국내	중국	인도네시아
KOR	CHN	IND

• 생산 연도

2019	2020	2021	2022	2023
19	20	21	22	23

• 생산 분기

1분기	2분기	3분기	4분기
Q01	Q02	Q03	Q04

• 제품 구분

식료품	의류	식기류	가전제품	기타
D81	D92	C13	E65	K00

• 운송 구분

일반	긴급	연기
10	20	30

① 중국에서 생산된 식기류 제품이다.
② 일반운송 대상이며 인도네시아에서 생산된 제품이다.
③ 2021년 3분기에 생산되었다.
④ 긴급한 운송을 요하는 제품이다.

※ 다음과 같은 모양을 만드는 데 사용된 블록의 개수를 고르시오(단, 보이지 않는 곳의 블록은 있다고 가정한다). [1~2]

01

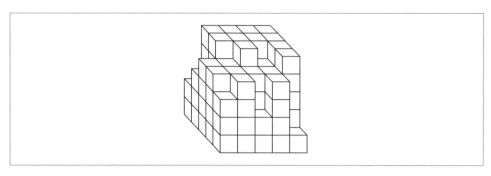

① 97개   ② 102개

③ 107개   ④ 112개

02

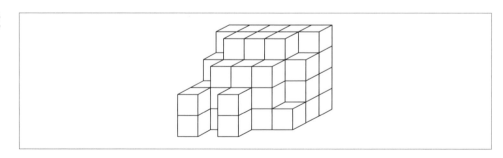

① 50개   ② 52개

③ 54개   ④ 56개

03 다음 제시된 문자를 오름차순으로 나열하였을 때 3번째에 오는 문자는?

K	ㅈ	H	ㅅ	J	ㅌ

① ㅌ   ② K

③ ㅈ   ④ J

04 다음 제시된 단어에서 공통으로 연상할 수 있는 단어는?

범, 무서운, 고양이

① 늑대   ② 곰

③ 호랑이   ④ 이리

05 다음 제시된 좌우의 문자 또는 기호를 비교하여 같으면 ①을, 다르면 ②를 고르면?

EUIOLLSHSIJP213 [　] EUIOLLSHSIJP213

① 같음   ② 다름

02 │ 2023년 상반기

정답 및 해설 p.005

01 ▶ 수리능력검사

※ 다음 식을 계산한 값으로 옳은 것을 고르시오. [1~3]

01

$$22,245+34,355-45,456$$

① 14,144　　　　　　　　② 13,144

③ 12,144　　　　　　　　④ 11,144

02

$$0.4545+5\times0.6475+0.3221$$

① 4.0441　　　　　　　　② 4.0341

③ 4.0241　　　　　　　　④ 4.0141

03

$$\frac{4}{13}-\frac{6}{26}-\frac{3}{39}+\frac{8}{52}$$

① $\frac{5}{13}$　　　　　　　　② $\frac{4}{13}$

③ $\frac{3}{13}$　　　　　　　　④ $\frac{2}{13}$

04 A씨는 저가항공을 이용하여 비수기에 제주도 출장을 가려고 한다. 1인 기준으로 작년에 비해 비행기 왕복 요금은 20% 내렸고, 1박 숙박비는 15% 올라서 올해의 비행기 왕복 요금과 1박 숙박비 합계는 작년보다 10% 증가한 금액인 308,000원이라고 한다. 이때, 1인 기준으로 올해의 비행기 왕복 요금은?

① 31,000원

② 32,000원

③ 33,000원

④ 34,000원

05 현수는 비커에 소금물 200g을 가지고 있었다. 물 50g을 증발시킨 후 소금 5g을 더 녹였더니 처음 농도의 3배인 소금물이 되었다. 현수가 처음에 가지고 있던 소금물의 농도는?(단, 소수점 둘째 자리에서 반올림한다)

① 1.0%

② 1.3%

③ 1.6%

④ 1.9%

※ 다음은 4개 지역의 2022년 월별 평균기온 및 강수량에 대한 표이다. 이를 보고 이어지는 질문에 답하시오.
[6~7]

〈4개 지역의 2022년 월별 평균기온 및 강수량〉

지역		서울	대구	광주	제주
평균기온(℃)	1월	−3.8	−0.1	0.3	5.0
	2월	−0.7	2.2	2.5	5.5
	3월	4.5	7.2	7.1	8.8
	4월	11.6	13.5	13.3	12.1
	5월	17.2	18.7	18.3	17.2
	6월	21.7	22.8	22.4	21.2
	7월	25.3	26.3	26.2	25.4
	8월	25.8	26.6	27.1	26.7
	9월	20.2	21.3	21.1	22.4
	10월	13.4	15.3	15.7	17.4
	11월	6.7	8.2	9.1	12.3
	12월	−0.3	2.4	3.7	7.4
강수량(mm)	1월	20	20	40	40
	2월	20	30	40	50
	3월	40	40	50	60
	4월	50	70	80	100
	5월	60	60	60	100
	6월	100	130	150	200
	7월	300	210	230	200
	8월	250	200	220	210
	9월	150	110	150	200
	10월	30	40	50	40
	11월	20	30	50	20
	12월	20	20	30	30

06 서울, 대구, 광주, 제주의 월별 강수량을 더해 4로 나눈 평균 강수량을 구했을 때, 그 평균이 가장 큰 달의 값과 가장 작은 달의 값을 더하면?

① 245mm

② 250mm

③ 255mm

④ 260mm

07 각 지역의 연간 평균기온은 월별 평균기온을 모두 더한 후 12로 나누어 계산한다고 한다. 2022년 연간 평균기온이 낮은 지역부터 높은 지역의 순서로 올바르게 나열하면?(단, 연간 평균기온은 소수점 둘째 자리에서 반올림한다)

① 서울 – 대구 – 광주 – 제주

② 서울 – 광주 – 대구 – 제주

③ 대구 – 서울 – 제주 – 광주

④ 대구 – 제주 – 서울 – 광주

02 ▶ 추리능력검사

※ 일정한 규칙으로 문자를 나열할 때, 빈칸에 들어갈 문자로 적절한 것을 고르시오(단, 모음은 일반모음 10개만 세는 것을 기준으로 한다). [1~2]

01

| ㅣ ㅓ ㅠ ㅛ ( ) ㅡ |

① ㅛ   ② ㅗ
③ ㅜ   ④ ㅠ

02

| B   D   F   ( )   R   P |

① H   ② O
③ J   ④ T

※ 다음 제시문을 읽고 각 문제가 항상 참이면 ①, 거짓이면 ②, 알 수 없으면 ③을 고르시오. [3~5]

- 시계 초침 소리는 20db이다.
- 라디오 음악 소리는 시계 초침 소리의 2배이다.
- 일상 대화 소리는 라디오 음악 소리보다 크다.
- 전화벨 소리는 70db로 일상 대화 소리보다 크다.
- 비행기 소리는 라디오 음악 소리의 3배이다.

03 시계 초침 소리가 가장 작다.

① 참   ② 거짓   ③ 알 수 없음

04 일상 대화 소리는 시계 초침 소리의 3배이다.

① 참   ② 거짓   ③ 알 수 없유

05 100db 이상의 소리에 장시간 노출 시 청각 장애가 올 수 있다고 할 때, 비행기 소리는 청각 장애를 유발할 수 있다.

① 참   ② 거짓   ③ 알 수 없음

※ 제시문 A를 읽고, 제시문 B가 참인지 거짓인지 혹은 알 수 없는지 고르시오. [6~7]

06

[제시문 A]
- 병원의 월요일 진료 시간은 오후 6시까지이다.
- 화요일은 월요일보다 1시간 30분 연장하여 진료한다.
- 수요일과 금요일의 진료 시간은 월요일과 같다.
- 목요일은 수요일보다 1시간 연장하여 진료한다.
- 토요일은 금요일보다 4시간 빨리 진료를 마감하며, 일요일은 휴무일이다.

[제시문 B]
가장 늦은 시간까지 진료하는 요일은 목요일이다.

① 참   ② 거짓   ③ 알 수 없음

07

[제시문 A]
- 가영이는 독서보다 피아노 치는 것을 좋아한다.
- 가영이는 독서보다 운동을 좋아한다.
- 가영이는 운동보다 TV 시청을 좋아한다.
- 가영이는 TV 시청보다 컴퓨터 게임을 좋아한다.

[제시문 B]
가영이는 피아노 치는 것보다 컴퓨터 게임을 좋아한다.

① 참   ② 거짓   ③ 알 수 없음

※ 다음과 같은 모양을 만드는 데 사용된 블록의 개수를 고르시오(단, 보이지 않는 곳의 블록은 있다고 가정한다). [1~3]

01

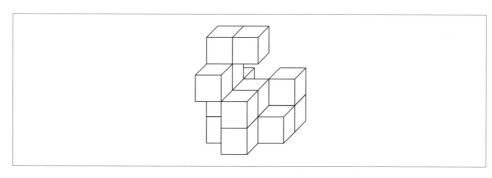

① 16개   ② 18개
③ 19개   ④ 21개

02

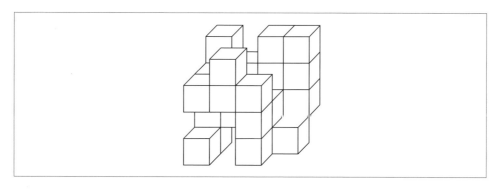

① 23개   ② 25개
③ 26개   ④ 28개

03

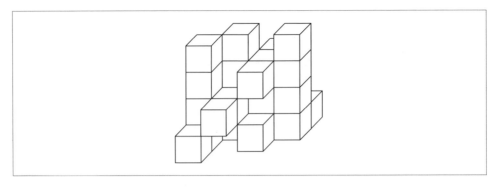

① 26개   ② 28개

③ 30개   ④ 32개

04 다음 제시된 단어에서 공통으로 연상할 수 있는 단어는?

운동, 조직, 공중

① 근육   ② 기구

③ 댄스   ④ 다이빙

05 다음 제시된 수를 오름차순으로 나열하였을 때 5번째에 오는 수는?

34   85   22   58   49   66

① 58   ② 49

③ 66   ④ 85

01 ▶ 수리능력검사

※ 다음 식을 계산한 값으로 옳은 것을 고르시오. [1~3]

01

$$4,355-23.85 \div 0.15$$

① 1,901   ② 2,190

③ 3,856   ④ 4,196

02

$$0.28+2.4682-0.9681$$

① 1.8701   ② 1.7801

③ 1.7601   ④ 1.5601

03

$$41+414+4,141-141$$

① 4,055   ② 4,155

③ 4,255   ④ 4,455

04 영희는 과일을 주문하려 인터넷 쇼핑몰에 들어갔다. 쇼핑몰에서는 사과, 수박, 바나나, 자두, 포도, 딸기, 감, 귤 총 8개의 과일 중에서 최대 4개의 과일을 주문할 수 있다. 다음 중 영희가 감, 귤, 포도, 딸기 4개 과일에 대해서는 2개까지만 선택을 하고, 3종류의 과일을 주문한다고 할 때, 영희가 할 수 있는 모든 주문의 경우의 수는?

① 48가지　　　　　　　　　　　　② 52가지
③ 56가지　　　　　　　　　　　　④ 64가지

05 농도가 20%인 묽은 염산 300g이 있다. 농도가 5%인 묽은 염산을 섞어 실험에 쓸 수 있는 묽은 염산으로 희석한다. 다음 중 농도가 10%보다 진하면 실험용 염산으로 사용할 수 없다고 할 때, 최소로 필요한 5% 묽은 염산의 양은?

① 600g　　　　　　　　　　　　② 650g
③ 700g　　　　　　　　　　　　④ 750g

06 학원 선생님 A씨는 갑 ~ 정 학생 4명의 평균이 80점 이상일 경우 아이스크림을 사겠다고 약속했다. 제자 갑, 을, 병의 성적은 각각 76점, 68점, 89점일 때 정 학생이 몇 점 이상이어야 아이스크림을 먹을 수 있는가?

① 87점   ② 88점

③ 89점   ④ 90점

07 다음은 S매장의 총 예산 및 인건비에 대한 표이다. S매장이 하루 동안 고용할 수 있는 최대 인원은?

	〈총 예산 및 인건비〉	
총 예산	본예산	500,000원
	예비비	100,000원
인건비	1인당 수당	50,000원
	산재보험료	(수당)×0.504%
	고용보험료	(수당)×1.3%

① 10명   ② 11명

③ 12명   ④ 13명

01 일정한 규칙으로 수를 나열할 때, 빈칸에 들어갈 수로 적절한 것은?

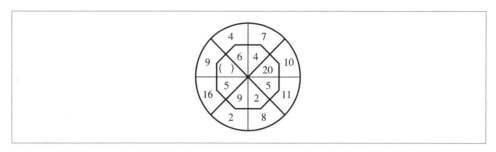

① 10

② 16

③ 20

④ 26

02 오각형 모서리의 숫자들이 일정한 규칙에 따라 다음과 같이 증가한다고 할 때, 여섯 번째 오각형 모서리의 숫자들의 합은?

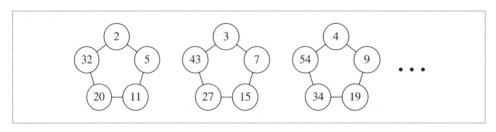

① 175

② 185

③ 195

④ 205

※ 일정한 규칙으로 문자를 나열할 때, 빈칸에 들어갈 문자로 적절한 것을 고르시오. [3~4]

03

| ㄱ | ㄷ | ㄴ | ( ) | ㄹ | ㅅ |

① ㅈ   ② ㅅ
③ ㅇ   ④ ㅁ

04

| A | B | D | H | P | ( ) |

① G   ② E
③ F   ④ Z

05 '선생님은 친절하다.'는 명제가 참일 때, 다음 중 옳은 것을 모두 고르면?

ㄱ. 친설하면 선생님이다.
ㄴ. 친절하지 않으면 선생님이 아니다.
ㄷ. 선생님이 아니면 친절하지 않다.

① ㄱ   ② ㄴ
③ ㄷ   ④ ㄴ, ㄷ

※ S부서는 보안을 위해 부서원들만 알 수 있는 비밀번호를 생성하려고 한다. 이를 위해 부서원에게 다음과 같은 메일을 보냈다. 이를 보고 이어지는 질문에 답하시오. **[6~7]**

〈신규 비밀번호 생성방법〉

- 보안을 위해 각자의 컴퓨터에 새로운 비밀번호를 생성하십시오.
- 비밀번호 생성방법은 다음과 같습니다.
  1. 앞 두 자리는 성을 제외한 이름의 첫 자음으로 합니다. → 마동석=ㄷㅅ
  2. 한글의 경우, 대응되는 알파벳으로 변형합니다. → ㄷ=C, ㅅ=G
  3. 세 번째와 네 번째 자리는 생년월일의 일로 합니다. → 10월 3일=03
  4. 다섯 번째와 여섯 번째 자리는 첫 번째와 두 번째 자리의 알파벳에 3을 더한 알파벳으로 합니다. → C=F, G=J
  5. 가장 마지막 자리는 직급의 번호로 합니다. → 사원=01, 대리=11, 과장=12, 차장=22, 부장=03

---

06 새로 발령을 받은 공효주 사원은 9월 13일생이다. 이 사원이 생성할 비밀번호로 옳은 것은?

① NI13QL11
② NI13QL01
③ NI13JV01
④ NI45QL01

07 부서원들이 만든 비밀번호 중 잘못 만들어진 것은?

① 김민경 사원(12월 6일생) → EA06HD01
② 유오성 대리(2월 25일생) → HG25KJ11
③ 손흥민 과장(3월 30일생) → NE30QH12
④ 황희찬 부장(4월 8일생) → NJ08QN03

※ 다음과 같은 모양을 만드는 데 사용된 블록의 개수를 고르시오(단, 보이지 않는 곳의 블록은 있다고 가정한다). [1~3]

01

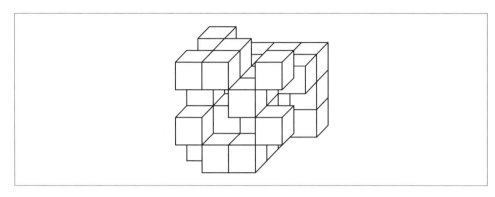

① 43개   ② 42개

③ 41개   ④ 40개

02

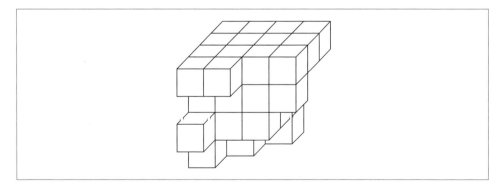

① 40개   ② 39개

③ 38개   ④ 37개

03

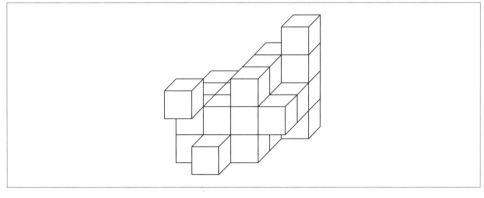

① 21개   ② 23개

③ 25개   ④ 29개

04 다음 제시된 단어에서 공통으로 연상할 수 있는 단어는?

난제, 코, 한

① 어렵다   ② 막히다

③ 춥다   ④ 풀다

05 다음 제시된 좌우의 문자 또는 기호를 비교하여 같으면 ①을, 다르면 ②를 고르면?

12LJIAGPOQl:HN [　] 12LJIAGPOQl:HN

① 같음   ② 다름

04 | 2022년 상반기

정답 및 해설 p.011

01 ▶ 수리능력검사

※ 다음 식을 계산한 값으로 옳은 것을 고르시오. [1~2]

01

$$79,999+7,999+799+79$$

① 88,866　　　　　　　　② 88,876

③ 88,886　　　　　　　　④ 88,896

02

$$\frac{4,324}{6} \times \frac{66}{2,162} - \frac{15}{6}$$

① 17.79　　　　　　　　② -1,779

③ 19.5　　　　　　　　④ -1,950

03 은경이는 태국 여행에서 A∼D 네 종류의 손수건을 총 9장 구매했으며, 그 중 B손수건은 3장, 나머지는 각각 같은 개수를 구매했다. 기념품으로 친구 3명에게 종류가 다른 손수건 3장씩 나눠주는 방법의 경우의 수는?

① 5가지

② 6가지

③ 7가지

④ 8가지

04 한국인의 혈액형 중 O, A, B, AB형이 차지하는 비율이 3 : 4 : 2 : 1이라면, 한국인 2명을 임의로 선택할 때 혈액형이 다를 확률은?

① $\dfrac{1}{10}$

② $\dfrac{3}{10}$

③ $\dfrac{1}{2}$

④ $\dfrac{7}{10}$

05 농도가 $A\%$인 소금물에 물을 200g 더 넣었더니 농도 4%의 소금물이 되었다. 처음 소금물의 양은?

① $\dfrac{800}{A-4}\,\text{g}$

② $\dfrac{600}{A-4}\,\text{g}$

③ $\dfrac{800}{A-8}\,\text{g}$

④ $\dfrac{600}{A-8}\,\text{g}$

※ S사는 직원들의 명함을 다음의 명함 제작 기준에 따라 제작한다. 이를 보고 이어지는 질문에 답하시오.
[6~7]

<명함 제작 기준>

(단위 : 원)

구분	100장	추가 50장
국문	10,000	3,000
영문	15,000	5,000

※ 고급종이로 제작할 경우 정가의 10% 가격 추가

06 올해 신입사원이 입사해서 국문 명함을 만들었다. 명함은 1인당 150장씩 지급하며, 일반종이로 만들어 총 제작비용은 195,000원이다. 신입사원의 총인원은?

① 12명　　　　　　　　　　　　　② 13명
③ 14명　　　　　　　　　　　　　④ 15명

07 이번 신입사원 중 해외영업 부서로 배치받은 사원이 있다. 해외영업부 사원들에게는 고급종이로 영문 명함을 200장씩 만들어 주려고 한다. 총인원이 8명일 때 총 제작비용은?

① 158,400원　　　　　　　　　　② 192,500원
③ 210,000원　　　　　　　　　　④ 220,000원

※ 일정한 규칙으로 수를 나열할 때, 빈칸에 들어갈 수로 적절한 것을 고르시오. **[1~2]**

01

| 3   5   4   9   25   16   27   (   )   64 |

① 45   ② 64

③ 85   ④ 125

02

| 27   81   9   243   3   729   (   ) |

① 1   ② 2

③ 4   ④ 6

※ 일정한 규칙으로 문자를 나열할 때, 빈칸에 들어갈 문자로 적절한 것을 고르시오. **[3~4]**

03

| B   E   H   (   )   N |

① I   ② J

③ K   ④ M

04

ㄴ	ㄷ	ㅁ	ㅅ
e	h	( )	t

① j   ② n

③ o   ④ r

05 제시된 명제가 모두 참일 때, 다음 중 반드시 참인 것은?

> • 딸기에는 비타민 C가 키위의 2.6배 정도 함유되어 있다.
> • 귤에는 비타민 C가 키위의 1.6배 정도 함유되어 있다.
> • 키위에는 비타민 C가 사과의 5배 정도 함유되어 있다.

① 키위의 비타민 C 함유량이 가장 많다.

② 딸기의 비타민 C 함유량이 가장 많다.

③ 귤의 비타민 C 함유량이 가장 많다.

④ 사과의 비타민 C 함유량이 가장 많다.

※ S카페를 운영 중인 갑은 직원들의 출근 확인 코드를 다음 규칙에 따라 정하였다. 이를 보고 이어지는 질문에 답하시오. **[6~7]**

> **〈규칙〉**
> • 다음의 규칙에서 1과 4는 이름과 생년월일을 기준으로 한다.
> 1. 첫 번째 글자의 초성은 두 번째 글자의 초성자리로, 두 번째 글자의 초성은 세 번째 글자의 초성자리로, …, 마지막 글자의 초성은 첫 번째 글자의 초성자리로 치환한다. → 강하늘=낭가흘
> 2. 각 글자의 종성은 1의 규칙을 반대 방향으로 적용하여 옮긴다(종성이 없는 경우 종성의 빈자리가 이동한다). → 강하늘=가할능
> 3. 생년월일에서 연도의 끝 두 자리를 곱하여 이름 앞에 쓴다. → 1993년생 강하늘=27강하늘
> 4. 생년월일에서 월일에 해당하는 네 자리 숫자는 각각 1=a, 2=b, 3=c, 4=d, 5=e, 6=f, 7=g, 8=h, 9=i, 0=j로 치환하여 이름 뒤에 쓴다. → 08월 01일생 강하늘=강하늘hja

06 1980년대 생인 A직원의 출근 확인 코드가 '64강형욱jabc'이라면 A직원의 이름과 생년월일은?

① 강영훅, 1988년 1월 23일생

② 학영궁, 1980년 1월 23일생

③ 학영궁, 1988년 1월 23일생

④ 악경훙, 1980년 1월 23일생

07 다음 직원 중 출근 확인 코드가 옳지 않은 것은?

① 2011년 03월 05일생, 최민건 → 1권친머jcje

② 1998년 05월 11일생, 김사랑 → 72리강삼jeaa

③ 1985년 07월 26일생, 심이담 → 40디심암jgbf

④ 1992년 11월 01일생, 송하윤 → 18오산흉aaaj

※ 다음과 같은 모양을 만드는 데 사용된 블록의 개수를 고르시오(단, 보이지 않는 곳의 블록은 있다고 가정한다). [1~2]

01

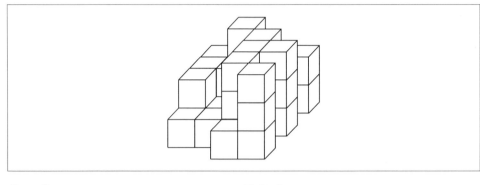

① 34개   ② 35개

③ 36개   ④ 37개

02

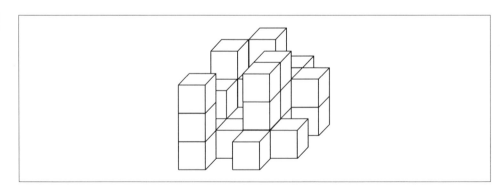

① 32개   ② 33개

③ 34개   ④ 35개

03 다음 제시된 단어에서 공통으로 연상할 수 있는 단어는?

매화, 난, 대나무

① 절   ② 봄
③ 국화   ④ 군자

04 다음 제시된 수를 내림차순으로 나열하였을 때 3번째에 오는 수는?

20   35   42   95   64   12

① 20   ② 42
③ 12   ④ 95

PART 1

05 | 2021년 하반기

정답 및 해설 p.014

01 ▶ 수리능력검사

※ 다음 식을 계산한 값을 구하시오. [1~3]

01

$$545 - 245 - 247 + 112$$

① 145   ② 155

③ 165   ④ 175

02

$$777 - 666 + 555 - 444$$

① 212   ② 222

③ 232   ④ 242

03

$$543 + 34 \times 34 - 354$$

① 1,045   ② 1,145

③ 1,245   ④ 1,345

04 다음은 S매장을 방문한 손님 수를 월별로 나타낸 자료이다. 남자 손님 수가 가장 많은 달은?

〈월별 S매장 방문 손님 수〉

(단위 : 명)

구분	1월	2월	3월	4월
전체 손님 수	56	59	57	56
여자 손님 수	23	29	34	22

① 1월 ② 2월

③ 3월 ④ 4월

05 다음은 연도별 제주도 감귤 생산량과 수확 면적을 나타낸 그래프이다. 다음 자료를 보고 2017년부터 2021년 동안 전년 대비 감귤 생산량의 감소량이 가장 많은 연도의 수확 면적은?

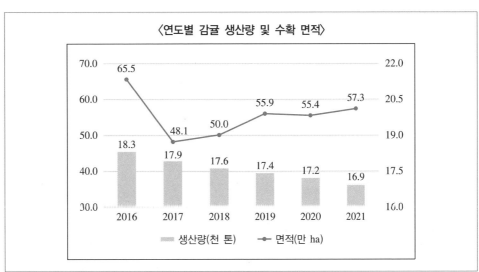

① 57.3만 ha ② 55.9만 ha

③ 50.0만 ha ④ 48.1만 ha

06 농도가 10%인 소금물 200g에 농도가 15%인 소금물과 섞어서 13%인 소금물을 만들려고 한다. 이때, 농도가 15%인 소금물은 몇 g이 필요한가?

① 150g ② 200g

③ 250g ④ 300g

07 S씨는 헬스클럽 이용권을 구입하려고 한다. A이용권은 한 달에 5만 원을 내고 한 번 이용할 때마다 1,000원을 내야하고, B이용권은 한 달에 2만 원을 내고 한 번 이용할 때마다 5,000원을 낸다고 한다. 한 달에 최소 몇 번 이용해야 A이용권을 이용하는 것이 B이용권을 이용하는 것보다 저렴한가?

① 5번 ② 8번

③ 11번 ④ 14번

※ 일정한 규칙으로 문자나 수를 나열할 때, 빈칸에 들어갈 알맞은 문자나 수를 고르시오(단, 모음은 일반 모음 10개만 세는 것을 기준으로 한다). **[1~4]**

01

| D E G J N S ( ) |

① U   ② W
③ X   ④ Y

02

| ㄴ f ㅕ i ( ) 12 ㅇ ㄱ |

① ㅛ   ② 八
③ e   ④ ㅗ

03

| 3 7 15 31 63 ( ) |

① 109   ② 117
③ 119   ④ 127

04

| 0.4 0.5 0.65 0.85 1.1 ( ) |

① 1.35   ② 1.4
③ 1.45   ④ 1.5

05 제시문 A를 읽고, 제시문 B가 참인지 거짓인지 혹은 알 수 없는지 고르면?

[제시문 A]
- 철수는 자전거보다 오토바이를 더 좋아한다.
- 철수는 오토바이보다 자동차를 더 좋아한다.
- 철수는 대중교통을 가장 좋아한다.

[제시문 B]
철수는 자동차를 두 번째로 좋아한다.

---

① 참   ② 거짓   ③ 알 수 없음

※ 다음은 식탁을 주문제작하는 S공방에서 쓰이는 제품번호이다. 이를 보고 이어지는 질문에 답하시오. [6~7]

- 제품번호는 모두 8자리로 구성되어 있고, 제품번호는 중복될 수 있다.

AA	BB	CC	DD
소재	사용인원	의자구성	벤치구성

소재	TR	SE	ST	MR
	원목	세라믹	스테인레스	유리
사용인원	02	20	22	00
	2인용	4인용	6인용	8인용
의자구성	00	01	11	10
	해당 없음	의자 2개	의자 4개	의자 6개
벤치구성	00	01	11	–
	해당 없음	벤치 1개	벤치 2개	–

06 세라믹 소재의 4인용 탁자이고, 의자 2개와 벤치 1개로 구성된 식탁의 제품번호로 옳은 것은?

① SE020101   ② SE020011

③ SE200101   ④ SE200011

07 다음 제품번호 중 S공방의 제품번호로 볼 수 없는 것은 모두 몇 개인가?

ⓐ TR020100   ⓑ SE200111

ⓒ ST221010   ⓓ MR000000

ⓔ MR200011

---

① 1개   ② 2개

③ 3개   ④ 4개

01 다음과 같이 쌓여 있는 블록에 최소한 몇 개의 블록을 더 쌓아야 정육면체 모양의 블록이 되겠는가?(단, 보이지 않는 곳의 블록은 있다고 가정한다)

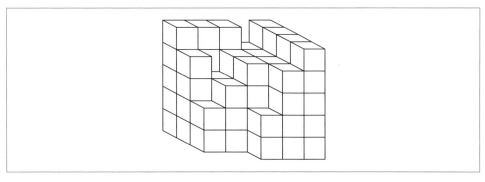

① 50개   ② 52개

③ 54개   ④ 56개

02 다음과 같은 모양을 만드는 데 사용된 블록의 개수는?(단, 보이지 않는 곳의 블록은 있다고 가정한다)

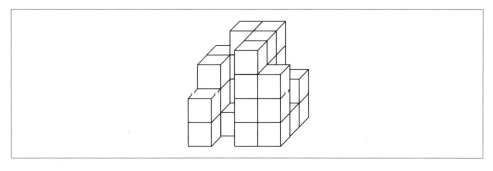

① 30개   ② 31개

③ 32개   ④ 33개

03 다음 속담과 같은 의미의 한자성어는?

소 잃고 외양간 고친다.

① 십벌지목(十伐之木)　　　　　② 망우보뢰(亡牛補牢)

③ 견문발검(見蚊拔劍)　　　　　④ 조족지혈(鳥足之血)

04 다음 글의 빈칸에 공통으로 들어갈 말로 가장 적절한 것은?

_____은/는 인류에게 끈덕진 동반자였지. 석기시대 사람들은 아침부터 저녁까지 먹거리를 찾아 헤맸을 거야. 그러다가 19세기 후반의 산업혁명으로 생산성이 눈부시게 향상되어 오늘날에는 19세기 같은 '물질적인 결핍'이 사라지게 되었지. 하지만 벌써 없어졌어야 하는 _____ 문제는 아직도 해결되지 못하고 있어.

① 공해　　　　　　　　　　② 전쟁

③ 인구　　　　　　　　　　④ 기아

06 | 2021년 상반기

정답 및 해설 p.017

01 ▶ 수리능력검사

※ 다음 식을 계산한 값으로 옳은 것을 고르시오. **[1~2]**

01

$$0.901+5.468-2.166$$

① 2.194 ② 4.203

③ 6.206 ④ 8.535

02

$$315\times69\div5$$

① 3,215 ② 4,007

③ 4,155 ④ 4,347

03 농도 9%의 소금물 800g이 있다. 이 소금물을 증발시켜 농도 16%의 소금물을 만들려면 몇 g을 증발시켜야 하는가?

① 300g

② 325g

③ 350g

④ 375g

04 30명의 남학생 중에서 16명, 20명의 여학생 중에서 14명이 수학여행으로 국외를 선호하였다. 국내 여행을 선호하는 학생 중 임의로 한 명을 선택했을 때, 이 학생이 남학생일 확률은?

① $\dfrac{3}{5}$

② $\dfrac{7}{10}$

③ $\dfrac{4}{5}$

④ $\dfrac{9}{10}$

05 서경이는 흰색 깃발과 검은색 깃발을 하나씩 갖고 있는데, 깃발을 총 5번 들어 신호를 표시하려고 한다. 같은 깃발은 4번까지만 사용하여 신호를 표시한다면, 만들 수 있는 신호의 경우의 수는?

① 14가지

② 16가지

③ 30가지

④ 32가지

※ 다음은 2019 ~ 2020년도 광역시별 인구 대비 헌혈 인구 비율에 대한 그래프이다. 이를 보고 이어지는 질문에 답하시오. **[6~7]**

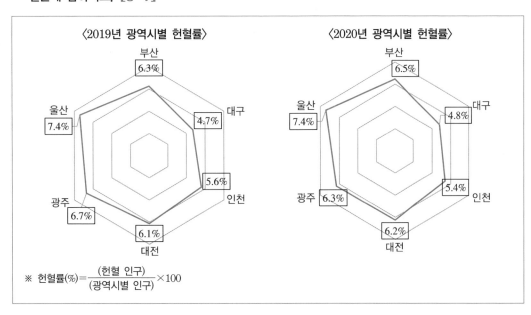

06 다음 중 전년 대비 2020년 헌혈률이 감소한 지역은?

① 울산광역시 ② 부산광역시
③ 광주광역시 ④ 대전광역시

07 2020년도 대구광역시 인구가 240만 명, 인천광역시 인구는 300만 명일 때, 각 지역의 헌혈 인구는?

	대구광역시	인천광역시
①	106,200명	157,000명
②	115,200명	162,000명
③	115,200명	157,000명
④	106,200명	162,000명

01 제시문 A를 읽고, 제시문 B가 참인지 거짓인지 혹은 알 수 없는지 고르면?

> [제시문 A]
> • 야구를 좋아하는 사람은 여행을 좋아한다.
> • 그림을 좋아하는 사람은 독서를 좋아한다.
> • 여행을 좋아하지 않는 사람은 독서를 좋아하지 않는다.
>
> [제시문 B]
> 그림을 좋아하는 사람은 여행을 좋아한다.

① 참   ② 거짓   ③ 알 수 없음

※ 일정한 규칙으로 문자를 나열할 때, 빈칸에 들어갈 알맞은 문자를 고르시오((단, 모음은 일반모음 10개만 세는 것을 기준으로 한다)). [2~3]

02

ㅑ ㅓ ㅗ ㅠ ( )

① ㅑ   ② ㅕ
③ ㅛ   ④ ㅣ

03

a 2 c 5 h 13 ( ) 34

① k   ② n
③ q   ④ u

※ 일정한 규칙으로 수를 나열할 때, 빈칸에 들어갈 알맞은 수를 고르시오. [4~5]

04

| 24 | 189 | 34 | 63 | 44 | ( ) | 54 | 7 |

① 6

② 11

③ 16

④ 21

05

| $\dfrac{3}{2}$ | 8 | 12 | $\dfrac{7}{20}$ | $\dfrac{5}{3}$ | $\dfrac{7}{12}$ | $\dfrac{5}{6}$ | $\dfrac{2}{5}$ | ( ) |

① $\dfrac{5}{6}$

② $\dfrac{2}{3}$

③ $\dfrac{1}{6}$

④ $\dfrac{1}{3}$

※ S자동차 회사는 2022년까지 자동차 엔진마다 시리얼 번호를 부여할 계획이다. 부여방식은 다음과 같을 때, 이어지는 질문에 답하시오. **[6~7]**

〈S자동차 회사 엔진 시리얼 번호〉

첫째 자리 수＝제조년												
1997년	1998년	1999년	2000년	2001년	2002년	2003년	2004년	2005년	2006년	2007년	2008년	2009년
V	W	X	Y	1	2	3	4	5	6	7	8	9
2010년	2011년	2012년	2013년	2014년	2015년	2016년	2017년	2018년	2019년	2020년	2021년	2022년
A	B	C	D	E	F	G	H	J	K	L	M	N

둘째 자리 수＝제조월											
1월	2월	3월	4월	5월	6월	7월	8월	9월	10월	11월	12월
A	C	E	G	J	L	N	Q	S	U	W	Y
B	D	F	H	K	M	P	R	T	V	X	Z

※ 셋째 자리 수부터 여섯째 자리 수까지는 엔진이 생산된 순서의 번호이다.

06 다음 중 시리얼 번호가 옳게 표시된 것은?

① OQ3258 ② LI2316
③ HS1245 ④ SU3216

07 1997 ~ 2000년, 2014 ~ 2018년에 생산된 엔진을 분류하려 할 때 해당되지 않는 엔진의 시리얼 번호는?

① FN4568 ② DU6548
③ WS2356 ④ HH2314

03 ▶ 지각능력검사

※ 다음과 같은 모양을 만드는 데 사용된 블록의 개수를 고르시오(단, 보이지 않는 곳의 블록은 있다고 가정한다). [1~2]

01

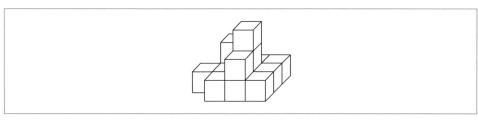

① 14개   ② 13개

③ 12개   ④ 11개

02

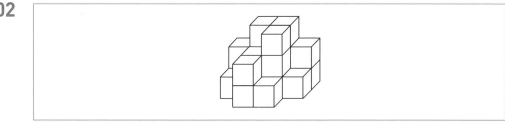

① 23개   ② 22개

③ 21개   ④ 20개

03 다음 제시된 문자를 오름차순으로 나열하였을 때 5번째에 오는 문자는?

| ㅎ   ㄱ   ㅅ   ㅇ   ㅈ   ㅂ |

① ㅅ   ② ㅈ

③ ㅇ   ④ ㅂ

04 다음 제시된 단어에서 공통으로 연상할 수 있는 단어를 고르면?

| 닭, 꺼병이, 까투리 |

① 장끼   ② 오리

③ 꿩   ④ 꼬끼오

07 | 2020년 하반기

정답 및 해설 p.020

01 ▶ 수리능력검사

※ 다음 식을 계산한 값으로 옳은 것을 고르시오. [1~4]

01

$$15 \times 108 - 303 \div 3 + 7$$

① 1,526   ② 1,626

③ 1,536   ④ 1,636

02

$$(102 + 103 + 104 + 105 + 106) \div 5$$

① 104   ② 105

③ 114   ④ 115

03

$$48.231 - 19.292 + 59.124$$

① 85.023   ② 98.063

③ 76.033   ④ 88.063

04

$$342 \div 6 \times 13 - 101$$

① 610   ② 620

③ 630   ④ 640

05 다음은 S시 A ~ C동에 있는 벚꽃나무 수에 대한 자료이다. 빈칸에 들어갈 수치로 옳은 것은?(단, 각 수치는 매년 일정한 규칙으로 변화한다)

〈연도별 벚꽃나무 수 변화 추이〉

(단위 : 그루)

구분	A동	B동	C동
2014년	60	110	35
2015년	66	120	19
2016년	60	103	42
2017년	56	105	44
2018년	55	97	53
2019년		112	50
2020년	48	116	41

① 50
③ 47
② 48
④ 43

06 다음은 지난해 A국에서 발생한 화재 건수에 대한 그래프이다. 화재건수가 두 번째로 많은 달과 열 번째로 많은 달의 화재 건수 차이는?

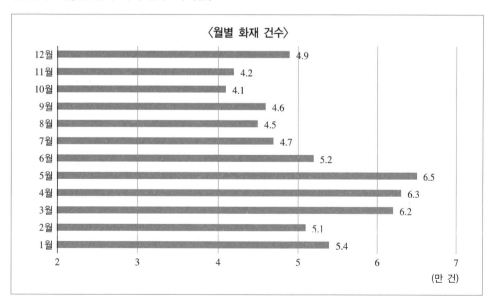

〈월별 화재 건수〉

① 1.6만 건
③ 1.8만 건
② 1.7만 건
④ 1.9만 건

※ 일정한 규칙으로 문자나 수를 나열할 때, 빈칸에 들어갈 알맞은 문자나 수를 고르시오. [1~4]

01

−7	−1	−8	5	−9	( )	−10	17

① 10   ② 11
③ 12   ④ 13

02

4	6	2	11	12	15	3	5	( )

① −5   ② 0
③ 3   ④ 4

03

ㄹ	ㄷ	ㅁ	ㄴ	ㅂ ( )

① ㄱ   ② ㄴ
③ ㄷ   ④ ㄹ

04

E	C	J	H	P	N ( )

① W   ② Y
③ F   ④ U

05 다음은 청소년이 고민하는 문제에 대한 그래프이다. 13 ～ 18세 청소년이 가장 많이 고민하는 문제와 19 ～ 24세가 두 번째로 많이 고민하고 있는 문제를 바르게 나열한 것은?

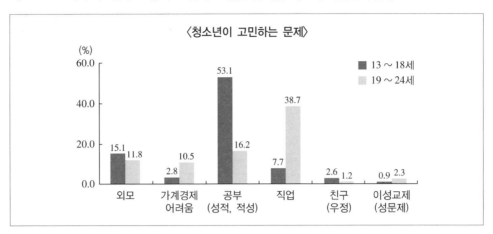

① 직업, 직업
③ 외모, 직업

② 공부, 공부
④ 직업, 공부

06 다음 그림은 출생연대별 개인주의 가치성향에 대한 그래프이다. 이에 대한 해석으로 가장 적절한 것은?

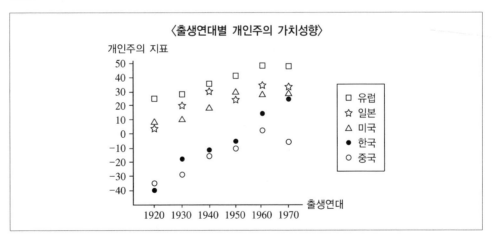

① 세대별로 개인주의 가치성향의 차이는 한국보다 유럽이 큰 편이다.
② 한국을 제외하고는 나이와 개인주의 가치성향이 항상 반비례하고 있다.
③ 중국의 1960년대생과 1970년대생은 비슷한 개인주의 성향을 보인다.
④ 전체 나라를 보면 대체로 유럽, 일본, 미국이 한국, 중국보다 개인주의 성향이 더 강하다.

※ 다음과 같은 모양을 만드는 데 사용된 블록의 개수를 고르시오(단, 보이지 않는 곳의 블록은 있다고 가정한다). [1~3]

01

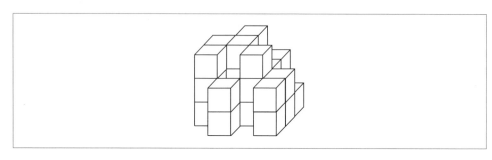

① 32개   ② 31개

③ 30개   ④ 29개

02

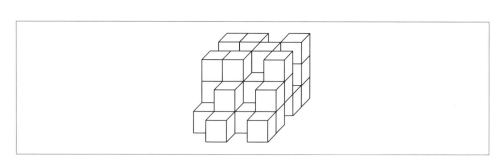

① 36개   ② 37개

③ 38개   ④ 39개

03

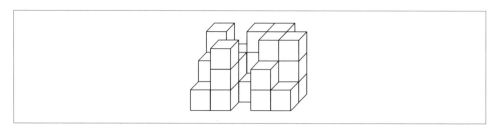

① 26개   ② 27개

③ 28개   ④ 29개

04 다음 제시된 문자나 수를 오름차순으로 나열하였을 때 2번째에 오는 것은?

h 2 y 11 12 z

① 11   ② 2
③ h   ④ y

05 다음 제시된 문자를 내림차순으로 나열하였을 때 6번째에 오는 문자는?

B ㅈ N ㅊ P ㅂ

① B   ② ㅈ
③ N   ④ P

06 다음 제시된 단어에서 공통으로 연상할 수 있는 단어는?

뉴스, 아나운서, 기자, 기상캐스터

① 기사   ② 직업
③ 방송   ④ 날씨

PART 1

08 | 2020년 상반기

정답 및 해설 p.023

01 ▶ 수리능력검사

※ 다음 식을 계산한 값으로 옳은 것을 고르시오. [1~3]

01

$$493-24\times5$$

① 373
② 390
③ 874
④ 276

02

$$9.4\times4.8\div1.2$$

① 36
② 37.6
③ 38
④ 39.2

03

$$15\times15-300\div3+7$$

① 132
② 137
③ 142
④ 147

04 522의 2할 8푼 1리는?

① 143.222
② 143.252
③ 146.442
④ 146.682

05 10명의 국회의원들이 모여서 자선자금을 모으려고 한다. 처음 보는 국회의원끼리만 악수하고, 그 횟수만큼 각자 10,000원씩 기부하기로 하였다. 참여한 국회의원 중 각자 아는 사람이 1명 이상일 때, 총 기부금의 최대 금액은?

① 60만 원   ② 70만 원

③ 80만 원   ④ 90만 원

06 수영장에 물을 공급하는 장치 A와 물을 배출하는 장치 B가 있다. A, B 각각 한 시간당 일정한 양의 물을 공급하고 배출한다. A장치를 열었을 때 수영장 물을 가득 채우는 데 4시간이 걸리고, A와 B를 동시에 작동시켰을 때 6시간이 걸린다. 수영장에 물이 가득 채워져 있을 때 B장치를 열어 전체 물을 배출하는 데 걸리는 시간은?

① 11시간   ② 12시간

③ 13시간   ④ 14시간

07 A가 시속 30km로 $x$km를 가는 데 걸린 시간은 B가 시속 40km로 30km를 갔을 때보다 5분이 덜 걸렸다고 한다. A가 이동한 거리는?

① 15km   ② 20km

③ 25km   ④ 30km

08 다음 표는 S시 A ~ C동에 있는 연도별 버스정류장 개수에 대한 자료이다. 빈칸에 들어갈 수치로 가장 적절한 것은?(단, 각 수치는 매년 일정한 규칙으로 변화한다)

〈연도별 버스정류장 개수 변화〉

(단위 : 개)

구분	A동	B동	C동
2013년	64	51	43
2014년	66	50	42
2015년	63	49	
2016년	69	53	36
2017년	61	58	39
2018년	70	57	31
2019년	62	52	44

① 46   ② 37

③ 69   ④ 24

02 ▶ 추리능력검사

※ 일정한 규칙으로 문자나 수를 나열할 때, 빈칸에 들어갈 알맞은 것을 고르시오. [1~3]

01

| 1 | 5 | 2 | 4 | 19 | 38 | 21 | 36 | 117 | 222 | ( ) | 307 |

① 27
② 32
③ 54
④ 68

02

| 1 | 2 | 3 | 3 | 7 | ( ) | 13 | 11 | 21 | 18 |

① 3
② 4
③ 5
④ 6

03

| F | X | O | L | X | ( ) |

① F
② A
③ M
④ E

04 진실마을 사람은 진실만을 말하고, 거짓마을 사람은 거짓만을 말한다. 주형이와 윤희는 진실마을과 거짓마을 중 한 곳에서 사는데, 다음 윤희가 한 말을 통해 주형이와 윤희가 각각 어느 마을에 사는지 바르게 유추한 것은?

> 윤희 : "적어도 우리 둘 중에 한 사람은 거짓마을 사람이다."

① 윤희는 거짓마을 사람이고, 주형이는 진실마을 사람이다.
② 윤희는 진실마을 사람이고, 주형이는 거짓마을 사람이다.
③ 윤희와 주형이 모두 진실마을 사람이다.
④ 윤희와 주형이 모두 거짓마을 사람이다.

05 영철이의 강아지는 흰색 또는 검정색 또는 노란색 중 하나이다. 다음 〈정보〉에서 적어도 하나는 옳고 하나는 틀리다면, 강아지의 색은?

> 〈정보〉
> • 강아지는 검정색이 아니다.
> • 강아지는 흰색이거나 노란색이다.
> • 강아지는 흰색이다.

① 흰색   ② 검정색
③ 노란색   ④ 알 수 없다.

06 체육의 날을 맞이하여 기획개발팀 4명은 다른 팀 사원들과 각각 15회씩 배드민턴 경기를 하였다. 다음과 같은 점수계산 방법에 따라 각자 자신의 경기 결과를 종합하여 결과를 발표하였다면 기획개발팀의 팀원 중 거짓을 말한 사람은?

> • 점수계산 방법 : 각 경기에서 이길 경우 7점, 비길 경우 3점, 질 경우 −4점을 받는다.
> • 각자 15회의 경기 후 자신의 합산 점수를 다음과 같이 발표하였다.
>
> | A팀장 | B대리 | C대리 | D연구원 |
> | --- | --- | --- | --- |
> | 93점 | 90점 | 84점 | 79점 |

① A팀장   ② B대리
③ C대리   ④ D연구원

07 다음은 물건을 훔친 용의자들의 진술이다. 용의자들 중 두 명이 진실을 말한다면 거짓말을 한 사람과 범인은?

- A : 난 거짓말하지 않는다. 난 범인이 아니다.
- B : 난 진실을 말한다. 범인은 A이다.
- C : B는 거짓말을 하고 있다. 범인은 B다.

	거짓말을 한 사람	범인
①	A	A
②	B	B
③	C	C
④	B	A

08 S기업에서는 이번 주 월 ~ 금요일에 건강검진을 실시한다. 서로 요일이 겹치지 않도록 〈조건〉에 따라 하루를 선택하여 건강검진을 받아야 할 때, 다음 중 반드시 참인 것은?

조건
- 이사원은 최사원보다 먼저 건강검진을 받는다.
- 김대리는 최사원보다 늦게 건강검진을 받는다.
- 박과장의 경우 금요일에는 회의로 인해 건강검진을 받을 수 없다.
- 이사원은 월요일 또는 화요일에 건강검진을 받는다.
- 홍대리는 수요일에 출장을 가므로 수요일 이전에 건강검진을 받아야 한다.
- 이사원은 홍대리보다는 늦게, 박과장보다는 먼저 건강검진을 받는다.

① 홍대리는 월요일에 건강검진을 받는다.
② 박과장은 수요일에 건강검진을 받는다.
③ 최사원은 목요일에 건강검진을 받는다.
④ 최사원은 박과장보다 먼저 건강검진을 받는다.

09 제시된 내용을 바탕으로 내린 A, B의 결론에 대한 판단으로 항상 옳은 것은?

- 준열, 정환, 수호, 재하는 '데이터 선택 65.8', '데이터 선택 54.8', '데이터 선택 49.3', '데이터 선택 43.8' 중 하나의 요금제를 사용한다.
- 4명 중 같은 요금제를 사용하는 사람은 아무도 없다.
- 준열이는 '데이터 선택 54.8'과 '데이터 선택 43.8'을 사용하지 않는다.
- 수호는 '데이터 선택 49.3'을 사용하지 않는다.
- 정환이는 '데이터 선택 65.8'을 사용한다.

A : 준열이는 '데이터 선택 49.3'을 사용한다.
B : 수호는 '데이터 선택 54.8'을 사용한다.

① A만 옳다.　　　　　　　　　　② B만 옳다.
③ A, B 모두 옳다.　　　　　　　　④ A, B 모두 틀리다.

10 다음 글을 읽고 참인 것을 고르면?

준표, 지후, 이정이는 각각 차를 소유하고 있다. 준표는 흰색 차도 소유하고 있다. 지후는 흰색 차만 소유하고 있다. 이정이는 빨간색 차도 소유하고 있다. 준표, 지후, 이정 세 사람의 차가 주차장에 있다. 주차장에 있는 차는 모두 흰색이다.

① 준표의 차는 주차장에 있다.
② 준표의 빨간색 차는 주차장에 있다.
③ 이정이의 모든 차는 주차장에 있다.
④ 주차장에 있는 모든 차는 지후의 차이다.

※ 다음 제시된 좌우의 문자 또는 기호를 비교하여 같으면 ①을, 다르면 ②를 고르시오. [1~3]

01

| 9927668109 – 9927868100 |

① 같음   ② 다름

02

| 不言之敎無爲之益 – 不言之敎無爲之益 |

① 같음   ② 다름

03

| TeachingAmericanHistory – TaechingAmericanHistory |

① 같음   ② 다름

※ 제시된 문자와 동일한 문자를 〈보기〉에서 찾아 고르시오(단, 가장 왼쪽 문자를 시작 지점으로 한다).
  [4~5]

보기

◁   ◀   ♡   ▶

04

◁

① 1번째   ② 2번째
③ 3번째   ④ 4번째

05

▶

① 1번째   ② 2번째
③ 3번째   ④ 4번째

※ 다음 중 제시된 도형과 같은 것을 고르시오(단, 도형은 회전이 가능하다). [6~7]

06

07

※ 다음과 같은 모양을 만드는 데 사용된 블록의 개수를 고르시오(단, 보이지 않는 곳의 블록은 있다고 가정한다). **[8~10]**

08

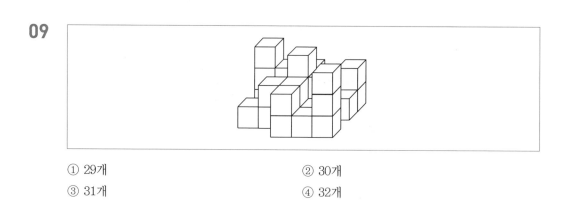

① 23개   ② 22개
③ 21개   ④ 20개

09

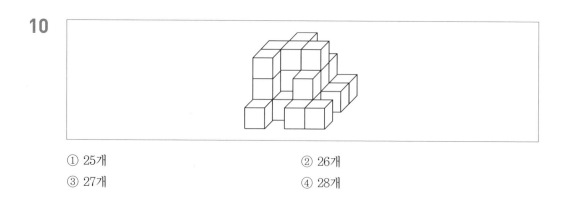

① 29개   ② 30개
③ 31개   ④ 32개

10

① 25개   ② 26개
③ 27개   ④ 28개

01 ▶ 수리능력검사

※ 다음 식의 값을 구하시오. [1~3]

01

$$36 \times 145 + 6,104$$

① 11,245   ② 11,324
③ 11,464   ④ 11,584

02

$$89.1 \div 33 + 5.112$$

① 7.612   ② 7.712
③ 7.812   ④ 7.912

03

$$491 \times 64 - (2^6 \times 5^3)$$

① 23,914   ② 24,013
③ 23,424   ④ 25,919

04 218의 6할 2리는 얼마인가?

① 131.236   ② 177.231
③ 183.144   ④ 185.542

05 다음 빈칸에 들어갈 값으로 옳은 것은?

$$\frac{7}{9} < (\quad) < \frac{7}{6}$$

① $\frac{64}{54}$

② $\frac{13}{18}$

③ $\frac{39}{54}$

④ $\frac{41}{36}$

06 두 지점 A, B 사이를 자동차로 왕복하는데 갈 때는 시속 80km, 올 때는 시속 60km로 달렸더니 올 때는 갈 때보다 시간이 30분 더 걸렸다. 이때, 두 지점 A, B 사이의 거리는?

① 100km

② 110km

③ 120km

④ 130km

07 다음은 S사 사내전화 평균 통화시간에 대한 자료이다. 평균 통화시간이 6 ~ 9분인 여자의 수는 12분 이상인 남자의 수에 비해 몇 배 많은가?

<S사 사내전화 평균 통화시간>

평균 통화시간	남자	여자
3분 이하	33%	26%
3 ~ 6분	25%	21%
6 ~ 9분	18%	18%
9 ~ 12분	14%	16%
12분 이상	10%	19%
대상 인원수	600명	400명

① 1.1배

② 1.2배

③ 1.3배

④ 1.4배

※ 일정한 규칙으로 문자나 수를 나열할 때, 빈칸에 들어갈 알맞은 문자나 수를 고르시오. **[1~3]**

01

| 7 10 16 25 37 ( ) 70 91 |

① 39 ② 46
③ 52 ④ 61

02

| 1 8 11 5 15 0 7 9 ( ) |

① 1 ② 2
③ 3 ④ 4

03

| ㄴ A 8 ㄹ ( ) 16 ㅂ ㄴ |

① M ② N
③ O ④ P

04 제시된 내용을 바탕으로 내린 A, B의 결론에 대한 판단으로 항상 옳은 것은?

- 어린이 도서 코너는 가장 오른쪽에 있다.
- 잡지 코너는 외국 서적 코너보다 왼쪽에 있다.
- 소설 코너는 잡지 코너보다 왼쪽에 있다.

A : 소설 코너는 외국 서적 코너보다 왼쪽에 있다.
B : 어린이 도서 코너는 잡지 코너보다 오른쪽에 있다.

① A만 옳다. ② B만 옳다.
③ A, B 모두 옳다. ④ A, B 모두 틀리다.

05 3학년 1반에서는 학생들의 투표를 통해 득표수에 따라 학급 대표를 선출하기로 하였고, 학급 대표 후보로 A ~ E 다섯 명이 나왔다. 투표 결과 다섯 명의 득표수가 다음과 같을 때, 바르게 추론한 것은?(단, 1반 학생들은 총 30명이며, 다섯 후보의 득표수는 서로 다르다)

- A는 15표를 얻었다.
- B는 C보다 2표를 더 얻었지만, A보다는 낮은 표를 얻었다.
- D는 A보다 낮은 표를 얻었지만, C보다는 높은 표를 얻었다.
- E는 1표를 얻어 가장 낮은 득표수를 기록했다.

① A가 학급 대표로 선출된다.
② B보다 D의 득표수가 높다.
③ D보다 B의 득표수가 높다.
④ C와 E의 득표수를 합치면 A의 득표수보다 높다.

06 제시문 A를 읽고, 제시문 B가 참인지 거짓인지 혹은 알 수 없는지 고르면?

[제시문 A]
- 단거리 경주에 출전한 사람은 장거리 경주에 출전한다.
- 장거리 경주에 출전한 사람은 농구 경기에 출전하지 않는다.
- 농구 경기에 출전한 사람은 배구 경기에 출전한다.

[제시문 B]
농구 경기에 출전한 사람은 단거리 경주에 출전하지 않는다.

① 참   ② 거짓   ③ 알 수 없음

※ 다음 제시된 문자 또는 숫자를 비교하여 같으면 ①, 다르면 ②를 고르시오. [1~2]

01

risingrhythm − risingrhythm

① 같음   ② 다름

02

9888463434 − 9888463424

① 같음   ② 다름

※ 다음 제시된 문자와 다른 것을 고르시오. [3~4]

03

특허허가과허가과장

① 특허허가과허가과장   ② 특허허가과허가과장
③ 특허하가과허가과장   ④ 특허허가과허가과장

04

octonarian

① octonarion   ② octonarian
③ octonarian   ④ octonarian

10 | 2019년 상반기

정답 및 해설 p.029

01 ▶ 수리능력검사

※ 다음 식을 계산한 값으로 옳은 것을 고르시오. [1~3]

01

$$27 \times 36 + 438$$

① 1,110　　　　　　　　② 1,210
③ 1,310　　　　　　　　④ 1,410

02

$$5.5 \times 4 + 3.6 \times 5$$

① 40　　　　　　　　　② 40.5
③ 48.5　　　　　　　　④ 50

03

$$27 \times \frac{12}{9} \times \frac{1}{3} \times \frac{3}{2}$$

① 8　　　　　　　　　　② 14
③ 18　　　　　　　　　　④ 20

04 921의 3할 6푼 9리는?

① 339.849　　　　　　　② 340.644
③ 341.943　　　　　　　④ 342.153

05 다음 빈칸에 들어갈 값으로 가장 적절한 것은?

$$\frac{1}{7} < (\quad) < \frac{4}{21}$$

① $\dfrac{1}{28}$

② $\dfrac{1}{6}$

③ $\dfrac{1}{3}$

④ $\dfrac{3}{7}$

06 대각선의 길이가 12cm, 16cm인 마름모 종이를 대각선을 따라 잘라 4등분하여 삼각형 4개를 만들었다. 한 삼각형 세 변에 일정한 간격으로 점을 찍을 때, 4개의 삼각형에 최대로 표시할 수 있는 점의 개수는?(단, 꼭짓점에 찍는 점을 포함한다)

① 48개

② 49개

③ 50개

④ 51개

07 다음은 2018년 1/4분기 산업단지별 수출현황에 대한 자료이다. (가), (나), (다)에 들어갈 수치가 바르게 나열된 것은?(단, 소수점 둘째 자리에서 반올림한다)

〈2018년 1/4분기 수출현황〉

(단위 : 백만 달러)

구분	2018년 1/4분기	2017년 1/4분기	전년 대비
국가	66,652	58,809	13.3%
일반	34,273	29,094	(가)
농공	2,729	3,172	14.0%
합계	(나)	91,075	(다)

	(가)	(나)	(다)
①	17.8	103,654	11.8
②	15.8	103,654	13.8
③	17.8	103,654	13.8
④	15.8	104,654	11.8

※ 일정한 규칙으로 문자나 수를 나열할 때, 빈칸에 들어갈 알맞은 것을 고르시오(단, 모음은 일반모음 10개만 세는 것을 기준으로 한다). [1~3]

01

| 2 | 3 | 5 | 6 | 11 | 12 | 23 | ( ) |

① 12
② 24
③ 72
④ 84

02

| 5 | 4 | 9 | 8 | 4 | 48 | ( ) | 3 | 72 |

① 3
② 9
③ 15
④ 18

03

| ㄹ | 5 | 六 | ㅠ | ( ) | 11 | ㅊ | N |

① ㅠ
② ㅎ
③ P
④ 九

04 다음 제시된 명제가 모두 참일 때 추론할 수 있는 것은?

> • 집과 카페의 거리는 집과 슈퍼의 거리보다 멀다.
> • 집과 꽃집의 거리는 집과 슈퍼의 거리보다 가깝다.
> • 집과 학교의 거리는 집과 카페의 거리보다 멀다.

① 슈퍼는 꽃집보다 집에서 가깝다.
② 집과 가장 가까운 곳은 슈퍼이다.
③ 카페는 집에서 두 번째로 멀다.
④ 학교가 집에서 가장 멀다.

05 제시된 내용을 바탕으로 내린 A, B의 결론에 대한 판단으로 항상 옳은 것은?

> • 랩을 잘하면 춤을 못 춘다.
> • 노래를 잘하면 랩을 잘한다.
> • 연기를 잘하면 노래를 잘한다.

> A : 노래를 잘하면 춤을 못 춘다.
> B : 연기를 잘하면 춤을 못 춘다.

① A만 옳다.　　　　　　　　　② B만 옳다.
③ A, B 모두 옳다.　　　　　　　④ A, B 모두 틀리다.

06 제시문 A를 읽고, 제시문 B가 참인지 거짓인지 혹은 알 수 없는지 고르면?

> [제시문 A]
> • 독서실에 가면 영어공부를 할 것이다.
> • 도서관에 가면 과제를 할 것이다.
> • 영어공부를 하면 과제를 하지 않을 것이다.
>
> [제시문 B]
> 독서실에 가면 도서관에 가지 않을 것이다.

① 참　　　　　　　② 거짓　　　　　　　③ 알 수 없음

※ 다음 제시된 문자 또는 숫자를 비교하여 같으면 ①, 다르면 ②를 고르시오. [1~2]

01

4685168438186 – 4685168438186

① 같음　　　　　　　　　　　② 다름

02

강약중약약강강중약강중 – 강약중약약강강중약강중

① 같음　　　　　　　　　　　② 다름

※ 다음 제시된 문자와 다른 것을 고르시오. [3~4]

03

somnambulist

① somnambulist　　　　　　　② somnambulist
③ somnambullst　　　　　　　④ somnambulist

04

86435476868448

① 86435476868448　　　　　② 86435476888448
③ 86435476868448　　　　　④ 86435476868448

PART 1

01 ▶ 수리능력검사

※ 다음 식을 계산한 값으로 옳은 것을 고르시오. [1~3]

01

$$572 \div 4 + 33 - 8$$

① 144　　　　　　　　　　② 158
③ 164　　　　　　　　　　④ 168

02

$$4.7 + 22 \times 5.4 - 2$$

① 121.5　　　　　　　　　② 120
③ 132.4　　　　　　　　　④ 136

03

$$6 \times \frac{32}{3} \times 2 \times \frac{11}{2}$$

① 684　　　　　　　　　　② 704
③ 786　　　　　　　　　　④ 792

04 438의 6할 1리는 얼마인가?

① 263.238

② 277.23

③ 283.144

④ 285.542

05 다음 빈칸에 들어갈 값으로 가장 적절한 것은?

$$\frac{22}{9} < (\quad) < \frac{11}{4}$$

① $\frac{33}{17}$

② $\frac{59}{19}$

③ $\frac{62}{21}$

④ $\frac{66}{25}$

06 12층에 살고 있는 수진이는 출근하려고 나왔다가 중요한 서류를 깜빡한 것이 생각나 다시 집에 다녀오려고 한다. 엘리베이터 고장으로 계단을 이용해야 하는데, 1층부터 6층까지 쉬지 않고 올라 갈 때 35초가 걸리고, 7층부터는 한 층씩 올라갈 때마다 5초씩 쉬려고 한다. 수진이가 1층부터 12층까지 올라가는 데 걸린 시간은?(단, 6층에서는 쉬지 않는다)

① 102초

② 107초

③ 109초

④ 112초

07 S기업에서 직원들에게 자기계발 교육비용을 일부 지원하기로 하였다. 총무인사팀에서 A~E 5명의 직원이 아래 자료와 같이 교육프로그램을 신청하였을 때, 기업에서 직원들에게 지원하는 총 교육비는?

〈자기계발 수강료 및 지원 금액〉

구분	영어회화	컴퓨터 활용	세무회계
수강료	7만 원	5만 원	6만 원
지원 금액 비율	50%	40%	80%

〈신청한 교육프로그램〉

구분	영어회화	컴퓨터 활용	세무회계
A	○		○
B	○	○	○
C		○	○
D	○		
E		○	

① 307,000원

② 308,000원

③ 309,000원

④ 310,000원

02 ▶ 추리능력검사

※ 일정한 규칙으로 수를 나열할 때, 빈칸에 들어갈 알맞은 숫자를 고르시오. [1~3]

01

| 1 4 8 11 22 25 ( ) |

① 36   ② 42

③ 46   ④ 50

02

| 5 19 24 3 6 9 ( ) 9 10 |

① 1   ② 2

③ 3   ④ 4

03

| A ㄴ 3 ( ) E ㅂ 7 八 |

① 4   ② D

③ ㄹ   ④ 四

04 제시된 내용을 바탕으로 내린 A, B의 결론에 대한 판단으로 항상 옳은 것은?

- 낚시를 하는 사람은 모두 책을 읽는다.
- 책을 읽는 사람은 모두 요리를 하지 않는다.
- 요리를 하는 사람은 모두 등산을 한다.

A : 요리를 하는 사람은 낚시를 하지 않는다.
B : 등산을 하는 사람은 낚시를 한다.

① A만 옳다.
② B만 옳다.
③ A, B 모두 옳거나 틀리다.
④ A, B 모두 옳은지 틀린지 판단할 수 없다.

05 다음의 제시문이 모두 참일 때 추론할 수 있는 것은?

- 가위는 테이프보다 비싸다.
- 볼펜은 테이프보다 싸다.
- 공책은 가위보다 비싸다.

① 제시된 문구 중에서 가장 비싼 것은 테이프다.
② 테이프는 공책보다 비싸다.
③ 제시된 문구 중에서 두 번째로 비싼 것은 가위다.
④ 공책은 볼펜보다 싸다.

※ 다음 제시된 좌우의 문자 또는 기호를 비교하여 같으면 ①을, 다르면 ②를 고르시오. [1~2]

01

일정일장일중얼장알중울징 – 일정일장일종얼장알중울징

① 같음   ② 다름

02

98567783251186 – 98567782251186

① 같음   ② 다름

※ 다음 제시된 문자와 다른 것을 고르시오. [3~4]

03

ablessingindis

① ablessingindls   ② ablessingindis
③ ablessingindis   ④ ablessingindis

04

358843187432462

① 358843187432462   ② 358843187432462
③ 358843187432462   ④ 358643187432462

12 | 2018년 상반기

정답 및 해설 p.033

01 ▶ 수리능력검사

※ 다음 식을 계산한 값으로 옳은 것을 고르시오. [1~2]

01

$$738 \div 41 + 69 \times 8$$

① 553   ② 558
③ 562   ④ 570

02

$$6 \times \frac{52}{8} - \frac{8}{3} \times \frac{84}{32}$$

① 32   ② 34
③ 35   ④ 37

03 592의 8할 2리는 얼마인가?

① 473.693   ② 474.784
③ 474.912   ④ 474.926

04 다음 빈칸에 들어갈 값으로 가장 적절한 것은?

$$\frac{40}{11} < (\quad) < \frac{14}{3}$$

① $\frac{10}{3}$

② $\frac{17}{4}$

③ $\frac{24}{5}$

④ $\frac{34}{7}$

05 집에서 학교까지 함께 출발하여 동생은 매분 50m의 속력으로 달리고, 언니는 매분 30m의 속력으로 걸었더니 동생이 5분 먼저 도착하였다고 한다. 집에서 학교까지의 거리는?

① 360m

② 365m

③ 370m

④ 375m

06 농도가 8%인 소금물 20g을 증발시켜 농도가 10%의 소금물을 만들었다. 이때, 증발된 물의 양은?

① 1g

② 2g

③ 3g

④ 4g

07 다음은 공공도서관 현황에 대한 자료이다. 2018년 공공도서관 수는 2015년에 비해 몇 % 증가하였는가?(단, 소수점 첫째 자리에서 반올림한다)

〈공공도서관 현황〉

구분	2015년	2016년	2017년	2018년
공공도서관 수(개소)	644	703	759	786
공공도서관당 이용자 수(명)	76,926	70,801	66,556	64,547
1인당 이용 장서 수(권)	1.16	1.31	1.40	1.49
전체 장서 수(천 권)	58,365	65,366	70,539	75,575
방문자 수(천 명)	204,919	235,140	258,315	270,480

① 20%

② 21%

③ 22%

④ 23%

※ 일정한 규칙으로 수를 나열할 때, 빈칸에 들어갈 알맞은 숫자를 고르시오. [1~3]

01

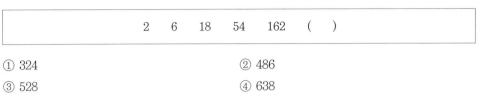

2   6   18   54   162   (   )

① 324
② 486
③ 528
④ 638

02

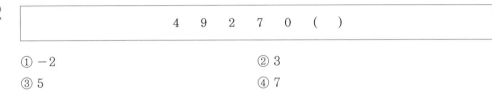

4   9   2   7   0   (   )

① −2
② 3
③ 5
④ 7

03

4   6   −8   1   16   −4   −32   (   )

① −9
② 24
③ −16
④ −48

04 다음 사실로부터 추론할 수 있는 것은?

• 나무는 바위보다 크다.
• 꽃은 바위보다 작다.
• 풀은 나무보다 크다.

① 꽃이 가장 작다.
② 바위가 풀보다 크다.
③ 나무가 꽃보다 작다.
④ 나무가 가장 크다.

※ 다음 제시된 좌우의 문자 또는 기호를 비교하여 같으면 ①을, 다르면 ②를 고르시오. **[1~2]**

01

정중종강졍공킹귤열염줌춤 – 정중종강졍공킹귤열염줌춤

① 같음   ② 다름

02

956358322429 – 956358332429

① 같음   ② 다름

※ 다음 제시된 문자와 다른 것을 고르시오. **[3~4]**

03

32168725951465

① 32168726951465   ② 32168725951465
③ 32168725951465   ④ 32168725951465

04

Ⅲ Ⅹ Ⅷ Ⅹ Ⅻ Ⅵ Ⅳ Ⅰ Ⅲ Ⅰ Ⅵ Ⅷ Ⅺ Ⅹ

① Ⅲ Ⅹ Ⅷ Ⅹ Ⅻ Ⅵ Ⅳ Ⅰ Ⅲ Ⅰ Ⅵ Ⅷ Ⅺ Ⅹ   ② Ⅲ Ⅹ Ⅷ Ⅹ Ⅻ Ⅵ Ⅳ Ⅰ Ⅲ Ⅰ Ⅵ Ⅷ Ⅺ Ⅹ
③ Ⅲ Ⅹ Ⅷ Ⅹ Ⅺ Ⅵ Ⅳ Ⅰ Ⅲ Ⅰ Ⅵ Ⅷ Ⅺ Ⅹ   ④ Ⅲ Ⅹ Ⅷ Ⅹ Ⅻ Ⅵ Ⅳ Ⅰ Ⅲ Ⅰ Ⅵ Ⅷ Ⅺ Ⅹ

13 | 2017년 하반기

정답 및 해설 p.035

01 ▶ 수리능력검사

※ 다음 식을 계산한 값으로 옳은 것을 고르시오. [1~4]

01

$$382+153\times2$$

① 688
② 752
③ 894
④ 1,070

02

$$1,075\div25-38$$

① 4
② 5
③ 6
④ 7

03

$$0.29\times0.4+7.53$$

① 7.118
② 7.352
③ 7.646
④ 7.806

04

$$\frac{3}{7}:\frac{6}{11}|2|\frac{1}{3}$$

① $\dfrac{17}{42}$
② $\dfrac{33}{42}$
③ $\dfrac{98}{42}$
④ $\dfrac{131}{42}$

05 가로 150m, 세로 90m인 직사각형 모양의 운동장 가장자리를 빙 둘러 가로수를 심으려고 한다. 가로수 사이의 간격을 3m로 할 때, 가로수는 총 몇 그루가 필요한가?

① 157그루 ② 158그루
③ 159그루 ④ 160그루

※ 다음은 국내 초·중·고 사교육비 현황에 대한 자료이다. 이를 보고 이어지는 질문에 답하시오. [6~7]

〈국내 초·중·고 사교육비 현황〉

(단위 : 억 원, 만 원)

구분	2013년		2014년		2015년		2016년	
	총 사교육비	1인당 사교육비	총 사교육비	1인당 사교육비	총 사교육비	1인당 사교육비	총 사교육비	1인당 사교육비
합계	185,960	286.9	182,298	290	178,346	292.9	180,605	307.2
초등학교	77,375	277.9	75,949	278.4	75,287	277.3	77,438	289.2
중학교	57,831	320.6	55,678	324.1	52,384	330.3	48,102	330
고등학교	50,754	268.1	50,671	275.5	50,675	283.4	55,065	314.4

06 2013 ~ 2016년 총 사교육비의 평균은?(단, 소수점 첫째 자리에서 반올림한다)

① 18조 1,802억 원
② 18조 1,926억 원
③ 18조 2,144억 원
④ 19조 2,258억 원

07 다음 중 자료에 대한 설명으로 옳은 것은?

① 초·중·고의 1인당 사교육비는 모두 계속해서 증가하고 있다.
② 고등학교 학생 수는 점점 감소하고 있다.
③ 총 사교육비 중 초등학교 사교육비의 비율은 점점 감소하고 있다.
④ 매년 총 사교육비 액수는 초등학교 > 중학교 > 고등학교, 1인당 사교육비 액수는 중학교 > 초등학교 > 고등학교 순이다.

08 농도 12%의 소금물 500g과 x%의 소금물 300g을 섞었더니 농도 10.5%의 소금물이 되었다. 섞은 소금물의 농도는?

① 8%

② 9%

③ 10%

④ 11%

09 인접해 있는 두 가로등 A, B가 있다. A가로등은 2분 동안 켜져 있다가 이후 1분간 꺼져 있고, B가로등은 4분간 켜져 있다가 이후 1분간 꺼진다. 동시에 가로등을 켜서 1시간이 지났을 때, 두 가로등이 동시에 켜져 있던 시간은 모두 몇 분인가?

① 30분

② 32분

③ 34분

④ 36분

※ 일정한 규칙으로 문자나 수를 나열할 때, 빈칸에 들어갈 알맞은 문자나 수를 고르시오. [1~4]

01

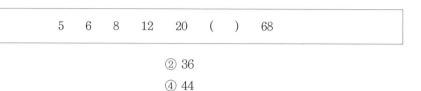

5	6	8	12	20	( )	68

① 32   ② 36

③ 40   ④ 44

02

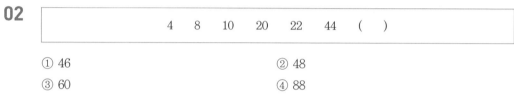

4	8	10	20	22	44	( )

① 46   ② 48

③ 60   ④ 88

03

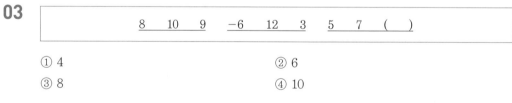

8   10   9   −6   12   3   5   7   ( )

① 4   ② 6

③ 8   ④ 10

04

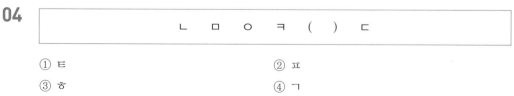

ㄴ   ㅁ   ㅇ   ㅋ   ( )   ㄷ

① ㅌ   ② ㅍ

③ ㅎ   ④ ㄱ

※ 다음 제시된 좌우의 문자 또는 기호를 비교하여 같으면 ①을, 다르면 ②를 고르시오. [1~3]

01

fjdsleoshwqkqe − fjdsleoshwqkqe

① 같음   ② 다름

02

◎▨▷◑♣♧●◆♨▦☎ − ◎▨▷◑♣♧●◆♨▦☎

① 같음   ② 다름

03

티키타리듬에맞춰스핀칸타타 − 티키타리듬에맞춰스핀칸티타

① 같음   ② 다름

※ 다음 제시된 문자와 다른 것을 고르시오. [4~5]

04

5829036328132671

① 5829036328132671　　　　　② 5829036328132671

③ 5829036328132671　　　　　④ 5829036828132671

05

ⅧⅩⅧⅥ Ⅲ Ⅰ Ⅹ Ⅱ Ⅹ Ⅵ Ⅴ Ⅷ

① ⅧⅩⅧⅥ Ⅲ Ⅰ Ⅹ Ⅱ Ⅹ Ⅵ Ⅴ Ⅷ　　　② ⅧⅩⅧⅥ Ⅲ Ⅰ Ⅹ Ⅱ Ⅹ Ⅵ Ⅴ Ⅷ

③ ⅧⅩⅧⅥ Ⅲ Ⅰ Ⅹ Ⅰ Ⅹ Ⅵ Ⅴ Ⅷ　　　④ ⅧⅩⅧⅥ Ⅲ Ⅰ Ⅹ Ⅱ Ⅹ Ⅵ Ⅴ Ⅷ

06 다음 그림을 순서대로 나열한 것은?

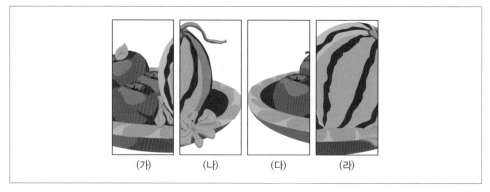

(가)　　(나)　　(다)　　(라)

① (라) – (가) – (다) – (나)

② (다) – (가) – (라) – (나)

③ (라) – (나) – (가) – (다)

④ (다) – (가) – (나) – (라)

07 다음과 같은 모양을 만드는 데 사용된 블록의 개수는?(단, 보이지 않는 곳의 블록은 있다고 가정한다)

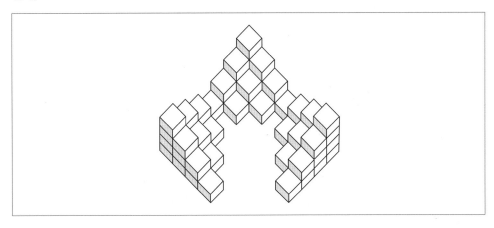

① 51개   ② 58개

③ 60개   ④ 63개

14 | 2017년 상반기

정답 및 해설 p.038

01 ▶ 수리능력검사

※ 다음 식을 계산한 값으로 옳은 것을 고르시오. [1~4]

01

$$294-890+241$$

① -255 ② -285

③ -325 ④ -355

02

$$559-374+493$$

① 658   ② 668

③ 678   ④ 688

03

$$0.73 \times 11 - 2.5$$

① 4.93   ② 5.33

③ 5.53   ④ 5.83

04

$$\frac{5}{8} \div \left(\frac{7}{3} + \frac{3}{4}\right) + \frac{11}{37}$$

① $\frac{1}{3}$ ② $\frac{1}{2}$

③ 1 ④ $\frac{4}{3}$

05 420의 5할 1리는?

① 21.42   ② 21.042

③ 214.2   ④ 210.42

06 형과 동생의 나이 차이는 3살이다. 아버지의 나이는 형과 동생의 나이의 합보다 1.6배 많다. 형의 나이가 14살이면 아버지의 나이는?

① 37세   ② 38세

③ 40세   ④ 41세

07 30% 할인해서 팔던 노트북을 이월 상품 정리 기간에 할인된 가격의 10%를 추가로 할인해서 팔기로 하였다. 이 노트북은 원래 가격에서 얼마나 할인된 가격으로 팔리는 것인가?

① 36%   ② 37%

③ 38%   ④ 39%

08 등산을 하는데 올라갈 때는 시속 3km로 걷고, 내려올 때는 올라갈 때보다 5km 더 먼 길을 시속 4km로 걷는다. 올라갔다가 내려올 때 총 3시간이 걸렸다면, 올라갈 때 걸은 거리는?

① 3km   ② 4km

③ 5km   ④ 6km

09 어머니가 치킨 너겟 한 박스를 사오셨는데, 형이 60%, 동생이 20%를 먹었더니 형이 동생보다 6조각을 더 먹었다고 한다. 치킨 너겟 한 박스에는 몇 조각이 들어있는가?

① 12조각　　　　　　　　　　　　② 14조각
③ 15조각　　　　　　　　　　　　④ 16조각

※ 다음은 해외파병 현황에 대한 통계자료이다. 이를 보고 이어지는 질문에 답하시오. **[10~12]**

〈해외파병 현황〉

(단위 : 명)

구분	2012년	2013년	2014년	2015년	2016년
항구적 자유 작전	13	17	246	(가)	731
UN PKO	733	741	1,218	1,526	1,200
해양안보 작전	2	909	623	617	937
군사협력단	0	0	0	259	289

10 2012년부터 2016년까지의 항구적 자유 작전 인원이 1,350명일 때, (가)에 들어갈 알맞은 수는?

① 343　　　　　　　　　　　　② 323
③ 313　　　　　　　　　　　　④ 353

11 2016년 전체 해외파병 중에서 UN PKO가 차지하는 비율은?(단, 소수점 첫째 자리에서 반올림한다)

① 36%　　　　　　　　　　　　② 38%
③ 39%　　　　　　　　　　　　④ 37%

12 다음 중 자료에 대한 설명으로 옳지 않은 것은?

① 2015년 해양안보 작전으로 617명을 파병하였다.
② 2012년부터 2016년까지 UN PKO로 파병된 수는 5,438명이다.
③ 항구적 자유 작전의 파병 수는 2012년부터 2016년까지 계속 증가하고 있다.
④ 2015년과 2016년 군사협력단으로 평균 274명을 파병하였다.

※ 일정한 규칙으로 수를 나열할 때, 빈칸에 들어갈 알맞은 숫자를 고르시오. [1~3]

01

$$-8 \quad 3 \quad -5 \quad -2 \quad -7 \quad (\quad)$$

① -9 ② -1

③ 7 ④ 9

02

$$\underline{4 \quad 3 \quad 14} \quad \underline{5 \quad 1 \quad 12} \quad \underline{9 \quad -3 \quad (\quad)}$$

① 10 ② 11

③ 12 ④ 13

03

$$1 \quad 2.5 \quad 4.5 \quad 7 \quad 10 \quad (\quad)$$

① 12 ② 13.5

③ 14.5 ④ 15

※ 일정한 규칙으로 문자를 나열할 때, 빈칸에 들어갈 알맞은 문자를 고르시오. [4~5]

04

$$C \quad F \quad J \quad O \quad (\quad)$$

① P   ② R

③ T   ④ U

05

$$B \quad E \quad G \quad L \quad S \quad (\quad)$$

① E   ② P

③ U   ④ Y

※ 다음 제시된 문자 또는 숫자를 비교하여 같으면 ①, 다르면 ②를 고르시오. [1~3]

01

ㅌㅈㅍㅊㅈㅎㅍㅊ – ㅌㅈㅍㅊㅈㅎㅍㅊ

① 같음   ② 다름

02

ㅢㅕㅒㅖㅞㅖㅚㅑㅟㅖㅒ – ㅢㅕㅒㅖㅞㅖㅚㅏㅟㅖㅒ

① 같음   ② 다름

03

741281057450 – 741281067450

① 같음   ② 다름

04 다음과 같은 모양을 만드는 데 사용된 블록의 개수는?(단, 보이지 않는 곳의 블록은 있다고 가정한다)

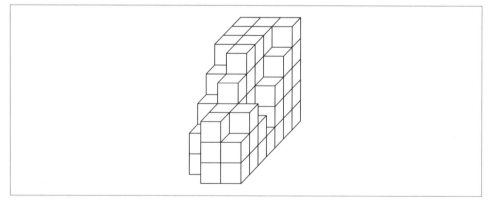

① 72개   ② 74개

③ 76개   ④ 80개

01 | 수리능력검사 핵심이론

01 ▶ 기초계산

1. 기본 연산

(1) 사칙연산

① 사칙연산 $+$, $-$, $\times$, $\div$

원쪽을 기준으로 순서대로 계산하되 $\times$와 $\div$를 먼저 계산한 뒤 $+$와 $-$를 계산한다.

예 $1+2-3\times4\div2=1+2-12\div2=1+2-6=3-6=-3$

② 괄호연산 ( ), { }, [ ]

소괄호 ( ) → 중괄호 { } → 대괄호 [ ]의 순서대로 계산한다.

예 $[\{(1+2)\times3-4\}\div5]6=\{(3\times3-4)\div5\}\times6$

$\quad=\{(9-4)\div5\}\times6=(5\div5)\times6=1\times6=6$

(2) 연산 규칙

크고 복잡한 수들의 연산에는 반드시 쉽게 해결할 수 있는 특성이 있다. 지수법칙, 곱셈공식 등 연산 규칙을 활용하여 문제 내에 숨어 있는 수의 연결고리를 찾아야 한다.

자주 출제되는 곱셈공식

- $a^b\times a^c\div a^d=a^{b+c-d}$
- $ab\times cd=ac\times bd=ad\times bc$
- $a^2-b^2=(a+b)(a-b)$
- $(a+b)(a^2-ab+b^2)=a^3+b^3$
- $(a-b)(a^2+ab+b^2)=a^3-b^3$

---

2. 식의 계산

(1) 약수 · 소수

① **약수** : 0이 아닌 어떤 정수를 나누어떨어지게 하는 정수

② **소수** : 1과 자기 자신으로만 나누어지는 1보다 큰 양의 정수

　　예 10 이하의 소수는 2, 3, 5, 7이 있다.

③ **소인수분해** : 주어진 합성수를 소수의 곱의 형태로 나타내는 것

　　예 $12 = 2^2 \times 3$

④ **약수의 개수** : 양의 정수 $N = a^\alpha b^\beta (a, b$는 서로 다른 소수)일 때, N의 약수의 개수는 $(\alpha + 1)(\beta + 1)$ 개다.

⑤ **최대공약수** : 2개 이상의 자연수의 공통된 약수 중에서 가장 큰 수

　　예 $GCD(4, 8) = 4$

⑥ **최소공배수** : 2개 이상의 자연수의 공통된 배수 중에서 가장 작은 수

　　예 $LCM(4, 8) = 8$

⑦ **서로소** : 1 이외에 공약수를 갖지 않는 두 자연수

　　예 $GCD(3, 7) = 1$이므로, 3과 7은 서로소이다.

(2) 수의 크기

분수, 지수함수, 로그함수 등 다양한 형태의 문제들이 출제된다. 분모의 통일, 지수의 통일 등 제시된 수를 일정한 형식으로 정리해 해결해야 한다. 연습을 통해 여러 가지 문제의 풀이방법을 익혀 두자.

예 $\sqrt[3]{2}$, $\sqrt[4]{4}$, $\sqrt[5]{8}$ 의 크기 비교

$\sqrt[3]{2} = 2^{\frac{1}{3}}$, $\sqrt[4]{4} = 4^{\frac{1}{4}} = (2^2)^{\frac{1}{4}} = 2^{\frac{1}{2}}$, $\sqrt[5]{8} = 8^{\frac{1}{5}} = (2^3)^{\frac{1}{5}} = 2^{\frac{3}{5}}$ 이므로

지수의 크기에 따라 $\sqrt[3]{2} < \sqrt[4]{4} < \sqrt[5]{8}$ 임을 알 수 있다.

(3) 수의 특징

주어진 수들의 공통점 찾기, 짝수 및 홀수 연산, 자릿수 등 위에서 다루지 않았거나 복합적인 여러 가지 수의 특징을 가지고 풀이하는 문제들을 모아 놓았다. 주어진 상황에서 제시된 수들의 공통된 특징을 찾는 것이 중요한 만큼 혼동하기 쉬운 수의 자릿수별 개수와 홀수, 짝수의 개수는 꼼꼼하게 체크해가면서 풀어야 한다.

01 다음 식의 값을 구하면?

$$889 \div 7 + 54 - 18$$

① 166
② 165
③ 164
④ 163

| 해설 | $889 \div 7 + 54 - 18 = 127 + 36 = 163$

정답 ④

02 다음 빈칸에 들어갈 수 있는 값으로 적절한 것은?

$$\frac{3}{11} < (\quad) < \frac{36}{121}$$

① $\frac{1}{11}$
② $\frac{35}{121}$
③ $\frac{4}{11}$
④ $\frac{32}{121}$

| 해설 | 문제에 주어진 분모 11과 121, 그리고 선택지에서 가장 큰 분모인 121의 최소공배수인 121
로 통분해서 구한다.

$$\frac{3}{11} < (\quad) < \frac{36}{121} \rightarrow \frac{33}{121} < (\quad) < \frac{36}{121}$$

따라서 $\frac{35}{121}$ 가 빈칸에 들어갈 수 있다.

오답분석

① $\frac{1}{11} = \frac{11}{121}$, ③ $\frac{4}{11} = \frac{44}{121}$, ④ $\frac{32}{121}$

정답 ②

02 ▶ 응용계산

1. 날짜·요일·시계에 관한 문제

(1) 날짜, 요일

① 1일=24시간=1,440분=86,400초

② 날짜, 요일 관련 문제는 대부분 나머지를 이용해 계산한다.

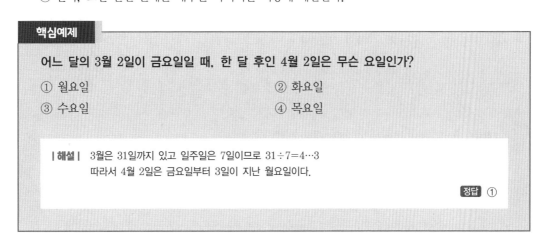

핵심예제

어느 달의 3월 2일이 금요일일 때, 한 달 후인 4월 2일은 무슨 요일인가?

① 월요일   ② 화요일

③ 수요일   ④ 목요일

| **해설** | 3월은 31일까지 있고 일주일은 7일이므로 31÷7=4…3
따라서 4월 2일은 금요일부터 3일이 지난 월요일이다.

정답 ①

(2) 시계

① 시침이 1시간 동안 이동하는 각도 : 30°

② 시침이 1분 동안 이동하는 각도 : 0.5°

③ 분침이 1분 동안 이동하는 각도 : 6°

핵심예제

시계 광고에서 시계는 항상 10시 10분을 가리킨다. 그 이유는 이 시각이 회사 로고가 가장 잘 보이며 시계 바늘이 이루는 각도도 가장 안정적이기 때문이다. 시계가 10시 10분을 가리킬 때 시침과 분침이 이루는 작은 쪽의 각도는?

① 115°   ② 145°

③ 175°   ④ 205°

| 해설 | 10시 10분일 때 시침과 분침의 각도를 구하면 다음과 같다.

- 10시 10분일 때 12시 정각에서부터 시침의 각도 : $30 \times 10 + 0.5 \times 10 = 305°$
- 10시 10분일 때 12시 정각에서부터 분침의 각도 : $6 \times 10 = 60°$

따라서 시침과 분침이 이루는 작은 쪽의 각도는 $(360 - 305) + 60 = 115°$이다.

정답 ①

2. 시간·거리·속력에 관한 문제

$$(시간) = \frac{(거리)}{(속력)}, \ (거리) = (속력) \times (시간), \ (속력) = \frac{(거리)}{(시간)}$$

핵심예제

영희는 집에서 50km 떨어진 할머니 댁에 가는데, 시속 90km로 버스를 타고 가다가 내려서 시속 5km로 걸어갔더니 총 1시간 30분이 걸렸다. 영희가 걸어간 거리는?

① 5km

② 10km

③ 13km

④ 20km

| 해설 | 영희가 걸어간 거리를 $x$km라고 하고, 버스를 타고 간 거리를 $y$km라고 하자.

- $x + y = 50$

- $\dfrac{x}{5} + \dfrac{y}{90} = \dfrac{3}{2} \rightarrow x = 5, \ y = 45$

따라서 영희가 걸어간 거리는 5km이다.

정답 ①

3. 나이·개수에 관한 문제

구하고자 하는 것을 미지수로 놓고 식을 세운다. 동물의 경우 다리의 개수에 유의해야 한다.

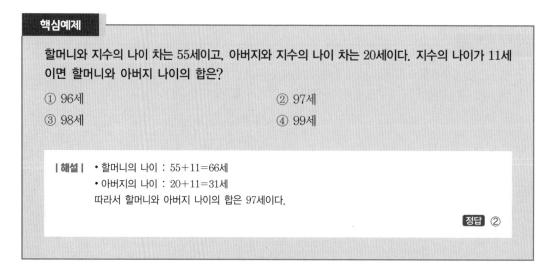

핵심예제

할머니와 지수의 나이 차는 55세이고, 아버지와 지수의 나이 차는 20세이다. 지수의 나이가 11세이면 할머니와 아버지 나이의 합은?

① 96세 ② 97세

③ 98세 ④ 99세

| 해설 | • 할머니의 나이 : 55+11=66세
• 아버지의 나이 : 20+11=31세
따라서 할머니와 아버지 나이의 합은 97세이다.

정답 ②

4. 원가·정가에 관한 문제

(1) (정가)=(원가)+(이익), (이익)=(정가)-(원가)

(2) a원에서 $b\%$ 할인한 가격 : $a \times \left(1 - \dfrac{b}{100}\right)$

핵심예제

가방의 원가에 40%의 이익을 붙여서 정가를 정한 후, 이벤트로 정가의 25%를 할인하여 물건을 판매하면 $1,000$원의 이익이 남는다. 이 가방의 원가는?

① 16,000원   ② 18,000원

③ 20,000원   ④ 22,000원

|해설| 가방의 원가를 x원이라고 하면 정가는 $1.40x$원이고, 할인 판매가는 $1.40x \times 0.75 = 1.05x$원이다.

$1.05x - x = 1,000 \rightarrow 0.05x = 1,000$

$\therefore \; x = 20,000$

따라서 가방의 원가는 20,000원이다.

정답 ③

5. 일·톱니바퀴에 관한 문제

(1) 일

전체 일의 양을 1로 놓고, 시간 동안 한 일의 양을 미지수로 놓고 식을 세운다.

- $(일률)=\dfrac{(작업량)}{(작업기간)}$

- $(작업기간)=\dfrac{(작업량)}{(일률)}$

- $(작업량)=(일률)\times(작업기간)$

핵심예제

S사에 재직 중인 A사원이 혼자 보험안내 자료를 정리하는 데 15일이 걸리고 B사원과 같이 하면 6일 만에 끝낼 수 있다. 이때 B사원 혼자 자료를 정리하는 데 걸리는 시간은?

① 8일　　　　　　　　　　② 9일

③ 10일　　　　　　　　　　④ 11일

| 해설 | 전체 일의 양을 1이라고 하면 A사원이 혼자 일을 끝내는 데 걸리는 시간은 15일, A, B사원이 같이 할 때는 6일이 걸린다. B사원이 혼자 일하는 데 걸리는 시간을 x일이라고 하면 다음과 같은 식이 성립한다.

$$\frac{1}{15}+\frac{1}{x}=\frac{1}{6} \rightarrow \frac{x+15}{15x}=\frac{1}{6} \rightarrow 6x+6\times15=15x \rightarrow 9x=90$$

$\therefore x=10$

따라서 B사원 혼자 자료를 정리하는 데 걸리는 시간은 10일이다.

정답 ③

(2) 톱니바퀴

(톱니 수)×(회전수)＝(총 톱니 수)

즉, A, B 두 톱니에 대하여, (A의 톱니 수)×(A의 회전수)＝(B의 톱니 수)×(B의 회전수)가 성립한다.

핵심예제

지름이 15cm인 톱니바퀴와 지름이 27cm인 톱니바퀴가 서로 맞물려 돌아가고 있다. 큰 톱니바퀴
가 분당 10바퀴를 돌았다면, 작은 톱니바퀴는 분당 몇 바퀴를 돌았겠는가?

① 16바퀴   ② 17바퀴

③ 18바퀴   ④ 19바퀴

| 해설 | 작은 톱니바퀴가 x바퀴 돌았다고 하면, 큰 톱니바퀴와 작은 톱니바퀴가 돈 길이는 같으므로 다음과 같은
식이 성립한다.

$27\pi \times 10 = 15\pi \times x$

$\therefore\ x = 18$

따라서 작은 톱니바퀴는 분당 18바퀴를 돌았다.

정답 ③

6. 농도에 관한 문제

(1) $(농도)=\dfrac{(용질의\ 양)}{(용액의\ 양)}\times100$

(2) $(용질의\ 양)=\dfrac{(농도)}{100}\times(용액의\ 양)$

핵심예제

농도를 알 수 없는 설탕물 500g에 농도 3%의 설탕물 200g을 온전히 섞었더니 섞은 설탕물의 농도는 7%가 되었다. 처음 500g의 설탕물에 녹아있던 설탕의 양은?

① 40g

② 41g

③ 42g

④ 43g

|해설| 500g의 설탕물에 녹아있는 설탕의 양이 xg이라고 하면

3%의 설탕물 200g에 들어있는 설탕의 양은 $\dfrac{3}{100}\times200=6$g이다.

$\dfrac{x+6}{500+200}\times100=7 \rightarrow x+6=49$

$\therefore x=43$

따라서 500g의 설탕에 녹아있던 설탕의 양은 43g이다.

정답 ④

7. 수에 관한 문제(I)

(1) 연속하는 세 자연수 : $x-1,\ x,\ x+1$

(2) 연속하는 세 짝수(홀수) : $x-2,\ x,\ x+2$

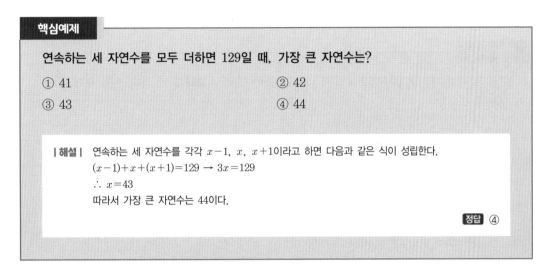

핵심예제

연속하는 세 자연수를 모두 더하면 129일 때, 가장 큰 자연수는?

① 41

② 42

③ 43

④ 44

| 해설 | 연속하는 세 자연수를 각각 $x-1,\ x,\ x+1$이라고 하면 다음과 같은 식이 성립한다.

$(x-1)+x+(x+1)=129 \rightarrow 3x=129$

$\therefore\ x=43$

따라서 가장 큰 자연수는 44이다.

정답 ④

8. 수에 관한 문제(II)

(1) 십의 자릿수가 x, 일의 자릿수가 y인 두 자리 자연수 : $10x + y$

　이 수에 대해, 십의 자리와 일의 자리를 바꾼 수 : $10y + x$

(2) 백의 자릿수가 x, 십의 자릿수가 y, 일의 자릿수가 z인 세 자리 자연수 : $100x + 10y + z$

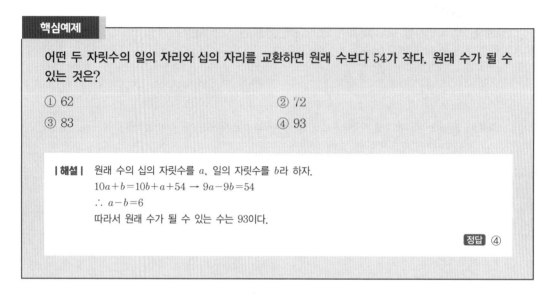

핵심예제

어떤 두 자릿수의 일의 자리와 십의 자리를 교환하면 원래 수보다 54가 작다. 원래 수가 될 수 있는 것은?

① 62　　　　　　　　　　　　　② 72

③ 83　　　　　　　　　　　　　④ 93

┃해설┃　원래 수의 십의 자릿수를 a, 일의 자릿수를 b라 하자.

$10a + b = 10b + a + 54 \rightarrow 9a - 9b = 54$

$\therefore a - b = 6$

따라서 원래 수가 될 수 있는 수는 93이다.

정답 ④

9. 열차 · 터널에 관한 문제

(열차가 이동한 거리)=(터널의 길이)+(열차의 길이)

핵심예제

길이가 50m인 열차가 250m의 터널을 통과하는 데 10초가 걸렸다. 이 열차가 310m인 터널을 통과하는 데 걸리는 시간은?

① 10초

② 11초

③ 12초

④ 13초

|해설| 열차의 이동거리는 250+50=300m이고, (속력)=$\dfrac{(거리)}{(시간)}$이므로, 열차의 속력은 $\dfrac{300}{10}$=30m/s이다.

길이가 310m인 터널을 통과한다고 하였으므로, 총 이동 거리는 310+50=360m이고, 속력은 30m/s이다.

따라서 열차가 터널을 통과하는 데 걸리는 시간은 $\dfrac{360}{30}$=12초이다.

 ③

PART 2

10. 증가·감소에 관한 문제

(1) x가 $a\%$ 증가하면, $\left(1+\dfrac{a}{100}\right)x$

(2) x가 $a\%$ 감소하면, $\left(1-\dfrac{a}{100}\right)x$

핵심예제

S고등학교의 작년 중국어 수강생은 전체 학생의 20%이다. 올해 전체 학생 수가 1% 증가하고 중국어 수강생이 2% 감소했다면, 올해 중국어 수강생은 전체 학생의 몇 %인가?

① 약 19% ② 약 19.2%

③ 약 19.4% ④ 약 19.6%

| 해설 | 작년 전체 학생 수를 x명이라 하면, 중국어 수강생의 수는 $\dfrac{1}{5}x$명이다.

따라서 올해 1% 증가한 전체 학생 수는 $\dfrac{101}{100}x$명,

2% 감소한 중국어 수강생의 수는 $\dfrac{1}{5}x \times \dfrac{98}{100} = \dfrac{98}{500}x$명이다.

따라서 올해 전체 학생 중 중국어 수강생의 비율은 $\dfrac{\dfrac{98}{500}x}{\dfrac{101}{100}x} \times 100 ≒ 19.4\%$이다.

정답 ③

11. 그 외의 방정식 활용문제

핵심예제

혜민이는 가로 9m, 세로 11m인 집을 넓히려고 한다. 세로는 최대 1m까지 늘릴 수 있는 상황에서 가로를 최소 얼마나 늘려야 면적이 10평만큼 늘어나는 효과를 볼 수 있겠는가?(단, 1평$=3.3\text{m}^2$ 이다)

① 1m

② 2m

③ 3m

④ 4m

| **해설** | 원래 면적에서 늘어난 면적은 $10 \times 3.3 = 33\text{m}^2$ 이다.

(나중 면적)$-$(원래 면적)$=33\text{m}^2$ 이므로, 늘려야 할 가로 길이를 xm라 하면 다음과 같은 식이 성립한다.

$(9+x) \times (11+1) - 9 \times 11 = 33 \rightarrow 12x + 108 - 99 = 33 \rightarrow 12x = 24$

$\therefore \ x = 2$

따라서 가로의 길이는 최소 2m 늘려야 한다.

정답 ②

12. 부등식의 활용

문제에 '이상', '이하', '최대', '최소' 등이 들어간 경우로, 방정식의 활용과 해법이 비슷하다.

01 A회사는 10분에 5개의 인형을 만들고, B회사는 1시간에 1대의 인형 뽑는 기계를 만든다. 이 두 회사가 40시간 동안 일을 하면 최대 몇 대의 인형이 들어있는 인형 뽑는 기계를 완성할 수 있는가?(단, 인형 뽑는 기계 하나에는 적어도 40개의 인형이 들어가야 한다)

① 30대 ② 35대
③ 40대 ④ 45대

| 해설 | A회사는 10분에 5개의 인형을 만드므로 1시간에 30개의 인형을 만든다. 따라서 40시간에 인형은 1,200개를 만들고, 인형 뽑는 기계는 40대를 만든다. 기계 하나당 적어도 40개의 인형이 들어가야 하므로 최대 30대의 인형이 들어있는 인형 뽑는 기계를 만들 수 있다.

정답 ①

02 A가게에서는 감자 한 박스에 10,000원이고 배송비는 무료이며, B가게에서는 한 박스에 8,000원이고 배송비는 3,000원이라고 할 때, 최소한 몇 박스를 사야 B가게에서 사는 것이 A가게에서 사는 것보다 저렴한가?

① 2박스 ② 3박스
③ 4박스 ④ 5박스

| 해설 | 감자를 x박스만큼 산다고 하자.
- A가게에서 드는 돈 : $10,000x$원
- B가게에서 드는 돈 : $(8,000x+3,000)$원

$10,000x>8,000x+3,000$

$\therefore x>1.5$

따라서 최소한 2박스를 사야 B가게에서 사는 것이 A가게에서 사는 것보다 저렴하다.

정답 ①

03 ▶ 경우의 수, 확률

1. 경우의 수

(1) 경우의 수

어떤 사건이 일어날 수 있는 모든 가짓수

예 주사위 한 개를 던졌을 때, 나올 수 있는 모든 경우의 수는 6가지이다.

(2) 합의 법칙

① 두 사건 A, B가 동시에 일어나지 않을 때, A가 일어나는 경우의 수를 m, B가 일어나는 경우의 수를 n이라고 하면, 사건 A 또는 B가 일어나는 경우의 수는 $m+n$이다.

② '또는', '~이거나'라는 말이 나오면 합의 법칙을 사용한다.

예 한 식당의 점심 메뉴는 김밥 3종류, 라면 2종류, 우동 1종류가 있다. 이 중 한 가지의 메뉴를 고르는 경우의 수는 $3+2+1=6$가지이다.

(3) 곱의 법칙

① A가 일어나는 경우의 수를 m, B가 일어나는 경우의 수를 n이라고 하면, 사건 A와 B가 동시에 일어나는 경우의 수는 $m \times n$이다.

② '그리고', '동시에'라는 말이 나오면 곱의 법칙을 사용한다.

예 집에서 학교를 가는 방법 수는 2가지, 학교에서 집으로 오는 방법 수는 3가지이다. 집에서 학교까지 갔다가 오는 경우의 수는 $2 \times 3 = 6$가지이다.

(4) 여러 가지 경우의 수

① 동전 n개를 던졌을 때, 경우의 수 : 2^n

② 주사위 n개를 던졌을 때, 경우의 수 : 6^n

③ 동전 n개와 주사위 m개를 던졌을 때, 경우의 수 : $2^n \times 6^m$

예 동전 3개와 주사위 2개를 던졌을 때, 나올 수 있는 경우의 수는 $2^3 \times 6^2 = 288$가지이다.

④ n명을 한 줄로 세우는 경우의 수 : $n! = n \times (n-1) \times (n-2) \times \cdots \times 2 \times 1$

⑤ n명 중, m명을 뽑아 한 줄로 세우는 경우의 수 : $_n\mathrm{P}_m = n \times (n-1) \times \cdots \times (n-m+1)$

예 5명을 한 줄로 세우는 경우의 수는 $5 \times 4 \times 3 \times 2 \times 1 = 120$가지, 5명 중 3명을 뽑아 한 줄로 세우는 경우의 수는 $5 \times 4 \times 3 = 60$가지이다.

⑥ n명을 한 줄로 세울 때, m명을 이웃하여 세우는 경우의 수 : $(n-m+1)! \times m!$

예 갑, 을, 병, 정, 무 5명을 한 줄로 세우는데, 을, 병이 이웃하여 서는 경우의 수는 $4! \times 2! = 4 \times 3 \times 2 \times 1 \times 2 \times 1 = 48$가지이다.

⑦ 0이 아닌 서로 다른 한 자리 숫자가 적힌 n장의 카드에서, m장을 뽑아 만들 수 있는 m자리 정수의 개수 : $_n\mathrm{P}_m$

　　예 0이 아닌 서로 다른 한 자리 숫자가 적힌 4장의 카드에서, 3장을 뽑아 만들 수 있는 3자리 정수의 개수는 $_4\mathrm{P}_3 = 4 \times 3 \times 2 = 24$가지이다.

⑧ 0을 포함한 서로 다른 한 자리 숫자가 적힌 n장의 카드에서, m장을 뽑아 만들 수 있는 m자리 정수의 개수 : $(n-1) \times {}_{n-1}\mathrm{P}_{m-1}$

　　예 0을 포함한 서로 다른 한 자리 숫자가 적힌 6장의 카드에서, 3장을 뽑아 만들 수 있는 3자리 정수의 개수는 $5 \times {}_5\mathrm{P}_2 = 5 \times 5 \times 4 = 100$가지이다.

⑨ n명 중 자격이 다른 m명을 뽑는 경우의 수 : $_n\mathrm{P}_m$

　　예 5명의 학생 중 반장 1명, 부반장 1명을 뽑는 경우의 수는 $_5\mathrm{P}_2 = 5 \times 4 = 20$가지이다.

⑩ n명 중 자격이 같은 m명을 뽑는 경우의 수 : $_n\mathrm{C}_m = \dfrac{_n\mathrm{P}_m}{m!}$

　　예 5명의 학생 중 부반장 2명을 뽑는 경우의 수는 $_5\mathrm{C}_2 = \dfrac{_5\mathrm{P}_2}{2!} = \dfrac{5 \times 4}{2 \times 1} = 10$가지이다.

⑪ 원형 모양의 탁자에 n명을 앉히는 경우의 수 : $(n-1)!$

　　예 원형 모양의 탁자에 5명을 앉히는 경우의 수는 $4! = 4 \times 3 \times 2 \times 1 = 24$가지이다.

(5) 최단거리 문제

A에서 B 사이에 P가 주어져 있다면, A와 P의 거리, B와 P의 거리를 각각 구하여 곱한다.

핵심예제

S사에서 파견 근무를 나갈 10명을 뽑아 팀을 구성하려 한다. 각 팀은 팀장 한 명과 회계 담당 2명을 뽑아 구성하려 하는데, 이 인원을 뽑는 경우의 수는?

① 300가지　　　　　　　　　　　② 320가지

③ 348가지　　　　　　　　　　　④ 360가지

|해설| • 팀장 한 명을 뽑는 경우의 수 : $_{10}\mathrm{C}_1 = 10$가지

　　　 • 회계 담당 2명을 뽑는 경우의 수 : $_9\mathrm{C}_2 = \dfrac{9 \times 8}{2!} = 36$가지

　　　 따라서 구하고자 하는 경우의 수는 $10 \times 36 = 360$가지이다.

정답 ④

2. 확률

(1) (사건 A가 일어날 확률)$=\dfrac{\text{(사건 A가 일어나는 경우의 수)}}{\text{(모든 경우의 수)}}$

　　예 주사위 1개를 던졌을 때, 3 또는 5가 나올 확률은 $\dfrac{2}{6}=\dfrac{1}{3}$ 이다.

(2) 여사건의 확률

① 사건 A가 일어날 확률이 p일 때, 사건 A가 일어나지 않을 확률은 $(1-p)$이다.

② '적어도'라는 말이 나오면 주로 사용한다.

(3) 확률의 계산

① 확률의 덧셈

두 사건 A, B가 동시에 일어나지 않을 때, A가 일어날 확률을 p, B가 일어날 확률을 q라고 하면, 사건 A 또는 B가 일어날 확률은 $(p+q)$이다.

② 확률의 곱셈

A가 일어날 확률을 p, B가 일어날 확률을 q라고 하면, 사건 A와 B가 동시에 일어날 확률은 $(p\times q)$이다.

(4) 여러 가지 확률

① 연속하여 뽑을 때, 꺼낸 것을 다시 넣고 뽑는 경우 : 처음과 나중의 모든 경우의 수는 같다.

　　예 자루에 흰 구슬 4개와 검은 구슬 5개가 들어 있다. 연속하여 2번을 뽑을 때, 처음에는 흰 구슬, 두 번째는 검은 구슬을 뽑을 확률은?(단, 꺼낸 것은 다시 넣는다)

　　→ 처음에 흰 구슬을 뽑을 확률은 $\dfrac{4}{9}$ 이고, 꺼낸 것은 다시 넣는다고 하였으므로 두 번째에 검은 구슬을 뽑을 확률은 $\dfrac{5}{9}$ 이다. 즉, $\dfrac{4}{9}\times\dfrac{5}{9}=\dfrac{20}{81}$ 이다.

② 연속하여 뽑을 때, 꺼낸 것을 다시 넣지 않고 뽑는 경우 : 나중의 모든 경우의 수는 처음의 모든 경우의 수보다 1만큼 작다.

　　예 자루에 흰 구슬 4개와 검은 구슬 5개가 들어 있다. 연속하여 2번을 뽑을 때, 처음에는 흰 구슬, 두 번째는 검은 구슬을 뽑을 확률은?(단, 꺼낸 것은 다시 넣지 않는다)

　　→ 처음에 흰 구슬을 뽑을 확률은 $\dfrac{4}{9}$ 이고, 꺼낸 것은 다시 넣지 않는다고 하였으므로 자루에는 흰 구슬 3개, 검은 구슬 5개가 남아 있다. 따라서 두 번째에 검은 구슬을 뽑을 확률은 $\dfrac{5}{8}$ 이므로, $\dfrac{4}{9}\times\dfrac{5}{8}=\dfrac{5}{18}$ 이다.

③ (도형에서의 확률)$=\dfrac{\text{(해당하는 부분의 넓이)}}{\text{(전체 넓이)}}$

1부터 10까지의 자연수가 적힌 열 개의 공 중에서 첫 번째는 2의 배수, 두 번째는 3의 배수가 나오도록 공을 뽑을 확률은?(단, 뽑은 공은 다시 넣는다)

① $\dfrac{5}{18}$

② $\dfrac{3}{20}$

③ $\dfrac{1}{7}$

④ $\dfrac{5}{24}$

| 해설 |
- 첫 번째에 2의 배수(2, 4, 6, 8, 10)가 적힌 공을 뽑을 확률 : $\dfrac{5}{10} = \dfrac{1}{2}$

- 두 번째에 3의 배수(3, 6, 9)가 적힌 공을 뽑을 확률 : $\dfrac{3}{10}$ (∵ 뽑은 공은 다시 넣음)

따라서 구하고자 하는 확률은 $\dfrac{1}{2} \times \dfrac{3}{10} = \dfrac{3}{20}$ 이다.

 정답 ②

수리능력검사 적중예상문제

정답 및 해설 p.042

PART 2

01 ▶ 기본계산

| 대표유형 | 기본연산 |

다음 식을 계산한 값으로 옳은 것은?

$$3.432+2.121-0.878-1.271$$

① 3.204　　　　　　　　　② 3.304

③ 3.404　　　　　　　　　④ 3.504

| 해설 | $3.432+2.121-0.878-1.271$
$=5.553-0.878-1.271$
$=4.675-1.271$
$=3.404$

정답 ③

※ 다음 식을 계산한 값으로 옳은 것을 구하시오. [1~20]

01

$$55\times429\div33$$

① 1,015　　　　　　　　　② 915

③ 815　　　　　　　　　　④ 715

02

$$1,223+2,124$$

① 3,237　　　　　　　　　② 3,247

③ 3,337　　　　　　　　　④ 3,347

03

$$12^2 + 13^2 - 6^2$$

① 247   ② 257

③ 267   ④ 277

04

$$64,967 + 23,123 + 44,545$$

① 132,635   ② 132,735

③ 132,835   ④ 132,935

05

$$744 \div 62$$

① 10   ② 11

③ 12   ④ 13

06

$$7,669 + 11^3$$

① 9,000   ② 10,000

③ 11,000   ④ 12,000

07

$$\frac{3}{7}+\frac{2}{4}$$

① $\frac{11}{14}$

② $\frac{13}{14}$

③ $\frac{27}{28}$

④ $\frac{27}{28}$

08

$$12+24+46-68$$

① 11

② 12

③ 13

④ 14

09

$$46-64\div4+23$$

① 33

② 43

③ 53

④ 63

10

$$45\div5-63\div9$$

① 2

② 3

③ 4

④ 5

11

$$8^2+5^2-80$$

① 6   ② 7

③ 8   ④ 9

12

$$4,646-2,351$$

① 2,095   ② 2,195

③ 2,295   ④ 2,395

13

$$121\div11$$

① 8   ② 9

③ 10   ④ 11

14

$$67+45+134$$

① 246   ② 256

③ 266   ④ 276

15

$$7,755 - 7,575$$

① 170   ② 180
③ 190   ④ 200

16

$$454 + 131 + 678 + 575$$

① 1,538   ② 1,638
③ 1,738   ④ 1,838

17

$$0.475 \times 4$$

① 1.8   ② 18
③ 1.9   ④ 19

18

$$544 + 81 \div 3^2$$

① 550   ② 560
③ 570   ④ 580

19

$$78+54-87\div3$$

① 101 ② 102
③ 103 ④ 104

20

$$87-85\div5+7$$

① 76 ② 77
③ 78 ④ 79

02 ▶ 응용계산

대표유형 1 | 거리 · 속력 · 시간

용민이와 효린이가 호수를 같은 방향으로 도는데 용민이는 7km/h, 효린이는 3km/h로 걷는다고 한다. 두 사람이 다시 만났을 때, 7시간이 지나 있었다면 호수의 둘레는?

① 24km ② 26km
③ 28km ④ 30km

| **해설** | 7시간이 지났다면 용민이는 7×7=49km, 효린이는 3×7=21km를 걸은 것인데 용민이는 호수를 한 바퀴 돌고나서 효린이가 걸은 21km까지 더 걸은 것이다.
따라서 호수의 둘레는 49−21=28km이다.

정답 ③

01 서울에서 부산까지의 거리는 400km이고 서울에서 부산까지 가는 기차는 120km/h의 속력으로 달리며, 역마다 10분씩 정차한다. 서울에서 9시에 출발하여 부산에 13시 10분에 도착했다면, 기차는 가는 도중 정차한 역의 수는?

① 4개   ② 5개

③ 6개   ④ 7개

02 A사원은 평소 지하철을 타고 출근한다. 속력이 60km/h인 지하철에 이상이 생겨 평소 속력의 0.4배로 운행하게 되었다. 지하철이 평소보다 45분 늦게 도착하였다면, A사원이 출발하는 역부터 도착하는 역까지 지하철의 이동거리는?

① 20km   ② 25km

③ 30km   ④ 35km

03 집에서 약수터까지 가는 데 형은 $\frac{1}{2}$ m/s로 걸어서 10분 걸리고, 동생은 15분이 걸린다. 두 사람이 동시에 집에서 출발하여 약수터를 다녀오는 데 형이 집에 도착했다면 동생은 집에서 몇 m 떨어진 곳에 있는가?(단, 약수터에서 머문 시간은 생각하지 않는다)

① 200m   ② 250m

③ 300m   ④ 350m

형과 동생의 나이를 더하면 22, 곱하면 117이라고 할 때, 동생의 나이는?

① 9세

② 10세

③ 11세

④ 12세

| 해설 | 형의 나이를 x세, 동생의 나이를 y세라고 하자(단, $x > y$).

$x + y = 22 \cdots \bigcirc$

$xy = 117 \cdots \bigcirc$

$\bigcirc$, $\bigcirc$을 연립하면 $x = 13$, $y = 9$이므로 동생의 나이는 9세이다.

정답 ①

04 아버지와 어머니의 나이 차는 4세이고 형과 동생의 나이 차는 2세이다. 또한, 아버지와 어머니의 나이의 합은 형의 나이보다 6배 많다고 한다. 형과 동생의 나이의 합이 40세라면 아버지의 나이는?(단, 아버지가 어머니보다 나이가 더 많다)

① 59세

② 60세

③ 63세

④ 65세

05 어떤 가게에서 사과 10개들이 한 상자를 9,500원에 판매하고 있다. 이 가게에서 사과를 낱개로 구매하려면 개당 1,000원을 지불해야 한다. 50,000원으로 이 가게에서 살 수 있는 사과의 최대 개수는?

① 48개

② 50개

③ 52개

④ 54개

06 작년 S고등학교의 학생 수는 재작년에 비해 10% 증가하였고, 올해는 55명이 전학을 와서 작년보다 10% 증가하였다. 그렇다면 재작년 S고등학교의 학생 수는?

① 400명

② 455명

③ 500명

④ 555명

대표유형 3 금액

S사에서 워크숍을 위해 강당의 대여요금을 알아보고 있다. 강당의 대여요금은 기본요금의 경우 30분까지 같으며, 그 후에는 1분마다 추가 요금이 발생한다. 1시간 대여료는 50,000원, 2시간 동안 대여할 경우 110,000원이 대여료일 때, 3시간 동안 대여 시 요금은?

① 170,000원

② 180,000원

③ 190,000원

④ 200,000원

| 해설 | 30분까지의 기본료를 x원, 1분마다 추가요금을 y원이라고 하면, 1시간 대여료와 2시간 대여료에 대한 다음 각각의 방정식이 성립한다.

$x+30y=50,000 \cdots$ ㉠

$x+90y=110,000 \cdots$ ㉡

두 방정식을 연립하면 $x=20,000$, $y=1,000$이다.

따라서 기본료는 20,000원, 30분 후 1분마다 추가요금은 1,000원이므로 3시간 대여료는 20,000+150 ×1,000=170,000원이다.

정답 ①

---

07 원가의 20%를 추가한 금액을 정가로 하는 제품을 15% 할인해서 50개를 판매한 금액이 127,500원일 때, 이 제품의 원가는?

① 1,500원

② 2,000원

③ 2,500원

④ 3,000원

---

08 어떤 백화점에서 20% 할인해서 팔던 옷을 할인된 가격의 30%를 추가로 할인하여 28만 원에 구매하였다면 할인받은 금액은?

① 14만 원

② 18만 원

③ 22만 원

④ 28만 원

어느 볼펜 조립 작업장에서 근무하는 갑 ~ 병 세 사람의 6시간 동안 총작업량은 435개였다. 을의 작업속도가 갑의 1.2배이고, 병의 작업속도가 갑의 0.7배라면, 갑이 한 시간 동안 조립하는 볼펜의 개수는?(단, 각 작업자의 작업속도는 동일하다)

① 23개

② 24개

③ 25개

④ 26개

| 해설 | 갑의 한 시간 동안 작업량을 x개라고 한다면, 을과 병의 한 시간 동안 작업량은 각각 $1.2x$개, $0.7x$개이다. 그러므로 다음의 식이 성립한다.

$6 \times (x + 1.2x + 0.7x) = 435 \rightarrow x = 25$

따라서 갑이 한 시간 동안 조립하는 볼펜은 총 25개이다.

정답 ③

09   A, B는 오후 1시부터 오후 6시까지 근무를 한다. A는 310개의 제품을 포장하는 데 1시간이 걸리고, B는 작업속도가 1시간마다 바로 전 시간의 2배가 된다. 두 사람이 받는 하루 임금이 같다고 할 때, B가 처음 시작하는 1시간 동안 포장하는 제품의 개수는?(단, 일급은 그날 포장한 제품의 개수에 비례한다)

① 25개

② 50개

③ 75개

④ 100개

10   물통을 채우는 데 A수도만 틀었을 때 5시간, B수도만 틀었을 때 2시간 소요된다. A수도와 B수도를 모두 틀어서 물통을 채울 때 소요되는 시간은?(단, B수도는 고장으로 1시간 동안 사용하지 않았다)

① $\frac{5}{7}$ 시간

② $\frac{6}{7}$ 시간

③ 1시간

④ $\frac{8}{7}$ 시간

펜싱선수 갑과 을은 총 3회전의 경기를 치렀다. 갑이 3회전에서 얻은 점수는 1·2회전에서 얻은 점수의 $\frac{3}{7}$이다. 을의 최종점수는 갑이 1·2회전에서 얻은 점수의 2배를 획득하였다. 갑과 을 모두 총점이 20점 미만 두 자리 자연수일 때, 갑이 3회전에서 얻은 점수는?

① 1점　　　　　　　　　　　　② 2점
③ 3점　　　　　　　　　　　　④ 4점

| 해설 | 갑이 1, 2회전에서 얻은 점수를 X점이라 하면 을의 최종점수는 $2X$점이다.

또한 갑의 최종점수는 $X+\frac{3}{7}X=\frac{10}{7}X$점이며, 갑의 최종점수는 자연수이므로 X로 가능한 수는 7 또는 14이다. 이 중에서 $X=14$인 경우는 20점이 되기 때문에 $X=7$이 된다.

따라서 갑이 3회전에서 얻은 점수는 $\frac{3}{7}\times7=3$점이다.

정답 ③

11 수학시험에서 동일이는 101점, 나정이는 105점, 윤진이는 108점을 받았다. 천포의 점수까지 합친 평균이 105점일 때, 천포의 점수는?

① 105점　　　　　　　　　　② 106점
③ 107점　　　　　　　　　　④ 108점

12 수학, 영어 점수의 평균이 85점이고, 수학, 국어 점수의 평균이 91점일 때, 영어와 국어 점수의 차이는?

① 12점　　　　　　　　　　　② 13점
③ 15점　　　　　　　　　　　④ 16점

식염 75g에 몇 g의 물을 넣어야 농도가 15%인 식염수가 되는가?

① 350g   ② 375g

③ 400g   ④ 425g

|해설| 물의 중량을 xg이라고 하면

$$\frac{75}{75+x} \times 100 = 15$$

$$\rightarrow x+75 = \frac{75}{15} \times 100$$

$$\therefore x = 500 - 75 = 425$$

따라서 식염 75g에 425g의 물을 넣어야 농도가 15%인 식염수가 된다.

정답 ④

13 A씨는 25% 농도의 코코아 700mL를 즐겨 마신다. A씨가 마시는 코코아에 들어간 코코아 분말의 양은?(단, 1mL=1g이다)

① 170g   ② 175g

③ 180g   ④ 185g

14 농도가 3%로 오염된 물 30L가 있다. 깨끗한 물을 채워서 오염물질의 농도를 0.5%p 줄이려고 한다. 깨끗한 물은 얼마나 더 넣어야 할까?

① 3L   ② 4L

③ 5L   ④ 6L

화장실에 정사각형 모양의 타일을 채우려고 하는데 벽면이 가로 360cm, 세로 648cm이다. 타일의 개수를 최소로 사용하여 붙이려고 할 때, 타일은 몇 개가 필요한가?

① 30개　　　　　　　　　　　　② 35개

③ 40개　　　　　　　　　　　　④ 45개

| 해설 |　360, 648의 최대공약수를 구하면, 타일의 한 변의 길이는 72cm이다.
　　　따라서 가로에 5개, 세로에 9개 들어가므로 총 타일의 개수는 45개이다.

정답 ④

15　○○빵집에서 크로와상 60개, 소보로 52개, 단팥빵 48개를 똑같이 나누어 가능한 많은 상자를 포장하려고 할 때, 상자의 최대 개수는?

① 1상자　　　　　　　　　　　　② 2상자

③ 3상자　　　　　　　　　　　　④ 4상자

16　1,000 이하의 자연수 중 18과 42로 모두 나누어떨어지는 자연수의 개수는?

① 4개　　　　　　　　　　　　　② 5개

③ 6개　　　　　　　　　　　　　④ 7개

할아버지와 할머니, 아버지와 어머니, 그리고 3명의 자녀로 이루어진 가족이 있다. 이 가족이 일렬로 서서 가족사진을 찍으려고 한다. 할아버지가 맨 앞, 할머니가 맨 뒤에 위치할 때, 가능한 경우의 수는?

① 120가지

② 125가지

③ 130가지

④ 135가지

|해설| 맨 앞의 할아버지와 맨 뒤의 할머니를 제외한 5명이 일렬로 서는 경우의 수를 구하면 된다.
따라서 할아버지가 맨 앞, 할머니가 맨 뒤에 위치할 때, 가능한 경우의 수는 5!＝120가지이다.

정답 ①

17 50원짜리 동전 X개, 100원짜리 동전 Y개, 500원짜리 동전 Z개를 가지고 750원을 지불하는 방법은?

① 10가지

② 11가지

③ 12가지

④ 13가지

18 9 이하의 자연수 중 2의 배수를 중복 없이 선택하여 세 자리 숫자를 만들려고 한다. 3개의 숫자를 선택한 후 만들 수 있는 가장 큰 수와 가장 작은 수의 차이가 594일 때, 이를 만족하는 경우의 수는?

① 1가지

② 2가지

③ 3가지

④ 4가지

A ~ E 5권의 책을 책장에 일렬로 놓을 때, A와 B 두 권의 책이 붙어 있을 확률은?

① $\dfrac{2}{5}$

② $\dfrac{2}{7}$

③ $\dfrac{1}{9}$

④ $\dfrac{1}{10}$

| 해설 | • 5권의 책을 나열하는 경우의 수 : 5!=120가지
 • A와 B 두 권의 책이 붙어 있는 경우의 수 : 4!×2=48가지

따라서 A와 B 두 권의 책이 붙어 있을 확률은 $\dfrac{48}{120} = \dfrac{2}{5}$ 이다.

정답 ①

19 A와 B는 함께 자격증 시험에 도전하였다. A가 불합격할 확률이 $\dfrac{2}{3}$ 이고 B가 합격할 확률이 60%일 때 A, B 둘 다 합격할 확률은?

① 20%

② 30%

③ 40%

④ 50%

20 상자에 빨간색 수건이 3장, 노란색 수건이 4장, 파란색 수건이 3장 들어있는데 두 번에 걸쳐 한 장씩 뽑으려고 한다. 이때 처음에 빨간색 수건을, 다음에 파란색 수건을 뽑을 확률은?(단, 한 번 꺼낸 수건은 다시 넣지 않는다)

① $\dfrac{1}{10}$

② $\dfrac{2}{10}$

③ $\dfrac{1}{15}$

④ $\dfrac{2}{15}$

대표유형　자료해석

※ 다음은 현 직장 만족도에 대한 자료이다. 이를 보고 이어지는 질문에 답하시오. **[1~2]**

〈현 직장 만족도〉

(단위 : 점)

만족분야별	직장유형별	2022년	2023년
전반적 만족도	기업	6.9	6.3
	공공연구기관	6.7	6.5
	대학	7.6	7.2
임금과 수입	기업	4.9	5.1
	공공연구기관	4.5	4.8
	대학	4.9	4.8
근무시간	기업	6.5	6.1
	공공연구기관	7.1	6.2
	대학	7.3	6.2
사내분위기	기업	6.3	6.0
	공공연구기관	5.8	5.8
	대학	6.7	6.2

01 2022년 3개 기관의 전반적 만족도의 합은 2023년 3개 기관의 임금과 수입 만족도의 합의
몇 배인가?(단, 소수점 둘째 자리에서 반올림한다)

① 1.4배　　　　　　　　　　② 1.6배
③ 1.8배　　　　　　　　　　④ 2.0배

|해설| 2022년 3개 기관의 전반적 만족도의 합은 6.9+6.7+7.6=21.2점이고 2023년 3개 기관의
임금과 수입 만족도의 합은 5.1+4.8+4.8=14.7점이다.
따라서 2022년 3개 기관의 전반적 만족도의 합은 2023년 3개 기관의 임금과 수입 만족도의
합의 $\frac{21.2}{14.7}$ ≒1.4배이다.

정답 ①

02 다음 중 자료에 대한 설명으로 옳지 않은 것은?(단, 비율은 소수점 둘째 자리에서 반올림한다)

① 현 직장에 대한 전반적 만족도는 대학 유형에서 가장 높다.

② 2023년 근무시간 만족도에서는 공공연구기관과 대학의 만족도가 동일하다.

③ 2023년에 모든 유형의 직장에서 임금과 수입의 만족도는 전년 대비 증가했다.

④ 사내분위기 측면에서 2022년과 2023년 공공연구기관의 만족도는 동일하다.

| **해설 |** 2022년에 기업, 공공연구기관의 임금과 수입 만족도는 전년 대비 증가하였으나, 대학의 임금과 수입 만족도는 감소했으므로 옳지 않은 설명이다.

오답분석

① 2022년, 2023년 현 직장에 대한 전반적 만족도는 대학 유형에서 가장 높은 것을 확인할 수 있다.

② 2023년 근무시간 만족도에서는 공공연구기관과 대학의 만족도가 6.2로 동일한 것을 확인할 수 있다.

④ 사내분위기 측면에서 2022년과 2023년 공공연구기관의 만족도는 5.8로 동일한 것을 확인할 수 있다.

정답 ③

01 다음은 A중학교 재학생의 2013년과 2023년의 평균 신장 변화에 대한 자료이다. 2013년 대비 2023년 신장 증가율이 가장 큰 학년을 차례대로 나열한 것은?

〈A중학교 재학생 평균 신장 변화〉

(단위 : cm)

학년	2013년	2023년
1학년	160	162
2학년	163	168
3학년	168	171

① 1학년 – 2학년 – 3학년

② 1학년 – 3학년 – 2학년

③ 2학년 – 1학년 – 3학년

④ 2학년 – 3학년 – 1학년

02 다음은 과일의 종류별 무게에 따른 가격에 대한 자료이다. 종류별 무게를 가중치로 적용하여 가격에 대한 가중평균을 구하면 42만 원이다. 이때 빈칸에 들어갈 가격으로 옳은 것은?

〈과일 종류별 가격 및 무게〉

(단위 : 만 원, kg)

구분	가 과일	나 과일	다 과일	라 과일
가격	25	40	60	( )
무게	40	15	25	20

① 40만 원 ② 45만 원
③ 50만 원 ④ 55만 원

03 다음은 A와 B가 배드민턴 시합을 하여 얻은 점수표에 대한 자료이다. 두 번째 경기에서 A의 점수는 B의 $\frac{1}{2}$ 배였고, 세 번째 경기는 동점이었을 때, B의 총점은 A보다 몇 점 많은가?

〈배드민턴 점수표〉

(단위 : 점)

구분	1회	2회	3회
A	5	( )	( )
B	10	8	( )

① 9점 ② 10점
③ 11점 ④ 12점

04 다음은 2020 ~ 2023년 소비자물가지수 지역별 동향에 대한 자료이다. 이를 보고 판단한 내용으로 옳지 않은 것은?

<소비자물가지수 지역별 동향>

(단위 : %p)

지역명	등락률				지역명	등락률			
	2020년	2021년	2022년	2023년		2020년	2021년	2022년	2023년
전국	2.2	1.3	1.3	0.7	충북	2.0	1.2	1.2	−0.1
서울	2.5	1.4	1.6	1.3	충남	2.4	1.2	0.5	0.2
부산	2.4	1.5	1.3	0.8	전북	2.2	1.2	1.1	0.0
대구	2.4	1.6	1.4	1.0	전남	2.0	1.4	1.0	0.0
인천	2.0	1.0	0.9	0.2	경북	2.0	1.2	1.0	0.0
경기	2.2	1.2	1.2	0.7	경남	1.9	1.3	1.4	0.6
강원	2.0	1.1	0.7	0.0	제주	1.2	1.4	1.1	0.6

① 2020년부터 부산의 등락률은 하락하고 있다.

② 2020 ~ 2023년 동안 모든 지역의 등락률이 하락했다.

③ 2020년에 등락률이 두 번째로 낮은 곳은 경남이다.

④ 2022년에 등락률이 가장 높은 곳은 서울이다.

05 다음은 S회사에서 만든 기계제품의 가격에 대한 자료이다. 이를 보고 분석한 내용으로 옳지 않은 것은?

<연도별 S회사 기계제품 가격>

(단위 : 만 원)

구분	2019년	2020년	2021년	2022년	2023년
가격	200	230	215	250	270
재료비	105	107	99	110	115
인건비	55	64	72	85	90
수입	40	59	44	55	65

① 제품의 가격 상승률은 2023년도에 가장 크다.

② 재료비의 상승폭이 가장 큰 해에는 제품 가격 상승폭도 가장 크다.

③ 제품의 인건비는 꾸준히 증가하였다.

④ 2022 ~ 2023년에 재료비와 인건비의 증감 추이는 같다.

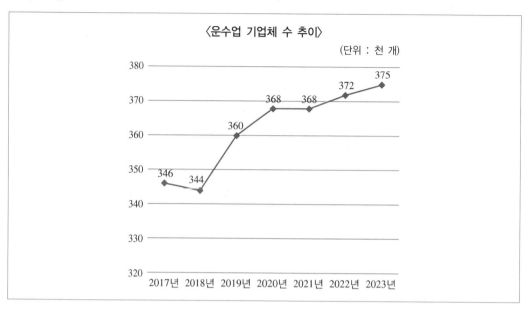

06 2018년 대비 2019년의 기업체 수 증가율과 2019년 대비 2020년의 기업체 수 증가율의 차이는?
(단, 증가율은 소수점 둘째 자리에서 반올림한다)

① 2.5%p   ② 3.0%p

③ 3.5%p   ④ 4.0%p

07 2018 ~ 2023년까지 전년 대비 기업체 수 증감량을 모두 합한 수는?(단, 증감량은 절댓값으로 계산한다)

① 23천 개   ② 33천 개

③ 43천 개   ④ 53천 개

※ 다음은 아시아 국가별 평균교육기간에 대한 그래프이다. 이를 보고 이어지는 질문에 답하시오. **[8~9]**

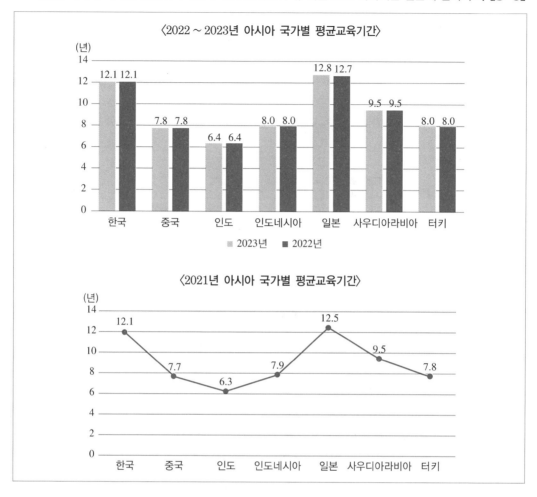

08 다음 중 자료에 대한 설명 중 옳지 않은 것은?

① 한국은 2021 ~ 2023년까지의 평균교육기간이 동일하다.

② 2021년보다 2022년의 평균교육기간이 높아진 국가는 5개국이다.

③ 2022년과 2023년의 아시아 각 국가의 평균교육기간은 동일하다.

④ 2021 ~ 2023년 동안 매년 평균교육기간이 8년 이하인 국가는 4개국이다.

09 다음 중 2021년 평균교육기간이 8년 이하인 국가들의 평균교육기간의 평균은?

① 7.105년
② 7.265년
③ 7.425년
④ 7.595년

※ 다음은 지난해 각 국가에 방문한 관광객 수와 관광객들이 그 국가에서의 평균 여행일수에 대한 그래프이다. 이를 보고 이어지는 질문에 답하시오. [10~11]

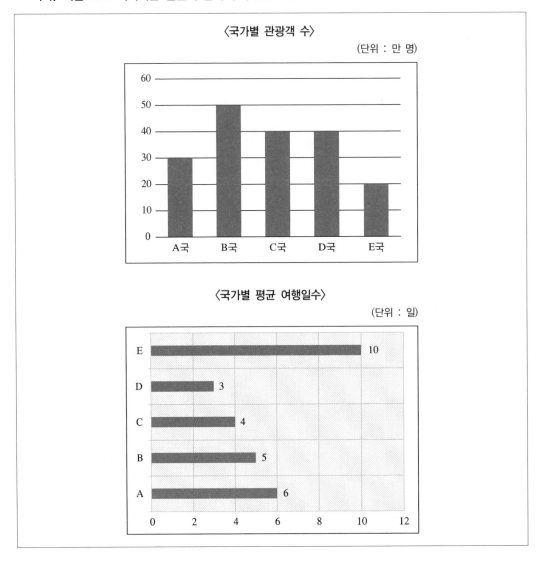

〈국가별 관광객 수〉
(단위 : 만 명)

〈국가별 평균 여행일수〉
(단위 : 일)

10 다섯 국가 중 지난해 방문한 관광객 수가 가장 많은 국가와 가장 적은 국가의 관광객 수의 차이는?

① 30만 명   ② 25만 명

③ 35만 명   ④ 20만 명

11 다섯 국가 중 지난해 관광객 수가 같은 국가들의 평균 여행일수 합은?

① 13일   ② 11일

③ 9일   ④ 7일

※ 다음은 2월부터 6월까지 A ~ C 3명의 영어작문과 영어 말하기 점수 분포에 대한 그래프이다. 이를 보고 이어지는 질문에 답하시오. **[12~13]**

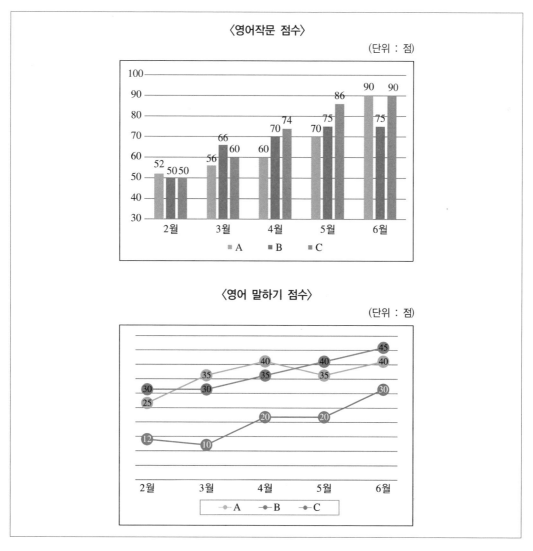

12 A ~ C 세 사람 중 5개월간 영어작문 평균점수가 가장 높은 사람의 평균점수는?

① 75점   ② 72점

③ 67.2점   ④ 65.6점

13 영어작문 평균점수가 두 번째로 높은 사람의 영어 말하기 평균점수는?

① 18.4점   ② 18.6점

③ 19점   ④ 19.4점

※ 다음은 연도별 관광산업 신용카드 매출액에 대한 자료이다. 이를 보고 이어지는 질문에 답하시오.
[14~15]

〈연도별 신용카드 전체 매출액〉

(단위 : 십억 원)

구분	2018년	2019년	2020년	2021년	2022년	2023년
내국인	997.0	1,120.0	1,297.4	1,633.5	1,897.6	2,144.2
외국인	195.3	381.8	608.6	651.6	995.6	625.2
합계	1,192.3	1,501.8	1,906.0	2,285.1	2,893.2	2,769.4

〈연도별 신용카드 매출액(면세점)〉

(단위 : 십억 원)

구분	2018년	2019년	2020년	2021년	2022년	2023년
내국인	271.5	274.2	292.3	384.7	427.2	432.6
외국인	129.7	267.8	376.2	415.2	701.8	497.3
합계	401.2	542	668.5	799.9	1,129	929.9

〈연도별 신용카드 매출액(면세점 외)〉

(단위 : 십억 원)

구분	2018년	2019년	2020년	2021년	2022년	2023년
내국인	725.5	845.8	1,005.1	1,248.8	1,470.4	1,711.6
외국인	65.6	114.0	232.4	236.4	293.8	127.9
합계	791.1	959.8	1,237.5	1,485.2	1,764.2	1,839.5

14 다음 중 제주관광산업의 연도별 신용카드 매출액에 대한 설명으로 옳은 것은?

① 면세점에서 내국인의 신용카드 매출액과 외국인의 신용카드 매출액은 매년 증감 추이가 동일하다.

② 2020년 외국인 신용카드 전체 매출액은 전년 대비 60% 이상 증가하였다.

③ 2022년 내국인 신용카드 전체 매출액 중 면세점에서의 매출액이 차지하는 비중은 25% 미만이다.

④ 면세점 외에서의 외국인 신용카드 매출액은 2019년부터 2022년까지 매년 전년 대비 15% 이상 증가하였다.

15 다음 〈보기〉 중 제주관광산업의 연도별 신용카드 매출액에 대한 설명으로 옳지 않은 것을 모두 고르면?

보기
ㄱ. 2018년 면세점 외에서의 내국인 신용카드 매출액은 당해 면세점 외에서의 신용카드 매출액의 90% 이상을 차지한다.
ㄴ. 2021년 면세점에서의 내국인 신용카드 매출액은 전년 대비 35% 이상 증가하였다.
ㄷ. 2020년부터 2023년까지 전체 신용카드 매출액 중 외국인 신용카드 매출액의 비중은 매년 40% 미만이었다.
ㄹ. 2022년 내국인의 전체 신용카드 매출액은 2018년 면세점에서의 내국인 신용카드 매출액의 7배 이상이다.

① ㄱ, ㄷ
② ㄴ, ㄷ
③ ㄴ, ㄹ
④ ㄷ, ㄹ

※ 다음은 지난해 관측지점별 기상 평년값에 대한 자료이다. 이를 보고 이어지는 질문에 답하시오. [16~17]

<관측지점별 기상 평년값>

(단위 : ℃, mm)

구분	평균 기온	최고 기온	최저 기온	강수량
속초	12.2	16.2	8.5	1,402
철원	10.2	16.2	4.7	1,391
춘천	11.1	17.2	5.9	1,347
강릉	13.1	17.5	9.2	1,464
동해	12.6	16.8	8.6	1,278
충주	11.2	17.7	5.9	1,212
서산	11.9	17.3	7.2	1,285

16 관측지점 중 최고 기온이 17℃ 이상이며, 최저 기온이 7℃ 이상인 지점의 강수량의 합은?

① 3,027mm
② 2,955mm
③ 2,834mm
④ 2,749mm

17 다음 중 자료에 대한 설명으로 옳은 것은?

① 동해의 최고 기온과 최저 기온의 평균은 12.7℃이다.
② 속초는 관측지점 중 평균 기온이 두 번째로 높고, 강수량도 두 번째로 많다.
③ 최고 기온과 최저 기온의 차이가 가장 큰 지점은 서산이다.
④ 평균 기온, 최고·최저 기온이 가장 높고, 강수량도 가장 많은 지점은 강릉이다.

※ 다음은 S초등학교 남학생과 여학생의 도서 선호 분야를 비율에 대한 그래프이다. 이를 보고 이어지는 질문에 답하시오. [18~20]

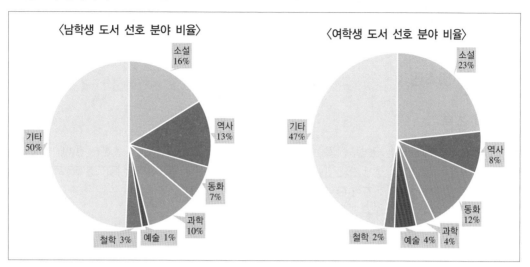

18 그래프가 S초등학교 남학생 470명, 여학생은 450명을 대상으로 조사한 결과일 때, 남학생과 여학생 중에서 과학 분야를 선호하는 총 학생 수는?

① 60명　　　　　　　　　　　② 65명
③ 70명　　　　　　　　　　　④ 75명

19 기타를 제외한 도서 선호 분야에서 남학생과 여학생 각각 가장 낮은 비율을 차지하는 분야의 학생 수를 구하려고 한다. 해당하는 분야의 총 학생 수의 10배는?(단, 조사대상 인원은 남학생 500명, 여학생 450명이다)

① 104명　　　　　　　　　　② 115명
③ 126명　　　　　　　　　　④ 140명

20 다음 중 자료에 대한 내용으로 옳은 것은?

① 남학생과 여학생은 예술 분야보다 철학 분야를 더 선호한다.
② 과학 분야는 여학생 비율이 남학생 비율보다 높다.
③ 역사 분야는 남학생 비율이 여학생 비율의 2배 미만이다.
④ 동화 분야는 여학생 비율이 남학생 비율의 2배 이상이다.

02 | 추리능력검사 핵심이론

01 ▶ 언어추리

1. 연역 추론

이미 알고 있는 판단(전제)을 근거로 새로운 판단(결론)을 유도하는 추론이다. 연역 추론은 진리일 가능성을 따지는 귀납 추론과는 달리, 명제 간의 관계와 논리적 타당성을 따진다. 즉, 연역 추론은 전제들로부터 절대적인 필연성을 가진 결론을 이끌어내는 추론이다.

(1) 직접 추론

한 개의 전제로부터 중간적 매개 없이 새로운 결론을 이끌어내는 추론이며, 대우 명제가 그 대표적인 예이다.

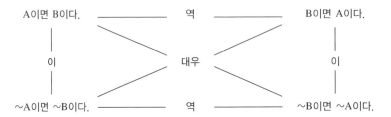

• 한국인은 모두 황인종이다.	(전제)
• 그러므로 황인종이 아닌 사람이 모두 한국인은 아니다.	(결론 1)
• 그러므로 황인종 중에는 한국인이 아닌 사람도 있다.	(결론 2)

(2) 간접 추론

둘 이상의 전제로부터 새로운 결론을 이끌어내는 추론이다. 삼단논법이 가장 대표적인 예이다.

① **정언 삼단논법** : 세 개의 정언명제로 구성된 간접추론 방식이다. 세 개의 명제 가운데 두 개의 명제는 전제이고, 나머지 한 개의 명제는 결론이다. 세 명제의 주어와 술어는 세 개의 서로 다른 개념을 표현한다.

② **가언 삼단논법** : 가언명제로 이루어진 삼단논법을 말한다. 가언명제란 두 개의 정언명제가 '만일 ~이라면'이라는 접속사에 의해 결합된 복합명제이다. 여기서 '만일'에 의해 이끌리는 명제를 전건이라고 하고, 그 뒤의 명제를 후건이라고 한다. 가언 삼단논법의 종류로는 혼합가언 삼단논법과 순수가언 삼단논법이 있다.

　③ **혼합가언 삼단논법** : 대전제만 가언명제로 구성된 삼단논법이다. 긍정식과 부정식 두 가지가 있으며, 긍정식은 'A면 B이다. A이다. 그러므로 B이다.'이고, 부정식은 'A면 B이다. B가 아니다. 그러므로 A가 아니다.'이다.

> - 만약 A라면 B이다.
> - B가 아니다.
> - 그러므로 A가 아니다.

ⓛ 순수가언 삼단논법 : 대전제와 소전제 및 결론까지 모두 가언명제들로 구성된 삼단논법이다.

> - 만약 A라면 B이다.
> - 만약 B라면 C이다.
> - 그러므로 만약 A라면 C이다.

③ 선언 삼단논법 : '~이거나 ~이다.'의 형식으로 표현되며 전제 속에 선언 명제를 포함하고 있는 삼단
논법이다.

> - 내일은 비가 오거나 눈이 온다(A 또는 B이다).
> - 내일은 비가 오지 않는다(A가 아니다).
> - 그러므로 내일은 눈이 온다(그러므로 B이다).

④ 딜레마 논법 : 대전제는 두 개의 가언명제로, 소전제는 하나의 선언명제로 이루어진 삼단논법으로,
양도추론이라고도 한다.

> - 만일 네가 거짓말을 하면, 신이 미워할 것이다.   (대전제)
> - 만일 네가 거짓말을 하지 않으면, 사람들이 미워할 것이다.   (대전제)
> - 너는 거짓말을 하거나, 거짓말을 하지 않을 것이다.   (소전제)
> - 그러므로 너는 미움을 받게 될 것이다.   (결론)

2. 귀납 추론

특수한 또는 개별적인 사실로부터 일반적인 결론을 이끌어내는 추론을 말한다. 귀납 추론은 구체적 사실들
을 기반으로 하여 결론을 이끌어내기 때문에 필연성을 따지기보다는 개연성과 유관성, 표본성 등을 중시하
게 된다. 여기서 개연성이란, 관찰된 어떤 사실이 같은 조건하에서 앞으로도 관찰될 수 있는가 하는 가능성
을 말하고, 유관성은 추론에 사용된 자료가 관찰하려는 사실과 관련되어야 하는 것을 일컬으며, 표본성은
추론을 위한 자료의 표본 추출이 공정하게 이루어져야 하는 것을 가리킨다. 이러한 귀납 추론은 일상생활
속에서 많이 사용하고, 우리가 알고 있는 과학적 사실도 이와 같은 방법으로 밝혀졌다.
그러나 전제들이 참이어도 결론이 항상 참인 것은 아니다. 단 하나의 예외로 인하여 결론이 거짓이 될 수 있다.

> - 성냥불은 뜨겁다.
> - 연탄불도 뜨겁다.
> - 그러므로 모든 불은 뜨겁다.

위 예문에서 '성냥불이나 연탄불이 뜨거우므로 모든 불은 뜨겁다.'라는 결론이 나왔는데, 반딧불은 뜨겁지
않으므로 '모든 불이 뜨겁다.'라는 결론은 거짓이 된다.

(1) 완전 귀납 추론

관찰하고자 하는 집합의 전체를 다 검증함으로써 대상의 공통 특질을 밝혀내는 방법이다. 이는 예외 없는 진실을 발견할 수 있다는 장점은 있으나, 집합의 규모가 크고 속성의 변화가 다양할 경우에는 적용하기 어려운 단점이 있다.

예 1부터 10까지의 수를 다 더하여 그 합이 55임을 밝혀내는 방법

(2) 통계적 귀납 추론

통계적 귀납 추론은 관찰하고자 하는 집합의 일부에서 발견한 몇 가지 사실을 열거함으로써 그 공통점을 결론으로 이끌어내려는 방식을 가리킨다. 관찰하려는 집합의 규모가 클 때 그 일부를 표본으로 추출하여 조사하는 방식이 이에 해당하며, 표본 추출의 기준이 얼마나 적합하고 공정한가에 따라 그 결과에 대한 신뢰도가 달라진다는 단점이 있다.

예 여론조사에서 일부 국민의 설문 내용을 바탕으로, 이를 전체 국민의 여론으로 제시하는 것

(3) 인과적 귀납 추론

관찰하고자 하는 집합의 일부 원소들이 지닌 인과 관계를 인식하여 그 원인이나 결과를 이끌어내려는 방식을 말한다.

① 일치법 : 공통적인 현상을 지닌 몇 가지 사실 중에서 각기 지닌 요소 중 어느 한 가지만 일치한다면 이 요소가 공통 현상의 원인이라고 판단

예 마을 잔칫집에서 돼지고기를 먹은 사람들이 집단 식중독을 일으켰다. 따라서 식중독의 원인은 상한 돼지고기가 아닌가 생각한다.

② 차이법 : 어떤 현상이 나타나는 경우와 나타나지 않은 경우를 놓고 보았을 때, 각 경우의 여러 조건 중 단 하나만이 차이를 보인다면 그 차이를 보이는 조건이 원인이 된다고 판단

예 현수와 승재는 둘 다 지능이나 학습 시간, 학습 환경 등이 비슷한데 공부하는 태도에는 약간의 차이가 있다. 따라서 두 사람의 성적이 차이를 보이는 것은 학습 태도 차이 때문이라고 생각된다.

③ 일치·차이 병용법 : 몇 개의 공통 현상이 나타나는 경우와 몇 개의 그렇지 않은 경우를 놓고 일치법과 차이법을 병용하여 적용함으로써 그 원인을 판단

예 학업 능력 정도가 비슷한 두 아동 집단에 대해 처음에는 같은 분량의 과제를 부여하고 나중에는 각기 다른 분량의 과제를 부여한 결과, 많이 부여한 집단의 성적이 훨씬 높게 나타났다. 이로 보아, 과제를 많이 부여하는 것이 적게 부여하는 것보다 학생의 학업 성적 향상에 도움이 된다고 판단할 수 있다.

④ 공변법 : 관찰하는 어떤 사실의 변화에 따라 현상의 변화가 일어날 때 그 변화의 원인이 무엇인지 판단

예 담배를 피우는 양이 각기 다른 사람들의 집단을 조사한 결과, 담배를 많이 피울수록 폐암에 걸릴 확률이 높다는 사실이 발견되었다.

⑤ 잉여법 : 앞의 몇 가지 현상이 뒤의 몇 가지 현상의 원인이며, 선행 현상의 일부분이 후행 현상의 일부분이라면, 선행 현상의 나머지 부분은 후행 현상의 나머지 부분의 원인임을 판단

예 어젯밤 일어난 사건의 혐의자는 정은이와 규민이 두 사람인데, 정은이는 알리바이가 성립되어 혐의 사실이 없는 것으로 밝혀졌다. 따라서 그 사건의 범인은 규민이일 가능성이 높다.

3. 유비 추론

두 개의 대상 사이에 일련의 속성이 동일하다는 사실에 근거하여 그것들의 나머지 속성도 동일하리라는 결론을 이끌어내는 추론, 즉 이미 알고 있는 것에서 다른 유사한 점을 찾아내는 추론을 말한다. 그렇기 때문에 유비 추론은 잣대(기준)가 되는 사물이나 현상이 있어야 한다. 유비 추론은 가설을 세우는 데 유용하다. 이미 알고 있는 사례로부터 아직 알지 못하는 것을 생각해 봄으로써 쉽게 가설을 세울 수 있다. 이때 유의할 점은 이미 알고 있는 사례와 이제 알고자 하는 사례가 매우 유사하다는 확신과 증거가 있어야 한다. 그렇지 않은 상태에서 유비 추론에 의해 결론을 이끌어내면, 그것은 개연성이 거의 없고 잘못된 결론이 될 수도 있다.

- 지구에는 공기, 물, 흙, 햇빛이 있다(A는 a, b, c, d의 속성을 가지고 있다).
- 화성에는 공기, 물, 흙, 햇빛이 있다(B는 a, b, c, d의 속성을 가지고 있다).
- 지구에 생물이 살고 있다(A는 e의 속성을 가지고 있다).
- 그러므로 화성에도 생물이 살고 있을 것이다(그러므로 B도 e의 속성을 가지고 있을 것이다).

핵심예제

01 다음 중 '복권에 당첨이 되면 회사를 다니지 않는다.'의 대우 명제는?

① 복권에 당첨이 되지 않으면 회사를 다닌다.

② 회사를 다니지 않으면 복권에 당첨된다.

③ 복권에 당첨이 되면 회사를 다닌다.

④ 회사를 다니면 복권에 당첨이 되지 않은 것이다.

|해설| A → B의 대우 명제는 ∼B → ∼A의 형태를 취한다.

정답 ④

02 다음에 나타난 추론 방식으로 적절한 것은?

- 수정이는 식사로 라면을 먹거나 국수를 먹는다.
- 수정이는 점심 식사로 국수를 먹지 않았다.
- 따라서 수정이는 점심 식사로 라면을 먹었다.

① 귀납 추론

② 직접 추론

③ 간접 추론

④ 유비 추론

|해설| 선언 삼단논법(A 또는 B이다. A가 아니다. → 그러므로 B이다.)은 간접 추론의 한 종류이다.

정답 ③

02 ▶ 수·문자추리

1. 수추리

(1) **등차수열** : 앞의 항에 일정한 수를 더해 이루어지는 수열

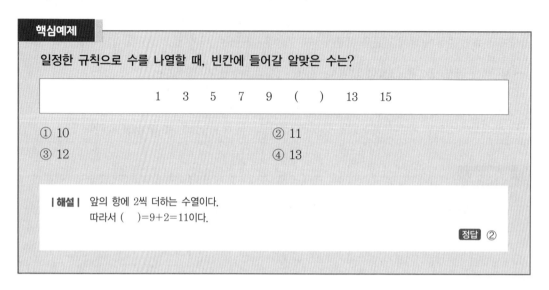

핵심예제

일정한 규칙으로 수를 나열할 때, 빈칸에 들어갈 알맞은 수는?

| 1 | 3 | 5 | 7 | 9 | ( ) | 13 | 15 |

① 10
② 11
③ 12
④ 13

| 해설 | 앞의 항에 2씩 더하는 수열이다.
따라서 ( )=9+2=11이다.

정답 ②

(2) **등비수열** : 앞의 항에 일정한 수를 곱해 이루어지는 수열

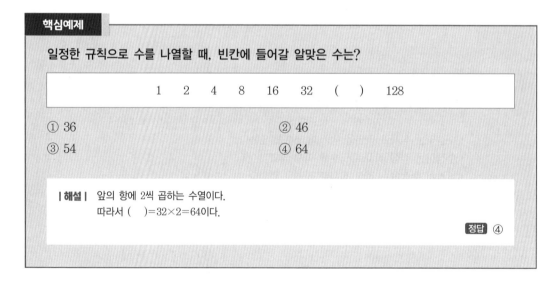

핵심예제

일정한 규칙으로 수를 나열할 때, 빈칸에 들어갈 알맞은 수는?

| 1 | 2 | 4 | 8 | 16 | 32 | ( ) | 128 |

① 36
② 46
③ 54
④ 64

| 해설 | 앞의 항에 2씩 곱하는 수열이다.
따라서 ( )=32×2=64이다.

정답 ④

(3) 계차수열 : 앞의 항과의 차가 일정한 규칙을 갖는 수열

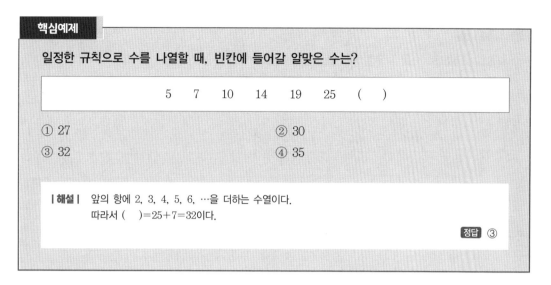

핵심예제

일정한 규칙으로 수를 나열할 때, 빈칸에 들어갈 알맞은 수는?

| | 5   7   10   14   19   25   (   ) |

① 27   ② 30
③ 32   ④ 35

|해설| 앞의 항에 2, 3, 4, 5, 6, …을 더하는 수열이다.
　　　따라서 (　)=25+7=32이다.

정답 ③

(4) 피보나치 수열 : 앞의 두 항의 합이 그 다음 항의 수가 되는 수열

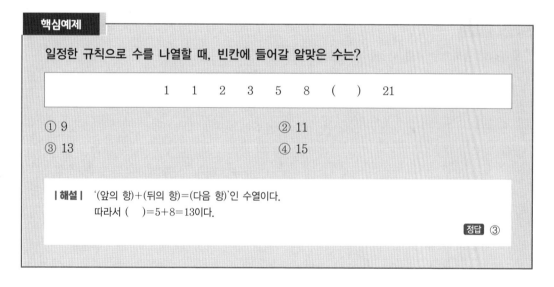

핵심예제

일정한 규칙으로 수를 나열할 때, 빈칸에 들어갈 알맞은 수는?

| | 1   1   2   3   5   8   (   )   21 |

① 9   ② 11
③ 13   ④ 15

|해설| '(앞의 항)+(뒤의 항)=(다음 항)'인 수열이다.
　　　따라서 (　)=5+8=13이다.

정답 ③

(5) 건너뛰기 수열 : 두 개 이상의 수열이 일정한 간격을 두고 번갈아가며 나타나는 수열

핵심예제

일정한 규칙으로 수를 나열할 때, 빈칸에 들어갈 알맞은 수는?

| 1 3 7 5 ( ) 7 19 |

① 9

② 11

③ 13

④ 15

| **해설** | 홀수 항은 6씩 더하는 수열이고, 짝수 항은 2씩 더하는 수열이다.
따라서 ( )=7+6=13이다.

정답 ③

(6) 군수열 : 일정한 규칙성으로 몇 항씩 끊어서 규칙을 이루는 수열

핵심예제

일정한 규칙으로 수를 나열할 때, 빈칸에 들어갈 알맞은 수는?

| 1 3 3 2 4 8 5 ( ) 30 |

① 6

② 7

③ 8

④ 9

| **해설** | 나열된 수를 각각 A, B, C라고 하면
$\underline{A\ B\ C} \rightarrow A \times B = C$
따라서 ( )=30÷5=6이다.

정답 ①

2. 문자추리

(1) 알파벳, 자음, 한자, 로마자

1	2	3	4	5	6	7	8	9	10	11	12	13	14	15	16	17	18	19	20	21	22	23	24	25	26
A	B	C	D	E	F	G	H	I	J	K	L	M	N	O	P	Q	R	S	T	U	V	W	X	Y	Z
ㄱ	ㄴ	ㄷ	ㄹ	ㅁ	ㅂ	ㅅ	ㅇ	ㅈ	ㅊ	ㅋ	ㅌ	ㅍ	ㅎ												
一	二	三	四	五	六	七	八	九	十																
i	ii	iii	iv	v	vi	vii	viii	ix	x																

(2) 일반모음

1	2	3	4	5	6	7	8	9	10
ㅏ	ㅑ	ㅓ	ㅕ	ㅗ	ㅛ	ㅜ	ㅠ	ㅡ	ㅣ

(3) 일반모음 + 이중모음(사전 등재 순서)

1	2	3	4	5	6	7	8	9	10	11	12	13	14	15	16	17	18	19	20	21
ㅏ	ㅐ	ㅑ	ㅒ	ㅓ	ㅔ	ㅕ	ㅖ	ㅗ	ㅘ	ㅙ	ㅚ	ㅛ	ㅜ	ㅝ	ㅞ	ㅟ	ㅠ	ㅡ	ㅢ	ㅣ

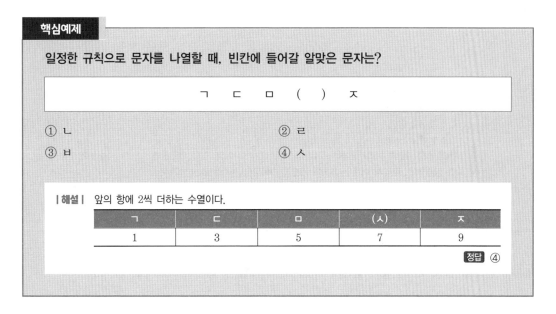

핵심예제

일정한 규칙으로 문자를 나열할 때, 빈칸에 들어갈 알맞은 문자는?

| | ㄱ | ㄷ | ㅁ | ( ) | ㅈ | |

① ㄴ   ② ㄹ
③ ㅂ   ④ ㅅ

| **해설** | 앞의 항에 2씩 더하는 수열이다.

ㄱ	ㄷ	ㅁ	(ㅅ)	ㅈ
1	3	5	7	9

정답 ④

02 │ 추리능력검사 적중예상문제

정답 및 해설 p.049

01 ▶ 언어추리

대표유형　명제

제시문 A를 읽고, 제시문 B가 참인지 거짓인지 혹은 알 수 없는지 고르면?

[제시문 A]
· 테니스를 치는 사람은 마라톤을 한다.
· 마라톤을 하는 사람은 축구를 하지 않는다.
· 축구를 하는 사람은 등산을 한다.

[제시문 B]
축구를 하는 사람은 테니스를 치지 않는다.

① 참　　　　　　　　　　② 거짓　　　　　　　　　　③ 알 수 없음

| 해설 |　· A : 테니스를 친다.
　　　　· B : 마라톤을 한다.
　　　　· C : 축구를 한다.
　　　　· D : 등산을 한다.
제시문 A를 간단히 나타내면 A → B, B → ~C, C → D이다. 이를 연립하면 A → B → ~C와 C →
D가 성립한다. 따라서 대우인 C → ~A가 성립하므로 제시문 B는 참이다.

정답 ①

※ 제시문 A를 읽고, 제시문 B가 참인지 거짓인지 혹은 알 수 없는지 고르시오. **[1~7]**

01

[제시문 A]
· 다리가 아픈 모든 사람은 계단을 빨리 오르지 못한다.
· 계단을 빨리 오르지 못하는 모든 사람은 평소에 운동을 하지 않는 사람이다.

[제시문 B]
평소에 운동을 하는 사람은 다리가 아프지 않다.

① 참　　　　　　　　　　② 거짓　　　　　　　　　　③ 알 수 없음

02

[제시문 A]
• 노화가 오면 귀가 잘 들리지 않는다.
• 귀가 잘 안 들리면 큰 소리로 이야기한다.

[제시문 B]
큰 소리로 이야기하는 사람은 노화가 온 사람이다.

① 참 ② 거짓 ③ 알 수 없음

03

[제시문 A]
• 일본으로 출장을 간다면 중국으로는 출장을 가지 않는다.
• 중국으로 출장을 간다면 홍콩으로도 출장을 가야 한다.

[제시문 B]
홍콩으로 출장을 간 김대리는 일본으로 출장을 가지 않는다.

① 참 ② 거짓 ③ 알 수 없음

04

[제시문 A]
• 차가운 물로 샤워를 하면 순간적으로 몸의 체온이 내려가다
• 몸의 체온이 내려가면 일정한 체온을 유지하기 위해 열이 발생한다.

[제시문 B]
차가운 물로 샤워를 하면 몸의 체온을 낮게 유지할 수 있다.

① 참 ② 거짓 ③ 알 수 없음

05

[제시문 A]
- A ~ D 네 명은 각각 수리 영역에서 1 ~ 4등급을 받았고, 등급이 같은 사람은 없다.
- D보다 등급이 높은 사람은 2명 이상이다.
- D는 B보다 한 등급 높고, A는 C보다 한 등급 높다.

[제시문 B]
C는 수리 영역에서 3등급을 받았다.

① 참   ② 거짓   ③ 알 수 없음

06

[제시문 A]
- 황도 12궁은 천구상에서 황도가 통과하는 12개의 별자리이다.
- 황도 전체를 30°씩 12등분하여 각각에 대해 별자리의 이름을 붙였다.

[제시문 B]
황도 12궁의 열두 개 별자리들은 300°의 공간에 나열되어 있다.

① 참   ② 거짓   ③ 알 수 없음

07

[제시문 A]
- 바실리카는 로마시대 법정과 같이 쓰인 장방형의 3개의 통로가 있는 건물이다.
- 바실리카의 중앙통로나 회중석은 측랑보다 높았고 측랑의 지붕 위에는 창문이 설치된다.

[제시문 B]
바실리카의 측랑과 창문은 회중석보다 높은 곳에 설치된다.

① 참   ② 거짓   ③ 알 수 없음

※ 다음 제시문을 읽고 각 문제가 참이면 ①, 거짓이면 ②, 알 수 없으면 ③을 고르시오. [8~10]

- A ~ E 다섯 사람은 교내 사생대회에서 상을 받았다.
- 최우수상, 우수상, 장려상에 각각 1명, 2명, 2명이 상을 받았다.
- A와 B는 서로 다른 상을 받았다.
- A와 C는 서로 다른 상을 받았다.
- D는 네 사람과 다른 상을 받았다.

08 D는 최우수상을 받았다.

① 참   ② 거짓   ③ 알 수 없음

09 A는 우수상을 받았다.

① 참   ② 거짓   ③ 알 수 없음

10 B와 E는 같은 상을 받았다.

① 참   ② 거짓   ③ 알 수 없음

02 ▶ 수 · 문자추리

대표유형 1　수추리

일정한 규칙으로 수를 나열할 때, 빈칸에 들어갈 알맞은 수를 고르면?

77　69　61　53　45　37　29　(　　)

① 19　　　　　　　　　　　② 21

③ 23　　　　　　　　　　　④ 24

| 해설 |　앞의 항에서 8을 빼면 뒤의 항이 되는 수열이다.
　　　　　따라서 (　　)=29−8=21이다.

정답 ②

※ 일정한 규칙으로 수를 나열할 때, 빈칸에 들어갈 알맞은 수를 고르시오. **[1~10]**

01

45　40　80　75　150　(　　)　290

① 145　　　　　　　　　　② 165

③ 170　　　　　　　　　　④ 200

02

3　10　24　(　　)　73　108

① 45　　　　　　　　　　　② 50

③ 55　　　　　　　　　　　④ 60

03

$$1 \quad 4 \quad 13 \quad 40 \quad 121 \quad (\quad) \quad 1{,}093$$

① 351   ② 363

③ 364   ④ 370

04

$$\frac{39}{16} \quad \frac{13}{8} \quad \frac{13}{12} \quad \frac{13}{18} \quad (\quad) \quad \frac{26}{81}$$

① $\dfrac{13}{9}$ ② $\dfrac{14}{18}$

③ $\dfrac{13}{18}$ ④ $\dfrac{13}{27}$

05

$$7.2 \quad 6.1 \quad 7.3 \quad 6.2 \quad (\quad) \quad 6.3 \quad 7.5 \quad 6.4$$

① 6.4   ② 6.8

③ 7.1   ④ 7.4

06

$$\underline{8 \quad 14 \quad 6} \quad \underline{(\quad) \quad 15 \quad 4} \quad \underline{24 \quad 38 \quad 14} \quad \underline{48 \quad 51 \quad 3}$$

① 8   ② 9

③ 11   ④ 13

07

5 ( ) 48		6 12 54		7 15 66		8 19 81

① 8 ② 9
③ 10 ④ 11

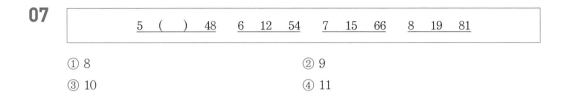

08

7 8 58 −2 11 −20 5 ( ) −33

① − 5 ② − 6
③ − 7 ④ − 8

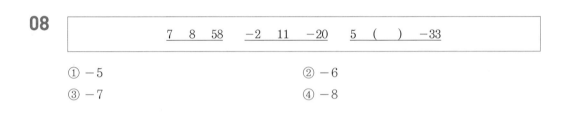

09

3 8 25 4 5 21 5 6 ( )

① 28 ② 29
③ 30 ④ 31

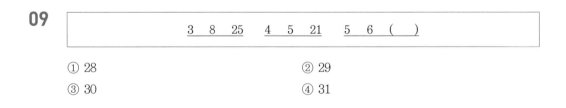

10

6 10 37 14 27 12 20 ( ) 7 43 1 9

① 20 ② 23
③ 26 ④ 29

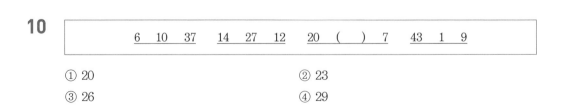

일정한 규칙으로 문자를 나열할 때, 빈칸에 들어갈 알맞은 문자는?

ㅁ　ㅅ　ㅅ　ㅊ　ㅈ　ㅍ　ㅋ　（　）

① ㄴ   ② ㅂ
③ ㅈ   ④ ㅌ

| 해설 | 홀수 항은 +2, 짝수 항은 +3를 적용하는 수열이다.

ㅁ	ㅅ	ㅅ	ㅊ	ㅈ	ㅍ	ㅋ	(ㄴ)
5	7	7	10	9	13	11	16(2)

정답 ①

※ 일정한 규칙으로 문자를 나열할 때, 빈칸에 들어갈 알맞은 문자를 고르시오. [11~18]

11

b　g　e　j　（　）　m　k　p

① h   ② i
③ l   ④ n

12

二　四　三　六　五　（　）

① 十   ② 一
③ 五   ④ 七

13

$$E \quad C \quad I \quad F \quad Q \quad I \quad (\ )$$

① A   ② C
③ E   ④ G

14

$$A \quad D \quad I \quad P \quad (\ ) \quad J$$

① W   ② X
③ Y   ④ Z

15

$$\text{ㄷ} \quad \text{ㅍ} \quad \text{ㅂ} \quad \text{ㅊ} \quad (\ ) \quad \text{ㅅ} \quad \text{ㅌ}$$

① ㅅ   ② ㅇ
③ ㅈ   ④ ㅊ

16

O ㅈ N ㅊ M ( ) L

① ㅋ   ② ㅌ
③ ㅍ   ④ ㅎ

17

A B C E H M ( )

① O   ② Q
③ T   ④ U

18

S U G I ( ) E

① A   ② B
③ C   ④ D

※ S악기회사는 기타를 만들 때마다 다음과 같은 규칙을 적용하여 시리얼 번호를 부여하고 있다. 창고에 남은 기타들의 시리얼 넘버를 정리한 자료가 〈보기〉와 같을 때, 이어지는 질문에 답하시오. [1~2]

<A악기회사 시리얼 번호 부여 방법>

MZ09042589	M	생산한 공장을 의미한다. (M=멕시코)
	Z	생산한 시대를 의미한다. (Z=2000년대)
	0904	생산연도와 월을 의미한다. (09=2009년, 04=4월)
	2589	생산된 순서를 의미한다. (2589번)

생산한 공장		생산한 시대	
미국	U	1960년대	V
중국	C	1970년대	W
베트남	V	1980년대	X
멕시코	M	1990년대	Y
필리핀	P	2000년대	Z
인도네시아	I	2010년대	A

보기

CZ09111213	VA27126459	IA12025512	VZ09080523	MX95025124	PA15114581	VY94085214	IZ04081286
PY93122569	MZ06077856	MY03123268	VZ03033231	CZ05166237	VA13072658	CZ01120328	IZ08112384
MX89124587	PY96064568	CZ11128465	PY91038475	VZ09122135	IZ03081657	CA12092581	CY12056487
VZ08203215	MZ05111032	CZ05041249	IA12159561	MX83041235	PX85124982	IA11129612	PZ04212359
CY87068506	IA10052348	VY97089548	MY91084652	VA07107459	CZ09063216	MZ01124523	PZ05123458

01 〈보기〉의 시리얼 번호를 생산한 공장을 기준으로 분류할 경우 총 몇 개의 분류로 나뉠 수 있는가?

① 2개   ② 3개
③ 4개   ④ 5개

| 해설 | 보기의 자료에 대하여 생산한 공장을 기준으로 분류할 경우 중국, 필리핀, 멕시코, 베트남, 인도네시아 5개로 분류할 수 있다.

정답 ④

02 〈보기〉의 시리얼 번호 중 생산연도와 월이 잘못 기입된 번호가 있다고 한다. 잘못 기입된 시리얼 번호는 총 몇 개인가?

① 10개

② 11개

③ 12개

④ 13개

|해설| 생산한 시대를 기준으로 생산연도가 잘못 표시된 경우

- CY87068506(1990년대)
- VA27126459(2010년대)
- MY03123268(1990년대)
- CZ11128465(2000년대)
- MX95025124(1980년대)
- VA07107459(2010년대)
- CY12056487(1990년대)

1 ~ 12월의 번호인 01 ~ 12 번호가 아닌 경우

- VZ08203215
- IA12159561
- CZ05166237
- PZ04212359

정답 ②

※ 다음은 S산부인과의 환자 코드 부여방식이다. 이를 보고 이어지는 질문에 답하시오. [19~22]

〈C산부인과 환자 코드〉

- 환자 코드 부여 방식

[진료과목] – [진료실] – [진료시간] – [진료내용] – [세부내용] 순의 10자리 수

- 진료과목

산과	부인과
01	02

- 진료실

1진료실	2진료실	3진료실
11	12	13

- 진료시간

평일		주말	
오전	오후	오전	오후
21	22	23	24

- 진료내용

상담	예방접종	진료 · 검진	부인과 치료 · 수술
31	32	33	34

- 세부내용

단태아임신		다태아임신		해당 없음
자연분만 예정	제왕절개 예정	자연분만 예정	제왕절개 예정	
41	42	43	44	45

- 다음 주 접수 현황

0111213341	0112213342	0111213343	0113223141
0212233145	0213233445	0212223445	0111243242
0212213245	0111233344	0113243341	0212233245

※ 환자 코드는 최종 결정에 따라 부여되며, 기존에 다른 코드를 부여받았다 하더라도 최종 결과가 다르면 코드가 바뀔 수도 있음

19 다음 환자에게 부여되는 환자 코드는?

> 평소 S산부인과 2진료실에서 진료를 받아오던 A씨는 최근 몸이 안 좋아 평일 오후 반차를 내고 부인과 진료를 받았고, 2진료실에서 진료 결과 A씨는 쌍둥이 임신인 것으로 확인되었다. 첫째를 제왕절개로 출산했고, 쌍둥이를 임신하였기에 이번 출산은 제왕절개 수술을 하는 것으로 담당의와 결정하였다.

① 0112223344

② 0112223345

③ 0112223444

④ 0212223344

20 다음 주에 가장 많이 접수된 진료 세부내용은?

① 단태아 자연분만
② 단태아 제왕절개
③ 다태아 자연분만
④ 해당 없음

21 다음 주 병원사정으로 인해, 1진료실과 2진료실은 평일 오전, 3진료실은 평일 오후 진료가 취소되었다. 이번 달 취소된 진료는?

① 1건
② 3건
③ 5건
④ 7건

22 다음 중 유효한 환자코드는?

① 111223141
② 0112233342
③ 0221213245
④ 0202213445

※ 다음은 S학교의 교과과정 부가기호에 대한 설명이다. 이를 보고 이어지는 질문에 답하시오. [23~26]

〈부가기호〉

00000 : 다섯 자리 숫자 / 과목, 세부과목, 학년·학기, 내용 순서로 기재

• 첫 2자리 숫자(과목분류기호) – 첫 번째 자리(과목)

국어	수학	영어	사회	한국사	과학
1	2	3	4	5	6

• 첫 2자리 숫자(과목분류기호) – 두 번째 자리(세부과목)

구분	0	1	2	3	4	5	6
국어	화법	작문	언어	문학	고전	독서	실용
수학	수학1	수학2	미적분	확률	통계	기하	벡터
영어	영어1	영어2	문법	작문	독해	회화	실용
사회	지리	세계사	아시아사	경제	정치·법	사회문화	윤리
한국사	한국사	–	–	–	–	–	–
과학	물리	화학	생명과학	지구과학	–	–	–

• 세 번째 ~ 네 번째 2자리 숫자(학년·학기분류기호)

1학년 1학기	1학년 2학기	2학년 1학기	2학년 2학기	3학년 1학기	3학년 2학기
11	12	21	22	31	32

• 마지막 1자리 숫자(내용분류기호)

수행평가	개인과제	조별과제	중간고사	기말고사
1	2	3	4	5

23 교과과정 부가기호 '50111'이 들어갈 교과과정으로 옳은 것은?

① 사회·한국사·1학년 2학기·수행평가
② 사회·한국사·1학년 1학기·수행평가
③ 한국사·사회·1학년 2학기·수행평가
④ 한국사·한국사·1학년 1학기·수행평가

24 다음 교사의 수업에 따른 교과과정 부가기호로 옳은 것은?

> 지난 시간에 말한 독서관련 개인과제를 제출해주세요. 이제 다음 주에 있을 기말고사만 보면 3년간의 학교생활이 마무리 되겠군요. 모두들 마지막까지 최선을 다해주세요.

① 1532   ② 1535

③ 15322   ④ 15325

25 다음 중 교과과정 부가기호가 잘못 연결된 것은?

① 11111 : 국어 · 작문 · 1학년 1학기 · 수행평가

② 22222 : 수학 · 미적분 · 2학년 2학기 · 개인과제

③ 33323 : 영어 · 경제1 · 3학년 2학기 · 조별과제

④ 12121 : 국어 · 언어 · 1학년 2학기 · 수행평가

26 다음 중 교과과정 부가기호로 옳지 않은 것은?

① 12321   ② 50321

③ 32123   ④ 12345

※ S사는 의류 제품을 생산할 때 다음과 같은 방법으로 제품 코드를 부여한다. 이를 보고 이어지는 질문에 답하시오. [27~30]

<의류 제품 코드>

• 제품 코드 부여 방식 : [성별] - [연령] - [계절] - [용도] - [유형] - [사이즈]

예 MASUBT2L - 성인 남성의 여름용 정장 셔츠 L사이즈

• 성별

남성용	여성용	공용
M	W	U

• 연령

성인	주니어	아동	유아	영아
A	J	K	C	I

• 계절

춘추	여름	겨울	사계절
SS	SU	WI	FO

• 용도

캐주얼	정장	스포츠	홈웨어	이너웨어	기타
C	B	O	H	I	Z

• 유형

재킷	셔츠	티셔츠	후드티	니트	바지	치마	원피스
T1	T2	T3	T4	T5	T6	T7	T8

• 사이즈 : S, M, L, XL

---

27 다음 중 제품 코드가 'UKWIOT6M'인 제품에 대한 설명으로 옳은 것은?

① 남자 유아의 사계절용 이너웨어 바지 M사이즈
② 남자 아동의 사계절용 스포츠 바지 M사이즈
③ 남녀공용 아동의 겨울용 이너웨어 바지 M사이즈
④ 남녀공용 아동의 겨울용 스포츠 바지 M사이즈

28 T사의 총무팀에 근무 중인 김대리는 사내 체육대회를 위해 모든 임직원들의 단체복을 제작하고자 한다. 김대리가 S사에 주문한 내용이 다음과 같을 때, S사가 생산한 단체복의 제품 코드로 옳은 것은?

> 안녕하세요. 이번에 저희 회사가 5월에 열리는 사내 체육대회에서 입을 성인용 단체 티셔츠를 제작하려고 합니다. 아무래도 모든 임직원이 입어야 하니까 성별 구분 없이 입을 수 있었으면 좋겠어요. 사이즈는 남성이 여성보다 많으니까 조금 넉넉하게 L사이즈면 될 것 같아요. 이번 체육대회에는 모든 직원이 참여하는 경기가 있으니까 이 점 고려해서 활동하기 편하도록 제작해주세요. 참, 요즘 날씨가 부쩍 따뜻한데다가 8월에 있을 워크숍에도 입을 수 있도록 여름용 소재로 제작해주시면 좋겠어요.

① MJSSBT2L   ② MASUCT4L
③ UJSUCT3L   ④ UASUOT3L

29 다음 중 S사의 의류 제품 코드로 옳지 않은 것은?

① MCWIIT6XL   ② MISSHT3M
③ WJSSUT3M   ④ WAFOCT6L

30 S사의 대리점은 여름 신상품을 입고하기 위해 본사로 다음과 같이 주문하였다. S사가 대리점으로 발송해야 할 홈웨어와 이너웨어는 총 몇 개인가?

MASUOT3S	WASUZT8S	UASUCT6L
MJSUOT3M	WJSUHT7M	UJSUOT2M
MKSUHT6L	WKSUIT6XL	UKSUIT3XL
MCSUIT3M	WISUCT6S	UCSUZT3S

① 3개   ② 5개
③ 7개   ④ 9개

03 | 지각능력검사 핵심이론

01 ▶ 공간지각

1. 블록의 개수

(1) 밑에서 위쪽으로 차근차근 세어간다.

(2) 층별로 나누어 세면 수월하다.

(3) 숨겨져 있는 부분을 정확히 찾아내는 연습이 필요하다.

(4) 빈 곳에 블록을 채워서 세면 쉽게 해결된다.

예

1층 : 9개

2층 : 8개

3층 : 5개

블록의 총개수는 9+8+5=22개이다.

예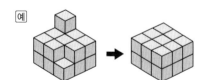

블록의 총개수는 9×2=18개이다.

2. 블록의 최대·최소 개수

(1) 최대 개수 : 앞면과 측면의 층별 블록의 개수의 곱의 합

(앞면 1층 블록의 수)×(측면 1층 블록의 수)+(앞면 2층 블록의 수)×(측면 2층 블록의 수)

→ $3 \times 3 + 2 \times 1 = 11$개

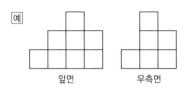

→ $4 \times 3 + 3 \times 2 + 1 \times 1 = 19$개

(2) 최소 개수 : (앞면 블록의 수)+(측면 블록의 수)−(중복되는 블록의 수)

※ 중복되는 블록의 수 : 앞면과 측면에 대해 행이 아닌(즉, 층별이 아닌) 열로 비교했을 때, 블록의 수가 같은 두 열에서 한 열의 블록의 수들의 합(즉, 열에 대하여 블록의 수를 각각 표기했을 때, 앞면과 측면에 공통으로 나온 숫자들의 합을 구하면 된다)

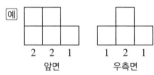

공통으로 나온 숫자는 다음과 같다. 앞면 : (②, 2, ①), 우측면 : (①, ②, 1)

→ 중복되는 블록의 수 : $1 + 2 = 3$개

최소 개수 : $5 + 4 - 3 = 6$개

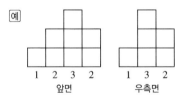

공통으로 나온 숫자는 다음과 같다. 앞면 : (①, ②, ③, 2), 우측면 : (①, ③, ②)

→ 중복되는 블록의 수 : $1 + 2 + 3 = 6$개

최소 개수 : $8 + 6 - 6 = 8$개

3. 블록의 면적

(1) 사각형 한 단면의 면적은 '(가로)×(세로)'이다.

(2) 입체도형의 면적을 구할 때는 상하, 좌우, 앞뒤로 계산한다.

(3) 각각의 면의 면적을 합치면 전체 블록의 면적이 된다.

바닥면의 면적은 제외하고 블록 하나의 면적을 1이라 하자.

윗면 : 9

옆면 : $6 \times 4 = 24$

쌓여 있는 블록의 면적은 $24 + 9 = 33$이다.

02 ▶ 사무지각

1. 깨끗하고 편안한 마음

- 飮馬投錢(음마투전) : 말에게 물을 마시게 할 때 먼저 돈을 물 속에 던져서 물 값을 갚는다는 뜻으로, 결백한 행실을 비유함
- 純潔無垢(순결무구) : 마음과 몸가짐이 깨끗하여 조금도 더러운 티가 없음
- 明鏡止水(명경지수) : 맑은 거울과 잔잔한 물이란 뜻으로, 아주 맑고 깨끗한 심경을 일컫는 말
- 安貧樂道(안빈낙도) : 가난한 생활을 하면서도 편안한 마음으로 분수를 지키며 지냄

2. 놀라움 · 이상함

- 茫然自失(망연자실) : 멍하니 정신을 잃음
- 刮目相對(괄목상대) : 눈을 비비고 상대방을 본다는 뜻. 남의 학식이나 재주가 놀랄 만큼 갑자기 늘어난 것을 일컫는 말
- 魂飛魄散(혼비백산) : 몹시 놀라 넋을 잃음
- 大驚失色(대경실색) : 몹시 놀라 얼굴빛이 변함
- 傷弓之鳥(상궁지조) : 화살에 상처를 입은 새란 뜻으로, 한 번 혼이 난 일로 인하여 늘 두려운 마음을 품는 일을 비유함
- 駭怪罔測(해괴망측) : 헤아릴 수 없이 괴이함

3. 계절

- 陽春佳節(양춘가절) : 따뜻하고 좋은 봄철
- 天高馬肥(천고마비) : 하늘은 높고 말은 살찐다는 뜻으로, 가을의 특성을 형용하는 말
- 嚴冬雪寒(엄동설한) : 눈이 오고 몹시 추운 겨울
- 凍氷寒雪(동빙한설) : 얼어붙은 얼음과 차가운 눈. 심한 추위

4. 교훈 · 경계

- 好事多魔(호사다마) : 좋은 일에는 흔히 장애물이 들기 쉬움
- 戴盆望天(대분망천) : 화분 등을 머리에 이고 하늘을 바라봄. 한 번에 두 가지 일을 할 수 없음을 비유하는 말
- 兵家常事(병가상사) : 전쟁에서 이기고 지는 것은 흔히 있는 일. 실패는 흔히 있는 일이니 낙심할 것이 없다는 말
- 登高自卑(등고자비) : 높은 곳도 낮은 데서부터. 모든 일은 차례를 밟아서 해야 함. 직위가 높아질수록 자신을 낮춤
- 事必歸正(사필귀정) : 무슨 일이나 결국 옳은 이치대로 돌아감
- 堤潰蟻穴(제궤의혈) : 제방도 개미구멍으로 해서 무너진다는 뜻으로, 작은 일이라도 신중을 기하여야 한다는 말

- 他山之石(타산지석) : 다른 산의 돌 자체로는 쓸모가 없으나 다른 돌로 옥을 갈면 옥이 빛난다는 사실
에서 하찮은 남의 언행일지라도 자신을 수양하는 데에 도움이 된다는 말
- 孤掌難鳴(고장난명) : 한쪽 손뼉으로는 울리지 못한다는 뜻. 혼자서는 일을 이루기가 어려움. 맞서는
이가 없으면 싸움이 되지 아니함
- 大器晚成(대기만성) : 크게 될 인물은 오랜 공적을 쌓아 늦게 이루어짐
- 識字憂患(식자우환) : 학식이 도리어 근심을 이끌어 옴

5. 기쁨 · 좋음

- 氣高萬丈(기고만장) : 일이 뜻대로 잘 될 때 우쭐하며 뽐내는 기세가 대단함
- 抱腹絕倒(포복절도) : 배를 그러안고 넘어질 정도로 몹시 웃음
- 與民同樂(여민동락) : 임금이 백성과 함께 즐김
- 弄璋之慶(농장지경) : '장(璋)'은 사내아이의 장난감인 구슬이라는 뜻으로, 아들을 낳은 즐거움을 이
르는 말
- 弄瓦之慶(농와지경) : 딸을 낳은 즐거움을 이르는 말
- 拍掌大笑(박장대소) : 손뼉을 치며 크게 웃음
- 秉燭夜遊(병촉야유) : 경치가 좋을 때 낮에 놀던 흥이 미진해서 밤중까지 놀게 됨을 일컫는 말. 옛날
에는 촛대가 없기 때문에 촛불을 손에 들고 다녔음
- 錦上添花(금상첨화) : 비단 위에 꽃을 놓는다는 뜻으로, 좋은 일이 겹침을 비유 ↔ 설상가상(雪上加霜)
- 多多益善(다다익선) : 많을수록 더욱 좋음

6. 슬픔 · 분노

- 哀而不傷(애이불상) : 슬퍼하되 도를 넘지 아니함
- 兔死狐悲(토사호비) : 토끼의 죽음을 여우가 슬퍼한다는 뜻으로, 같은 무리의 불행을 슬퍼한다는 말
- 目不忍見(목불인견) : 눈으로 차마 볼 수 없음
- 天人共怒(천인공노) : 하늘과 사람이 함께 분노한다는 뜻. 도저히 용서 못 함을 비유하는 말
- 悲憤慷慨(비분강개) : 슬프고 분한 느낌이 마음속에 가득 차 있음
- 切齒腐心(절치부심) : 몹시 분하여 이를 갈면서 속을 썩임

7. 강박 · 억압

- 焚書坑儒(분서갱유) : 학업을 억압하는 것을 의미하는 것으로, 진나라 시황제가 정부를 비방하는 언
론을 봉쇄하기 위하여 서적을 불사르고 선비를 생매장한 일을 일컫는 말
- 盤溪曲徑(반계곡경) : 꾸불꾸불한 길이라는 뜻으로 정당하고 평탄한 방법으로 하지 아니하고 그릇되
고 억지스럽게 함을 이르는 말
- 弱肉强食(약육강식) : 약한 자는 강한 자에게 먹힘
- 不問曲直(불문곡직) : 옳고 그른 것을 묻지도 아니하고 함부로 마구 함
- 牽强附會(견강부회) : 이치에 맞지 아니한 말을 끌어 대어 자기에게 유리하게 함

8. 근심 · 걱정

- 勞心焦思(노심초사) : 마음으로 애를 써 속을 태움
- 髀肉之嘆(비육지탄) : 재능을 발휘할 기회를 가지지 못하여 헛되이 날만 보냄을 탄식함을 이름
- 坐不安席(좌불안석) : 불안, 근심 등으로 자리에 가만히 앉아 있지를 못함
- 內憂外患(내우외환) : 나라 안팎의 여러 가지 근심과 걱정
- 輾轉反側(전전반측) : 이리저리 뒤척이며 잠을 이루지 못함

9. 평온

- 物外閒人(물외한인) : 번잡한 세상 물정을 벗어나 한가롭게 지내는 사람
- 無念無想(무념무상) : 무아의 경지에 이르러 일체의 상념을 떠나 담담함
- 無障無碍(무장무애) : 마음에 아무런 집착이 없는 평온한 상태

10. 권세

- 左之右之(좌지우지) : 제 마음대로 휘두르거나 다룸
- 僭賞濫刑(참상남형) : 상을 마음대로 주고 형벌을 함부로 내림
- 指鹿爲馬(지록위마) : 사슴을 가리켜 말이라 이른다는 뜻으로, 윗사람을 농락하여 권세를 마음대로 휘두르는 짓의 비유. 모순된 것을 끝까지 우겨 남을 속이려는 짓
- 生殺與奪(생살여탈) : 살리고 죽이고 주고 빼앗음. 어떤 사람이나 사물을 마음대로 쥐고 흔들 수 있음

11. 노력

- 臥薪嘗膽(와신상담) : 불편한 섶에서 자고, 쓴 쓸개를 맛본다는 뜻. 마음먹은 일을 이루기 위하여 온갖 괴로움을 무릅씀을 이르는 말
- 粉骨碎身(분골쇄신) : 뼈는 가루가 되고 몸은 산산조각이 됨. 곧 목숨을 걸고 최선을 다함
- 專心致志(전심치지) : 오로지 한 가지 일에만 마음을 바치어 뜻한 바를 이룸
- 不撤晝夜(불철주야) : 어떤 일에 골몰하느라고 밤낮을 가리지 아니함. 또는 그 모양
- 切磋琢磨(절차탁마) : 옥 · 돌 · 뼈 · 뿔 등을 갈고 닦아서 빛을 낸다는 뜻으로, 학문 · 도덕 · 기예 등을 열심히 닦음을 말함
- 不眠不休(불면불휴) : 자지도 아니하고 쉬지도 아니함. 쉬지 않고 힘써 일하는 모양을 말함
- 走馬加鞭(주마가편) : 달리는 말에 채찍질을 계속함. 자신의 위치에 만족하지 않고 계속 노력함

12. 대책

- 一擧兩得(일거양득) : 한 가지 일로 두 가지 이익을 얻음늑 一石二鳥(일석이조)
- 三顧草廬(삼고초려) : 인재를 맞아들이기 위해서 온갖 노력을 다함을 이르는 말
- 拔本塞源(발본색원) : 폐단이 되는 근원을 아주 뽑아 버림
- 泣斬馬謖(읍참마속) : 촉한의 제갈량이 군령을 어긴 마속을 눈물을 흘리면서 목을 베었다는 고사에서, 큰 목적을 위하여 자기가 아끼는 사람을 버리는 것을 비유하는 말
- 臨機應變(임기응변) : 그때그때의 사정과 형편을 보아 그에 알맞게 그 자리에서 처리함
- 姑息之計(고식지계) : 당장 편한 것만을 택하는 꾀나 방법
- 苦肉之計(고육지계) : 적을 속이기 위하여, 자신의 희생을 무릅쓰고 꾸미는 계책. 일반적으로는 괴로운 나머지 어쩔 수 없이 쓰는 계책을 이름
- 下石上臺(하석상대) : 아랫돌 빼서 윗돌 괴기. 임시변통으로 이리저리 돌려 맞춤을 이르는 말
- 隔靴搔癢(격화소양) : 신을 신은 채 발바닥을 긁음. 일의 효과를 나타내지 못하고 만족을 얻지 못함
- 窮餘之策(궁여지책) : 궁박한 나머지 생각다 못하여 짜낸 꾀
- 束手無策(속수무책) : 어찌할 도리가 없어 손을 묶은 듯이 꼼짝 못함
- 糊口之策(호구지책) : 겨우 먹고 살아갈 수 있는 방책

13. 도리 · 윤리

- 世俗五戒(세속오계) : 신라 진평왕 때, 원광 법사가 지은 화랑의 계명
- 事君以忠(사군이충) : 세속오계의 하나. 임금을 섬기기를 충성으로써 함
- 事親以孝(사친이효) : 세속오계의 하나. 어버이를 섬기기를 효도로써 함
- 交友以信(교우이신) : 세속오계의 하나. 벗을 사귀기를 믿음으로써 함
- 臨戰無退(임전무퇴) : 세속오계의 하나. 전장에 임하여 물러서지 아니함
- 殺生有擇(살생유택) : 세속오계의 하나. 생명을 죽일 때에는 가려서 해야 함
- 君爲臣綱(군위신강) : 신하는 임금을 섬기는 것이 근본이다.
- 夫爲婦綱(부위부강) : 아내는 남편을 섬기는 것이 근본이다.
- 父子有親(부자유친) : 아버지와 아들은 친애가 있어야 한다.
- 君臣有義(군신유의) : 임금과 신하는 의가 있어야 한다.
- 夫婦有別(부부유별) : 남편과 아내는 분별이 있어야 한다.
- 長幼有序(장유유서) : 어른과 아이는 순서가 있어야 한다.
- 朋友有信(붕우유신) : 벗과 벗은 믿음이 있어야 한다.
- 夫唱婦隨(부창부수) : 남편이 주장하고 아내가 잘 따르는 것이 부부 사이의 도리라는 말

14. 미인

- 丹脣皓齒(단순호치) : 붉은 입술과 하얀 이란 뜻에서 여자의 아름다운 얼굴을 이르는 말
- 綠鬢紅顔(녹빈홍안) : 윤이 나는 검은 머리와 고운 얼굴이라는 뜻. 젊고 아름다운 여자의 얼굴을 이르는 말
- 傾國之色(경국지색) : 한 나라를 위기에 빠뜨리게 할 만한 미인이라는 뜻

15. 비교

- 伯仲之勢(백중지세) : 서로 우열을 가리기 힘든 형세
- 難兄難弟(난형난제) : 누구를 형이라 해야 하고, 누구를 아우라 해야 할지 분간하기 어렵다는 뜻으로, 두 사물의 우열을 판단하기 어려움을 비유함
- 春蘭秋菊(춘란추국) : 봄의 난초와 가을의 국화는 각각 그 특색이 있으므로, 어느 것이 더 낫다고 말할 수 없다는 것
- 互角之勢(호각지세) : 역량이 서로 비슷비슷한 위세를 이르는 말
- 五十步百步(오십보백보) : 오십 보 도망가나 백 보 도망가나 같다는 뜻으로, 좀 낫고 못한 차이는 있으나 서로 엇비슷함을 이르는 말

16. 변화

- 塞翁之馬(새옹지마) : 국경에 사는 늙은이[새옹 : 人名]와 그의 말[馬]과 관련된 고사에서, 인생의 길흉화복은 변화가 많아 예측하기 어렵다는 말
- 苦盡甘來(고진감래) : 쓴 것이 다하면 단 것이 온다는 뜻으로, 고생 끝에 즐거움이 옴을 비유
- 桑田碧海(상전벽해) : 뽕나무밭이 푸른 바다가 된다는 뜻으로, 세상이 몰라볼 정도로 바뀐 것을 이르는 말≒동해양진(東海揚塵)
- 轉禍爲福(전화위복) : 언짢은 일이 계기가 되어 오히려 좋은 일이 생김
- 朝令暮改(조령모개) : 아침에 법령을 만들고 저녁에 그것을 고친다는 뜻으로, 자꾸 이리저리 고쳐 갈피를 잡기가 어려움을 이르는 말≒朝令夕改(조령석개)
- 龍頭蛇尾(용두사미) : 머리는 용이나 꼬리는 뱀이라는 뜻으로, 시작이 좋고 나중은 나빠짐을 비유하는 말
- 改過遷善(개과천선) : 허물을 고치어 착하게 됨
- 榮枯盛衰(영고성쇠) : 사람의 일생이 성하기도 하고, 쇠하기도 한다는 뜻
- 隔世之感(격세지감) : 그리 오래지 아니한 동안에 아주 바뀌어서 딴 세대가 된 것 같은 느낌
- 一口二言(일구이언) : 한 입으로 두 말을 한다는 뜻. 말을 이랬다저랬다 함≒一口兩舌(일구양설)
- 今昔之感(금석지감) : 지금을 옛적과 비교함에 변함이 심하여 저절로 일어나는 느낌
- 換骨奪胎(환골탈태) : 용모가 환하게 트이고 아름다워져 전혀 딴사람처럼 됨

17. 영원함 · 한결같음

- 常住不滅(상주불멸) : 본연 진심이 없어지지 아니하고 영원히 있음
- 晝夜長川(주야장천) : 밤낮으로 쉬지 아니하고 연달아. 언제나
- 搖之不動(요지부동) : 흔들어도 꼼짝 않음
- 萬古常靑(만고상청) : 오랜 세월을 두고 변함없이 언제나 푸름
- 舊態依然(구태의연) : 예나 이제나 조금도 나음이 없음
- 始終一貫(시종일관) : 처음부터 끝까지 한결같이 함
- 堅如金石(견여금석) : 굳기가 금이나 돌같음
- 始終如一(시종여일) : 처음이나 나중이 한결같아서 변함없음
- 一片丹心(일편단심) : 한 조각 붉은 마음. 곧 참된 정성

18. 은혜

- 結草報恩(결초보은) : 은혜를 입은 사람이 혼령이 되어, 풀포기를 묶어 적이 걸려 넘어지게 함으로써 은인을 구해 주었다는 고사에서, 죽어서까지도 은혜를 잊지 않고 갚음을 뜻하는 말
- 刻骨難忘(각골난망) : 은덕을 입은 고마움이 마음 깊이 새겨져 잊히지 아니함
- 罔極之恩(망극지은) : 다함이 없는 임금이나 부모의 큰 은혜
- 白骨難忘(백골난망) : 백골이 된 후에도 잊을 수 없다는 뜻으로, 큰 은혜나 덕을 입었을 때 감사의 뜻으로 하는 말

19. 원수

- 誰怨誰咎(수원수구) : 남을 원망하거나 탓할 것이 없음
- 刻骨痛恨(각골통한) : 뼈에 사무치게 맺힌 원한≒刻骨之痛(각골지통)
- 徹天之冤(철천지원) : 하늘에 사무치는 크나큰 원한
- 不俱戴天(불구대천) : 하늘을 같이 이지 못한다는 뜻. 이 세상에서 같이 살 수 없을 만큼 큰 원한을 비유하는 말

20. 우정

- 斷金之契(단금지계) : 합심하면 그 단단하기가 쇠를 자를 수 있을 만큼 굳은 우정이나 교제란 뜻으로, 절친한 친구 사이를 말함
- 芝蘭之交(지란지교) : 지초와 난초의 향기와 같이 벗 사이의 맑고도 높은 사귐
- 竹馬故友(죽마고우) : 어렸을 때부터 친하게 사귄 벗
- 水魚之交(수어지교) : 고기와 물과의 사이처럼 떨어질 수 없는 특별한 친분
- 刎頸之交(문경지교) : 목이 잘리는 한이 있어도 마음을 변치 않고 사귀는 친한 사이
- 類類相從(유유상종) : 같은 무리끼리 서로 내왕하며 사귐
- 管鮑之交(관포지교) : 관중과 포숙아의 사귐이 매우 친밀하였다는 고사에서, 우정이 깊은 사귐을 이름
- 金蘭之契(금란지계) : 둘이 합심하면 그 단단하기가 능히 쇠를 자를 수 있고, 그 향기가 난의 향기와 같다는 뜻으로, 친구 사이의 매우 두터운 정의를 이름≒金蘭之交(금란지교)
- 知己之友(지기지우) : 서로 뜻이 통하는 친한 벗
- 莫逆之友(막역지우) : 거스르지 않는 친구란 뜻으로, 아주 허물없이 지내는 친구를 일컬음
- 金蘭之交(금란지교) : 둘이 합심하면 그 단단하기가 능히 쇠를 자를 수 있고, 그 향기가 난의 향기와 같다는 뜻으로, 벗 사이의 깊은 우정을 말함
- 肝膽相照(간담상조) : 간과 쓸개를 보여주며 사귄다는 뜻으로, 서로의 마음을 터놓고 사귐을 이르는 말

21. 원인과 결과

- 因果應報(인과응보) : 선과 악에 따라 반드시 업보가 있는 일
- 結者解之(결자해지) : 맺은 사람이 풀어야 한다는 뜻으로, 자기가 저지른 일은 자기가 해결하여야 한다는 말
- 礎潤而雨(초윤이우) : 주춧돌이 축축해지면 비가 온다는 뜻으로, 원인이 있으면 결과가 있다는 말
- 孤掌難鳴(고장난명) : 손바닥도 마주 쳐야 소리가 난다.
- 矯角殺牛(교각살우) : 빈대 잡으려다 초가 삼간 태운다. 뿔을 바로잡으려다가 소를 죽인다. 곧 조그마한 일을 하려다 큰일을 그르친다는 뜻
- 錦衣夜行(금의야행) : 비단 옷 입고 밤길 가기. 아무 보람 없는 행동
- 金枝玉葉(금지옥엽) : 아주 귀한 집안의 소중한 자식
- 囊中之錐(낭중지추) : 주머니에 들어간 송곳. 재능이 뛰어난 사람은 숨어 있어도 저절로 사람들에게 알려짐을 이르는 말
- 談虎虎至(담호호지) : 호랑이도 제 말 하면 온다. 이야기에 오른 사람이 마침 그 자리에 나타났을 때 하는 말
- 堂狗風月(당구풍월) : 서당개 삼 년에 풍월을 읊는다.
- 螳螂拒轍(당랑거철) : 계란으로 바위치기, 하룻강아지 범 무서운 줄 모른다. 사마귀가 수레에 항거한다는 뜻으로 자기 힘을 생각하지 않고 강적 앞에서 분수없이 날뛰는 것을 비유한 말
- 同價紅裳(동가홍상) : 같은 값이면 다홍치마
- 同族相殘(동족상잔) : 갈치가 갈치 꼬리 문다. 동족끼리 서로 헐뜯고 싸움
- 得隴望蜀(득롱망촉) : 말 타면 경마(말의 고삐) 잡고 싶다. 농서지방을 얻고 또 촉나라를 탐낸다는 뜻으로 인간의 욕심이 무한함을 나타냄
- 登高自卑(등고자비) : 천리길도 한 걸음부터. 일을 하는 데는 반드시 차례를 밟아야 한다.
- 磨斧爲針(마부위침) : 열 번 찍어 안 넘어가는 나무 없다. 도끼를 갈면 바늘이 된다는 뜻으로 아무리 어렵고 험난한 일도 계속 정진하면 꼭 이룰 수가 있다는 말
- 亡羊補牢(망양보뢰) : 소 잃고 외양간 고친다.
- 百聞不如一見(백문불여일견) : 열 번 듣는 것이 한 번 보는 것만 못하다.
- 不入虎穴不得虎子(불입호혈 부득호자) : 호랑이 굴에 가야 호랑이 새끼를 잡는다.
- 牝鷄之晨(빈계지신) : 암탉이 울면 집안이 망한다. 집안에서 여자가 남자보다 활달하여 안팎일을 간섭하면 집안 일이 잘 안 된다는 말
- 三歲之習至于八十(삼세지습 지우팔십) : 세 살 버릇 여든까지 간다.
- 喪家之狗(상가지구) : 상갓집 개. 궁상맞은 초라한 모습으로 이곳저곳 기웃거리며 얻어먹을 것만 찾아다니는 사람을 이름
- 雪上加霜(설상가상) : 엎친 데 덮친다(엎친 데 덮치기), 눈 위에 서리 친다.
- 脣亡齒寒(순망치한) : 입술이 없으면 이가 시리다. 서로 이해관계가 밀접한 사이에 어느 한쪽이 망하면 다른 한쪽도 그 영향을 받아 온전하기 어려움을 이르는 말
- 十伐之木(십벌지목) : 열 번 찍어 아니 넘어 가는 나무 없다.
- 十匙一飯(십시일반) : 열에 한 술 밥이 한 그릇 푼푼하다. 열이 어울려 밥 한 그릇 된다.
- 我田引水(아전인수) : 제 논에 물 대기. 자기 이익을 먼저 생각하고 행동하는 것을 이름
- 吾鼻三尺(오비삼척) : 내 코가 석자. 자기 사정이 급하여 남을 돌보아 줄 겨를이 없음

- 烏飛梨落(오비이락) : 까마귀 날자 배 떨어진다. 아무 관계도 없는 일인데 우연히 때가 같음으로 인하여 무슨 관계가 있는 것처럼 의심을 받게 되는 것
- 牛耳讀經(우이독경) : 쇠귀에 경 읽기. 아무리 가르치고 일러 주어도 알아듣지 못함
- 耳懸鈴鼻懸鈴(이현령비현령) : 귀에 걸면 귀걸이, 코에 걸면 코걸이라는 뜻
- 一魚濁水(일어탁수) : 한 마리의 고기가 물을 흐린다. 한 사람의 잘못이 여러 사람에게 해가 됨
- 以管窺天(이관규천) : 우물 안 개구리. 대롱을 통해 하늘을 봄
- 積小成大(적소성대) : 티끌 모아 태산. 적은 것도 모으면 많아진다는 뜻
- 井底之蛙(정저지와) : 우물 안 개구리. 세상물정을 너무 모름
- 種瓜得瓜種豆得豆(종과득과 종두득두) : 콩 심은 데 콩 나고 팥 심은 데 팥 난다.
- 走馬加鞭(주마가편) : 달리는 말에 채찍질하기. 잘하고 있음에도 불구하고 더 잘되어 가도록 부추기거나 몰아침
- 走馬看山(주마간산) : 수박 겉핥기. 말을 타고 달리면서 산수를 본다는 뜻으로 바쁘게 대충 보며 지나감을 일컫는 말
- 兎死狗烹(토사구팽) : 토끼를 다 잡으면 사냥개도 잡아먹는다.
- 漢江投石(한강투석) : 한강에 돌 던지기. 한강에 아무리 돌을 던져도 메울 수 없다는 뜻으로, 아무리 애써도 보람이 없는 일을 비유하는 말
- 咸興差使(함흥차사) : 일을 보러 밖에 나간 사람이 오래도록 돌아오지 않을 때 하는 말
- 狐假虎威(호가호위) : 원님 덕에 나팔 분다. 다른 사람의 권세를 빌어서 위세를 부림
- 後生可畏(후생가외) : 후생목이 우뚝하다. 젊은 후학들을 두려워 할 만하다는 뜻

01 ▶ 공간지각

대표유형 | 블록

01 다음과 같은 모양을 만드는 데 사용된 블록의 개수는?(단, 보이지 않는 곳의 블록은 있다고 가정한다)

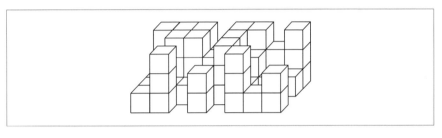

① 56개

② 57개

③ 58개

④ 59개

|해설| • 1층 : $8 \times 4 - 4 = 28$개
• 2층 : $32 - 14 = 18$개
• 3층 : $32 - 20 = 12$개
∴ $28 + 18 + 12 = 58$개

정답 ③

02 다음과 같이 쌓여진 블록의 면의 개수는?(단, 밑면은 제외한다)

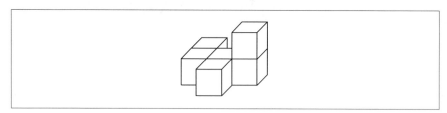

① 21개   ② 22개

③ 23개   ④ 24개

| 해설 |

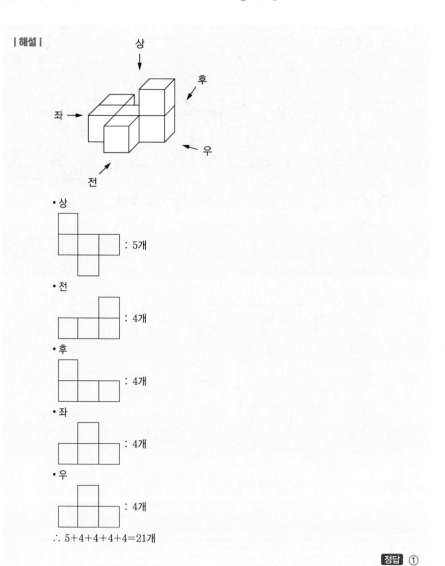

∴ 5+4+4+4+4=21개

정답 ①

※ 다음과 같은 모양을 만드는 데 사용된 블록의 개수를 고르시오(단, 보이지 않는 곳의 블록은 있다고 가정한다). [1~16]

01

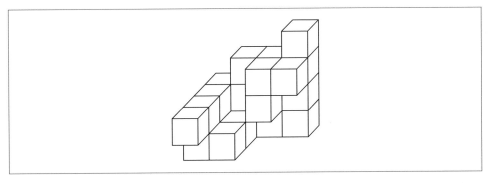

① 21개   ② 22개

③ 23개   ④ 24개

02

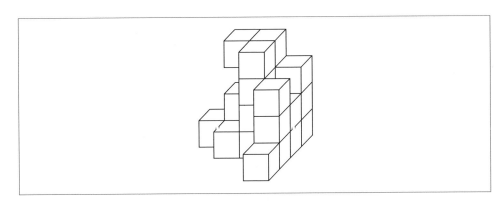

① 19개   ② 20개

③ 21개   ④ 22개

03

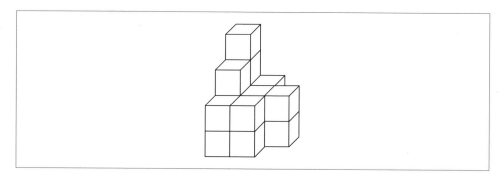

① 15개 ② 16개

③ 17개 ④ 18개

04

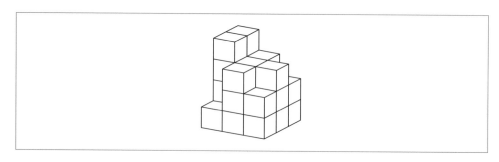

① 22개 ② 23개

③ 24개 ④ 25개

05

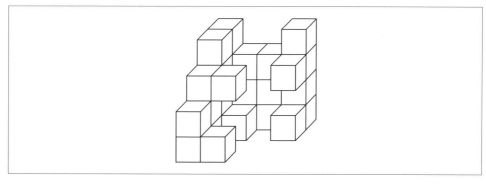

① 24개   ② 26개

③ 27개   ④ 28개

06

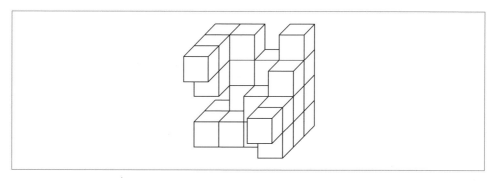

① 26개   ② 27개

③ 28개   ④ 29개

07

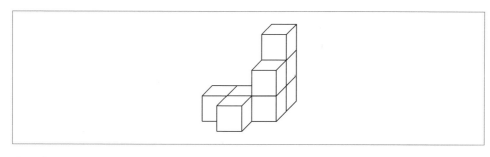

① 8개   ② 9개

③ 10개   ④ 11개

08

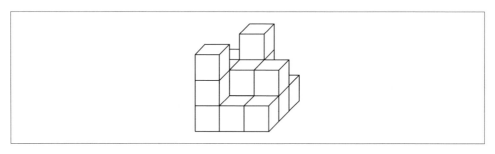

① 15개
② 16개
③ 17개
④ 18개

09

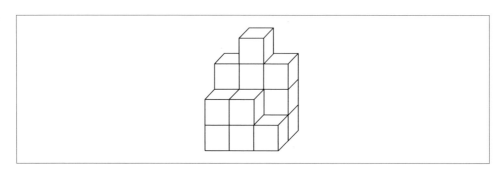

① 15개
② 16개
③ 17개
④ 18개

10

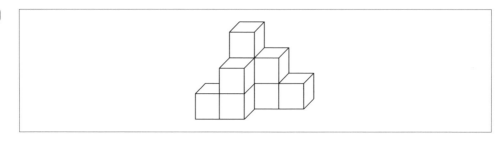

① 8개
② 9개
③ 10개
④ 11개

11

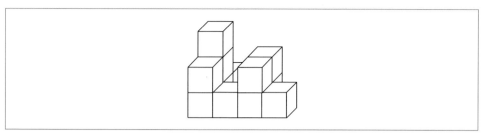

① 10개   ② 11개

③ 12개   ④ 13개

12

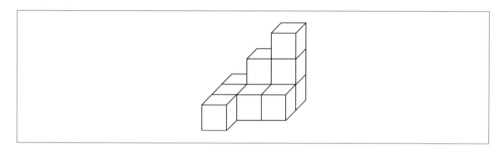

① 10개   ② 11개

③ 12개   ④ 13개

13

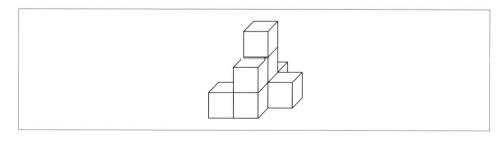

① 8개   ② 9개

③ 10개   ④ 11개

14

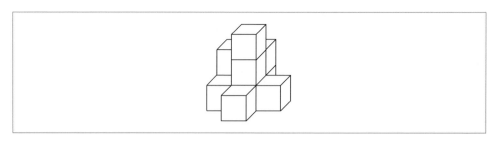

① 10개   ② 11개

③ 12개   ④ 13개

15

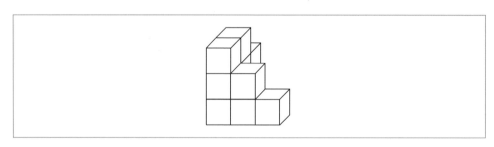

① 10개   ② 11개

③ 12개   ④ 13개

16

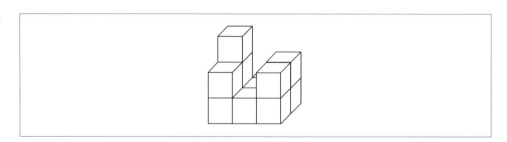

① 10개   ② 11개

③ 12개   ④ 13개

※ 다음과 같이 쌓여진 블록의 면의 개수를 구하시오(단, 밑면은 제외한다). [17~20]

17

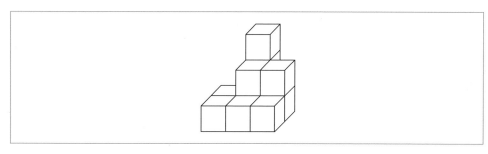

① 29개   ② 30개
③ 31개   ④ 32개

18

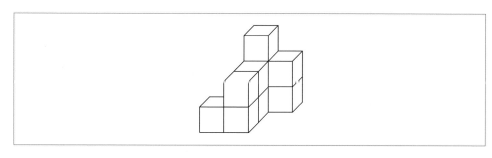

① 30개   ② 31개
③ 32개   ④ 33개

19

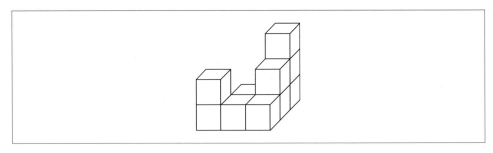

① 29개   ② 30개

③ 31개   ④ 32개

20

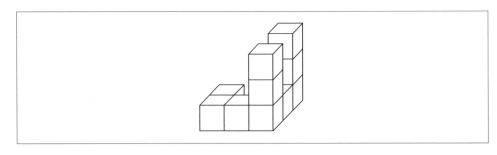

① 32개   ② 33개

③ 34개   ④ 35개

02 ▸ 사무지각

다음 제시된 문자를 오름차순으로 나열하였을 때 3번째에 오는 문자는?

> L　P　G　T　N　B

① G　　　　　　　　　　　② P
③ L　　　　　　　　　　　④ N

|해설|　제시된 문자를 오름차순으로 나열하면 'B－G－L－N－P－T'이므로 3번째에 오는 문자는 'L'이다.

정답 ③

01　다음 제시된 문자를 오름차순으로 나열하였을 때 3번째에 오는 문자는?

> Ⅰ　ㄹ　ㅁ　A　F　ㅅ

① ㅁ　　　　　　　　　　② Ⅰ
③ F　　　　　　　　　　④ ㅅ

02　다음 제시된 문자나 수를 오름차순으로 나열하였을 때 5번째에 오는 것은?

> n　17　f　g　25　z

① f　　　　　　　　　　② n
③ 17　　　　　　　　　④ 25

03 다음 제시된 문자를 오름차순으로 나열하였을 때 2번째에 오는 문자는?

ㅋ W ㅂ X R ㅊ

① R   ② ㅊ
③ W   ④ X

04 다음 제시된 문자를 오름차순으로 나열하였을 때 4번째에 오는 문자는?

ㅅ ㅍ ㅂ ㄴ ㄱ ㄹ

① ㄴ   ② ㄹ
③ ㅅ   ④ ㅂ

05 다음 제시된 문자를 오름차순으로 나열하였을 때 6번째에 오는 문자는?

a i ㄴ r ㅁ ㅊ

① i   ② r
③ ㅊ   ④ ㄴ

06 다음 제시된 문자를 오름차순으로 나열하였을 때 2번째에 오는 문자는?

ㄴ C ㅂ D ㅎ K

① ㅂ   ② D
③ ㅎ   ④ C

대표유형 2　　내림차순

다음 제시된 문자를 내림차순으로 나열하였을 때 2번째에 오는 문자는?

ㅎ　I　H　ㄷ　G　D

① ㅎ　　　　　　　　　　② I
③ H　　　　　　　　　　④ ㄷ

| 해설 |　제시된 문자를 내림차순으로 나열하면 'ㅎ-I-H-G-D-ㄷ'이므로 2번째에 오는 문자는 'I'이다.

정답　②

07　다음 제시된 문자나 수를 내림차순으로 나열하였을 때 5번째에 오는 것은?

N　4　L　ㅋ　ㅈ　3

① N　　　　　　　　　　② ㅋ
③ ㅈ　　　　　　　　　　④ 4

08　다음 제시된 문자를 내림차순으로 나열하였을 때 3번째에 오는 문자는?

ㄱ　ㅈ　ㄹ　ㅇ　ㅋ　ㅊ

① ㅈ　　　　　　　　　　② ㅇ
③ ㅊ　　　　　　　　　　④ ㅋ

09 다음 제시된 문자를 내림차순으로 나열하였을 때 5번째에 오는 문자는?

B ㅁ K ㅌ N ㅂ

① B   ② ㅂ
③ N   ④ ㅁ

10 다음 제시된 문자를 내림차순으로 나열하였을 때 3번째에 오는 문자는?

A E H I B C

① C   ② E
③ B   ④ H

11 다음 제시된 문자를 내림차순으로 나열하였을 때 5번째에 오는 문자는?

샤 퍄 하 랴 냐 야

① 랴   ② 샤
③ 냐   ④ 야

12 다음 제시된 문자를 내림차순으로 나열하였을 때 2번째에 오는 문자는?

四 ㅁ 十 ㅅ 六 ㄷ

① 六   ② ㅁ
③ ㅅ   ④ 四

대표유형 3 단어유추

다음 제시된 단어에서 공통으로 연상할 수 있는 단어는?

먼지, 산소, KF지수

① 물   ② 마스크
③ 세균   ④ 약품

| 해설 | '마스크'는 '먼지'를 막아주며, 마스크의 종류로 '산소' 마스크가 있다. 'KF지수'는 마스크의 입자 차단 성능을 나타내는 지수이다.

정답 ②

※ 다음 제시된 단어에서 공통으로 연상할 수 있는 단어를 고르시오. **[13~17]**

13

왕자, 공주, 거품

① 겨울왕국
② 인어공주
③ 알라딘
④ 잠자는 숲속의 공주

14

왕, 종교, 황남마스크

① 단군
② 쇼군
③ 칸
④ 파라오

15

소인, 대인, 표류

① 걸리버
② 미니언
③ 놀이공원
④ 스머프

16

0원, 지루함, 1+1

① 무료
② 수학
③ 따분
④ 세일

17

조선, 취재, 회견

① 수습
② 오염
③ 바다
④ 기자

※ 〈보기〉의 사자성어에 해당하는 풀이를 고르시오. [1~4]

> 보기
>
> ① 僭賞濫刑(참상남형)
> ② 焚書坑儒(분서갱유)
> ③ 兵家常事(병가상사)
> ④ 氣高萬丈(기고만장)

01

상을 마음대로 주고 형벌을 함부로 내림

　① 　　　　　② 　　　　　③ 　　　　　④

| 해설 | • 僭賞濫刑(참상남형) : 상을 마음대로 주고 형벌을 함부로 내림

정답 ①

02

학업을 하지 못하도록 억압하는 것

　① 　　　　　② 　　　　　③ 　　　　　④

| 해설 | • 焚書坑儒(분서갱유) : 학업을 억압하는 것을 의미하는 것으로, 진나라 시황제가 정부를 비방하는 언론을 봉쇄하기 위하여 서적을 불사르고 선비를 생매장한 일을 일컫는 말

정답 ②

PART 2

03

실패는 흔히 있는 일이니 낙심할 것이 없음

①   ②   ③   ④

| 해설 | • 兵家常事(병가상사) : 전쟁에서 이기고 지는 것은 흔히 있는 일. 실패는 흔히 있는 일이니 낙심할 것이 없다는 말

정답 ③

04

일이 뜻대로 잘 될 때 우쭐하며 뽐내는 기세가 대단함

①   ②   ③   ④

| 해설 | • 氣高萬丈(기고만장) : 일이 뜻대로 잘 될 때 우쭐하며 뽐내는 기세가 대단함

정답 ④

※ 〈보기〉의 사자성어에 해당하는 풀이를 고르시오. [18~21]

> **보기**
> ① 井底之蛙(정저지와)
> ② 今昔之感(금석지감)
> ③ 糊口之策(호구지책)
> ④ 牽强附會(견강부회)

18

오늘날 예전 모습을 떠올리면서 느끼게 되는 세월의 무상함

①   ②   ③   ④

19

가당치도 않은 말을 억지로 끌어다 대어 자기 주장의 조건에 맞도록 함

①   ②   ③   ④

20

입에 풀칠할 방도

①   ②   ③   ④

21

우물 안 개구리

①   ②   ③   ④

※ 〈보기〉의 사자성어에 해당하는 풀이를 고르시오. [22~25]

> **보기**
> ① 天人共怒(천인공노)
> ② 飮馬投錢(음마투전)
> ③ 談虎虎至(담호호지)
> ④ 窮餘之策(궁여지책)

22

누구나 분노할 만큼 증오스럽거나 도저히 용납할 수 없음

   ①   ②   ③   ④

23

호랑이도 제 말 하면 나타남

   ①   ②   ③   ④

24

말에게 물을 마시게 할 때에 먼저 돈을 물속에 던져서 물 값을 갚음

   ①   ②   ③   ④

25

궁한 끝에 나는 한 꾀

   ①   ②   ③   ④

3

최종점검 모의고사

제1회 최종점검 모의고사

제2회 최종점검 모의고사

삼성 온라인 GSAT 4급	
도서 동형 온라인 실전연습 서비스	APNT-00000-229A9

제1회 최종점검 모의고사

☑ 응시시간 : 45분   ☑ 문항 수 : 120문항

정답 및 해설 p.060

01 ▶ 수리능력검사

※ 다음 식을 계산한 값으로 옳은 것을 고르시오. [1~10]

01

$$12,025+10,252$$

① 22,127　　　　　　　　② 22,177

③ 22,227　　　　　　　　④ 22,277

02

$$565 \div 5 + 44 \times 3$$

① 215　　　　　　　　② 225

③ 235　　　　　　　　④ 245

03

$$\frac{1}{4} + \frac{1}{9} + \frac{5}{6}$$

① $\frac{43}{36}$　　　　　　　　② $\frac{41}{36}$

③ $\frac{39}{36}$　　　　　　　　④ $\frac{37}{36}$

04

$$456 \times 2 \times 2^2$$

① 3,648   ② 3,658

③ 3,668   ④ 3,678

05

$$454 + 2{,}348 \div 4 + 54$$

① 995   ② 1,095

③ 1,195   ④ 1,295

06

$$3 \times 2 \times 2^2 \times 2^3$$

① 162   ② 172

③ 182   ④ 192

07

$$44 + 121 \div 11 + 14$$

① 49   ② 59

③ 69   ④ 79

08

$$2{,}312-1{,}344+556$$

① 1,424   ② 1,524

③ 1,624   ④ 1,724

09

$$930\div5\div2\div3$$

① 11   ② 21

③ 31   ④ 41

10

$$503-3\times101$$

① 100   ② 200

③ 50,500   ④ 51,500

11 강아지와 닭이 총 20마리가 있는데 다리 수를 더해보니 총 46개였다. 강아지는 몇 마리인가?

① 3마리   ② 4마리

③ 5마리   ④ 6마리

12 어떤 회사의 신입사원 채용시험 응시자가 200명이었다. 시험점수의 전체평균은 55점, 합격자의 평균은 70점, 불합격자의 평균은 40점이었다. 합격한 사람의 수는?

① 70명   ② 80명

③ 90명   ④ 100명

13 농도 8%의 식염수 300g이 있다. 이 식염수에서 몇 g의 물을 증발시키면 12%의 식염수가 되겠는가?

① 75g   ② 100g

③ 125g   ④ 150g

14 A주머니에는 흰 공 1개와 검은 공 3개가 들어있고, B주머니에는 흰 공 2개가 들어있다. 두 주머니 중에 어느 하나를 택하여 1개의 공을 꺼낼 때, 그 공이 흰 공일 확률은?

① $\dfrac{1}{4}$ ② $\dfrac{3}{8}$

③ $\dfrac{1}{2}$ ④ $\dfrac{5}{8}$

15 10원짜리 3개, 50원짜리 1개, 100원짜리 2개, 500원짜리 1개로 지불할 수 있는 금액의 경우의 수는?(단, 0원은 지불한 것으로 보지 않는다)

① 44가지
② 45가지
③ 46가지
④ 47가지

16 어떤 두 자리의 자연수를 4, 8, 12로 나누면 나머지가 모두 3이다. 이를 만족하는 자연수 중 가장 작은 것은?

① 20
② 24
③ 27
④ 33

17 윗변이 아랫변보다 5cm 더 길고, 높이가 8cm인 사다리꼴의 넓이가 60cm^{2}일 때, 이 사다리꼴의 윗변의 길이는?

① 6cm
② 8cm
③ 10cm
④ 12cm

18 현재 시각이 3시 55분이면 15,000초 후의 시각은?

① 7시 5분
② 7시 35분
③ 8시 5분
④ 8시 35분

19 1부터 200까지의 숫자 중 약수가 3개인 수는?

① 5개   ② 6개

③ 7개   ④ 8개

20 A씨는 졸업논문심사과정을 밟고 있다. A씨 대학에서는 총점 10점 만점 중 평균점수가 8점 이상이 되어야 졸업할 수 있다. A씨를 심사하는 교수는 총 3명이고 현재 2명의 교수가 7.5점, 6.5점을 각각 부여하였을 때, 마지막 교수가 몇 점 이상을 주어야만 A씨는 합격할 수 있는가?

① 10점   ② 9.5점

③ 9점   ④ 8.5점

21 학교에서 도서관까지 시속 40km로 갈 때와 시속 45km로 갈 때 걸리는 시간이 10분 차이가 난다면 학교에서 도서관까지의 거리는?

① 50km   ② 60km

③ 70km   ④ 80km

22 A회사와 B회사의 휴무 간격은 각각 5일, 7일이다. 일요일인 오늘 두 회사가 함께 휴일을 맞았다면, 앞으로 4번째로 함께하는 휴일은?

① 수요일   ② 목요일

③ 금요일   ④ 토요일

23 자연수 A로 31을 나누었을 때 나머지가 1이고, 87을 나누었을 때는 나머지가 3이 나왔다. 이때 자연수 A는?

① 4 ② 5

③ 6 ④ 7

24 아버지, 어머니, 나, 동생의 나이의 합은 132세이다. 어머니의 나이는 가족 평균보다 10세 더 많고, 나와 동생의 나이의 합보다 2세 더 많다. 아버지의 나이는 동생의 나이의 두 배보다 10세 더 많고, 내 나이의 두 배보다 4세 더 많다. 동생의 나이는?

① 16세 ② 17세

③ 18세 ④ 19세

25 학생 5명과 어른 6명이 놀이공원에 가는 데 어른의 입장료는 학생의 입장료보다 2배 더 비싸다고 한다. 11명의 입장료를 합하여 51,000원을 지불했다면 어른 한 명의 입장료는?

① 2,500원 ② 3,000원

③ 6,000원 ④ 5,000원

26 A와 B는 탁구 시합을 하여 3번의 시합에서 총점이 높은 사람이 이기는 것으로 하였다. 다음 A, B의 점수 현황 표를 참고하여 B의 총점이 A보다 4점 낮을 때, A가 첫 번째 경기에서 획득한 점수는?

〈탁구경기 점수표〉

(단위 : 점)

구분	1회	2회	3회
A	x	$x+3$	6
B	8	5	6

① 10점   ② 9점

③ 8점   ④ 7점

27 다음은 2019년부터 2023년까지 교육수준으로 최종학력별 인구분포 비율에 대한 그래프이다. 다음 중 최종학력이 중학교 이하인 인구 구성비의 2019년 대비 2022년 감소율은?(단, 감소율은 소수점 둘째 자리에서 반올림한다)

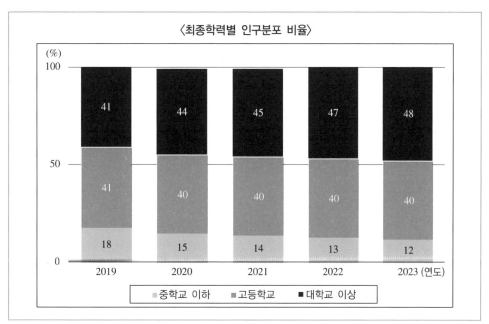

① -22.4% ② -24.6%

③ -25.7% ④ -27.8%

28 다인이와 5명의 친구들이 몸무게와 키를 측정하였다. 다음 6명 중 두 번째로 키가 큰 사람은 누구이며, 그 사람의 몸무게는 몇 번째로 가벼운가?

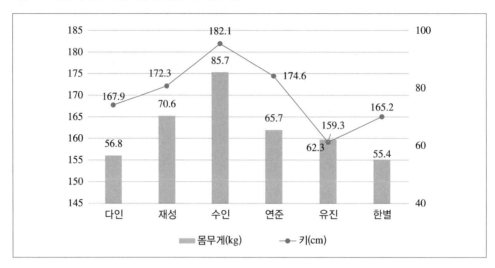

① 연준, 4번째

② 연준, 3번째

③ 재성, 4번째

④ 재성, 3번째

29 다음은 어린이보호구역 지정현황에 대한 자료이다. 이에 대한 설명으로 옳지 않은 것은?

〈어린이보호구역 지정현황〉

(단위 : 개)

구분	2018년	2019년	2020년	2021년	2022년	2023년
초등학교	5,365	5,526	5,654	5,850	5,917	5,946
유치원	2,369	2,602	2,781	5,476	6,766	6,735
특수학교	76	93	107	126	131	131
보육시설	619	778	1,042	1,755	2,107	2,313
학원	0	0	0	0	0	11

① 2018년 어린이보호구역의 합계는 8,429개이다.

② 2023년 어린이보호구역은 2018년보다 총 6,607개 증가했다.

③ 2022년과 2023년 사이에는 추가적으로 지정된 특수학교 관련 어린이보호구역이 없었다.

④ 초등학교 어린이보호구역은 계속해서 증가하고 있다.

30 다음은 2019년부터 2023년까지 우리나라의 출생 및 사망에 대한 자료이다. 이에 대한 설명으로 옳지 않은 것은?

〈우리나라 출생 및 사망 현황〉

(단위 : 명)

구분	2019년	2020년	2021년	2022년	2023년
출생아 수	436,455	435,435	438,420	406,243	357,771
사망자 수	266,257	267,692	275,895	280,827	285,534

① 출생아 수가 가장 많았던 해는 2021년이다.

② 사망자 수는 2020년부터 2023년까지 매년 전년 대비 증가하고 있다.

③ 2019년부터 2023년까지 사망자 수가 가장 많은 해와 가장 적은 해의 사망자 수 차이는 15,000명 이상이다.

④ 2021년 출생아 수는 같은 해 사망자 수의 1.7배 이상이다.

31 다음은 60세 이상 인구를 대상으로 조사한 현재 자녀와의 동거 이유에 대한 자료이다. 이에 대한 설명으로 적절하지 않은 것은?

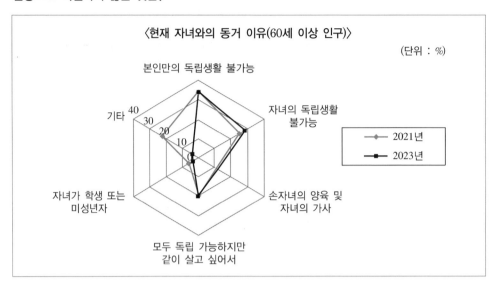

① 2023년에는 전체 응답자 중 본인만의 독립생활이 불가능하기 때문에 자녀와 동거한다는 응답자가 가장 많았다.

② 2021년에 전체 응답자 중 자녀의 독립생활이 불가능하기 때문에 자녀와 동거한다는 응답자가 가장 많았다.

③ 2023년에는 손자녀의 양육 및 자녀의 가사를 돕기 위해 자녀와 동거한다고 응답한 비율이 2021년과 거의 비슷했다.

④ 2023년에는 자녀와 본인 모두 독립 가능하지만 같이 살고 싶어서 동거한다고 응답한 비율이 약 20%였다.

※ 다음은 2019 ~ 2023년의 해양사고 발생 현황에 대한 그래프이다. 이를 보고 이어지는 질문에 답하시오.
[32~33]

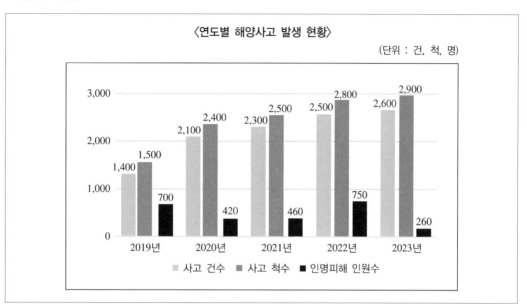

<연도별 해양사고 발생 현황>
(단위 : 건, 척, 명)

32 다음 중 2019년 대비 2020년 사고 척수의 증가율과 사고 건수의 증가율이 순서대로 나열된 것은?

① 40%, 45%

② 45%, 50%

③ 60%, 50%

④ 60%, 55%

33 다음 중 사고 건수당 인명피해의 인원수가 가장 많은 연도는?

① 2019년

② 2020년

③ 2021년

④ 2022년

※ 다음은 S사가 조사한 제품별 밀 소비량에 대한 그래프이다. 이를 보고 이어지는 질문에 답하시오.
[34~35]

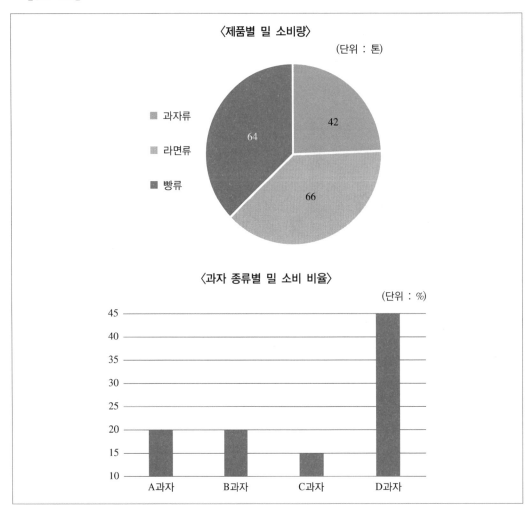

34 S사가 과자류에 밀 사용량을 늘리기로 결정하였다. 라면류와 빵류에 소비되는 밀 소비량의 각각
    10%씩을 과자류에 사용한다면, 과자류에는 총 몇 톤의 밀을 사용하게 되는가?

    ① 45톤   ② 50톤
    ③ 55톤   ④ 60톤

35 A ~ D 4개의 과자 중 밀을 가장 많이 소비하는 과자와 가장 적게 소비하는 과자의 밀 소비량 차이
    는?(단, 제품별 밀 소비량 그래프의 과자류 밀 소비량 기준이다)

    ① 10.2톤   ② 11.5톤
    ③ 12.6톤   ④ 13톤

※ 다음은 인구 고령화 추이에 대한 자료이다. 이를 보고 이어지는 질문에 답하시오. [36~38]

<인구 고령화 추이>

(단위 : %)

구분	2000년	2005년	2010년	2015년	2020년
노인부양비	5.2	7.0	11.3	15.6	22.1
고령화지수	19.7	27.6	43.1	69.9	107.1

※ 노인부양비(%)=(65세 이상 인구)÷(15 ~ 64세 인구)×100
※ 고령화지수(%)=(65세 이상 인구)÷(0 ~ 14세 인구)×100

36 2000년의 0 ~ 14세 인구가 5만 명일 때 65세 이상 인구수는?

① 8,650명　　　　　　　　　② 8,750명
③ 9,850명　　　　　　　　　④ 9,950명

37 2015년 대비 2020년 고령화지수의 증가율은?(단, 소수점 둘째 자리에서 반올림한다)

① 51%　　　　　　　　　　② 52%
③ 53%　　　　　　　　　　④ 54%

38 다음 중 자료에 대한 설명으로 옳은 것을 모두 고르면?

ㄱ. 노인부양비 추이는 5년 단위로 계속 증가하고 있다.
ㄴ. 고령화지수 추이는 5년 단위로 같은 비율로 증가하고 있다.
ㄷ. 2010년의 2005년 대비 노인부양비 증가폭은 4.3%p이다.
ㄹ. 5년 전 대비 2010 ~ 2020년의 고령화지수 증가폭은 2020년이 가장 크다.

① ㄱ, ㄴ　　　　　　　　　② ㄱ, ㄷ
③ ㄱ, ㄴ, ㄷ　　　　　　　④ ㄱ, ㄷ, ㄹ

※ 다음은 어느 나라의 1990년과 2000년의 성별 학위취득자 분포에 대한 그래프이다. 이를 보고 이어지는 질문에 답하시오. [39~40]

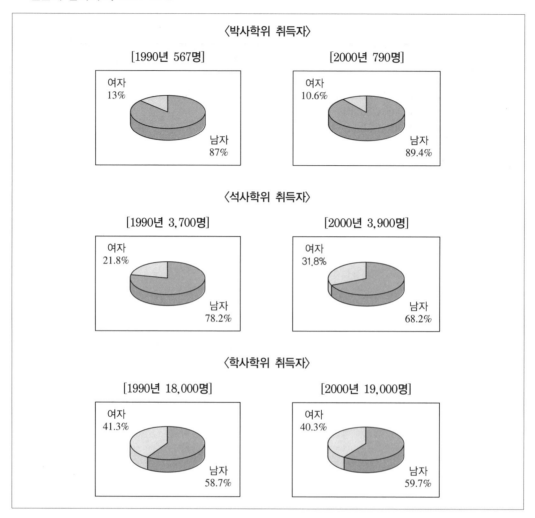

〈박사학위 취득자〉

[1990년 567명]
여자 13%
남자 87%

[2000년 790명]
여자 10.6%
남자 89.4%

〈석사학위 취득자〉

[1990년 3,700명]
여자 21.8%
남자 78.2%

[2000년 3,900명]
여자 31.8%
남자 68.2%

〈학사학위 취득자〉

[1990년 18,000명]
여자 41.3%
남자 58.7%

[2000년 19,000명]
여자 40.3%
남자 59.7%

39 해당 기간 동안 여성 학사학위 취득자 수는?

① 184명 증가
② 196명 증가
③ 215명 증가
④ 223명 증가

40 해당 기간 동안 전체 학위 취득자 중 박사학위 취득자는 몇 %p 증가했는가?(단, 소수점 둘째 자리에서 반올림한다)

① 0.5%p
② 0.8%p
③ 1.2%p
④ 1.5%p

※ 제시문 A를 읽고, 제시문 B가 참인지 거짓인지 혹은 알 수 없는지 고르시오. [1~4]

01

[제시문 A]
- 소꿉놀이를 좋아하는 아이는 수영을 좋아하지 않는다.
- 공놀이를 좋아하지 않는 아이는 장난감 로봇을 좋아한다.
- 공놀이를 좋아하는 아이는 소꿉놀이를 좋아하지 않는다.

[제시문 B]
장난감 로봇을 좋아하지 않는 아이는 소꿉놀이를 좋아하지 않는다.

① 참   ② 거짓   ③ 알 수 없음

02

[제시문 A]
- 바다에 가면 문어 라면을 먹겠다.
- 산에 가면 쑥을 캐겠다.
- 문어 라면을 먹으면 쑥을 캐지 않겠다.

[제시문 B]
바다에 가면 산에 가지 않겠다.

① 참   ② 거짓   ③ 알 수 없음

03

[제시문 A]
• 독서실에 가면 영어공부를 할 것이다.
• 도서관에 가면 과제를 할 것이다.
• 영어공부를 하면 과제를 하지 않을 것이다.

[제시문 B]
독서실에 가면 도서관에 가지 않을 것이다.

① 참   ② 거짓   ③ 알 수 없음

04

[제시문 A]
• 게으른 사람은 항상 일을 미룬다.
• 일을 미루는 사람은 목표를 달성하지 못한다.

[제시문 B]
목표를 달성하지 못한 사람은 게으른 사람이다.

① 참   ② 거짓   ③ 알 수 없음

- 텃밭의 토마토, 오이, 상추, 호박의 새싹이 서로 다른 크기로 자라고 있다.
- 토마토 새싹은 오이의 새싹보다 더 많이 자랐다.
- 상추의 새싹은 호박의 새싹보다 더 많이 자랐다.
- 호박의 새싹은 오이의 새싹보다 적게 자랐다.
- 오이의 새싹은 상추의 새싹보다 적게 자랐다.

05　상추의 새싹이 가장 많이 자랐다.

　　① 참　　　　　　　② 거짓　　　　　　　③ 알 수 없음

06　호박의 새싹이 가장 적게 자랐다.

　　① 참　　　　　　　② 거짓　　　　　　　③ 알 수 없음

07　텃밭에 호박을 가장 늦게 심었다.

　　① 참　　　　　　　② 거짓　　　　　　　③ 알 수 없음

※ 다음 제시문을 읽고 각 문제가 항상 참이면 ①, 거짓이면 ②, 알 수 없으면 ③을 고르시오. [8~10]

- 광주, 대구, 대전, 서울, 강릉의 개나리 개화일의 평균은 3월 22일이다.
- 서울의 개나리 개화일은 3월 27일로 광주보다 7일 늦다.
- 대전의 개나리 개화일은 서울보다 4일 빠르다.
- 다섯 개의 지역 중 대전의 개나리 개화일과 같은 지역이 한 곳 있다.

08 다섯 지역 중 서울의 개나리 개화 시기가 가장 늦다.

① 참   ② 거짓   ③ 알 수 없음

09 개나리 개화일이 다섯 지역의 평균 개화일보다 빠른 지역은 3곳 이상이다.

① 참   ② 거짓   ③ 알 수 없음

10 대구와 대전의 개나리 개화일이 같다면 강릉의 개나리 개화 시기가 가장 빠르다.

① 참   ② 거짓   ③ 알 수 없음

※ 일정한 규칙으로 수를 나열할 때, 빈칸에 들어갈 알맞은 수를 고르시오. [11~21]

11

| 5 7 10 14 19 25 ( ) |

① 27 ② 30
③ 32 ④ 35

12

| 27 81 9 27 3 ( ) |

① 6 ② 7
③ 8 ④ 9

13

$\dfrac{4}{3}$ $\dfrac{4}{3}$ ( ) 8 32 160

① $\dfrac{1}{3}$ ② $\dfrac{8}{3}$
③ 1 ④ 2

14

2 2 8 −1 3 4 2 3 10 2 4 ( )

① 11 ② 12
③ 13 ④ 14

15.

$$4 \quad 5 \quad 19 \quad\quad 8 \quad 7 \quad 55 \quad\quad 10 \quad 2 \quad (\quad)$$

① 19   ② 20

③ 21   ④ 22

16.

$$1 \quad (\quad) \quad -5 \quad 44 \quad 25 \quad 22 \quad -125 \quad 11$$

① 64   ② 66

③ 88   ④ 122

17.

$$0.7 \quad 0.9 \quad 1.15 \quad 1.45 \quad 1.8 \quad (\quad)$$

① 2.0   ② 2.1

③ 2.15   ④ 2.2

18.

$$\frac{90}{70} \quad \frac{82}{78} \quad \frac{74}{86} \quad \frac{66}{94} \quad \frac{58}{102} \quad (\quad)$$

① $\dfrac{50}{108}$ ② $\dfrac{49}{109}$

③ $\dfrac{50}{110}$ ④ $\dfrac{49}{110}$

19

| 12 | 6 | 3 | 8 | ( ) | 2 | 4 | 12 | 36 |

① 1 ② 2

③ 3 ④ 4

20

| 9 | ( ) | 18 | 108 | 36 | 216 |

① 24 ② 44

③ 54 ④ 64

21

$$-2 \qquad \frac{7}{2} \qquad 4 \qquad \frac{21}{2} \qquad 0 \qquad (\ )$$

① -2 ② $-\dfrac{1}{2}$

③ $\dfrac{54}{2}$ ④ $\dfrac{63}{2}$

※ 일정한 규칙으로 문자를 나열할 때, 빈칸에 들어갈 알맞은 문자를 고르시오. [22~32]

22

J	ㄹ	( )		ㅇ	T	ㅌ

① ㅎ ② F
③ ㅈ ④ O

23

ㄱ	ㄴ	二	ㄷ	三	C	ㄹ	( )	D	d

① 七 ② 五
③ 四 ④ 十

24

A	D	( )	P	Y

① R ② E
③ S ④ I

25

| 五 | D | 六 | (|) | 七 |

① 四 ② H
③ 九 ④ C

26

| ㅕ | E | f | (|) | H | i |

① ㅣ ② M
③ k ④ ㅜ

27

| X | L | H | (|) | D | C | B | A |

① E ② M
③ F ④ Z

28

| L | (|) | F | ㅅ | D | ㄴ | C | ㄱ |

① ㄹ ② G
③ ㅎ ④ H

29

q ○ p ㅅ ( ) ㅂ n ㅁ

① g   ② f
③ o   ④ s

30

ㄹ C ㅂ F ( ) I ㅊ

① M   ② A
③ ㅇ   ④ ㅌ

31

ㅁ E e 五 ㅊ ( ) j 十

① H   ② I
③ J   ④ K

32

十 一 九 二 ( ) 三 七 四

① 五   ② 八
③ 六   ④ 零

33 귀하는 전세버스 대여를 전문으로 하는 여행업체에 근무하고 있다. 지난 10년 동안 상당한 규모로 성장해온 귀사는 현재 보유하고 있는 버스의 현황을 실시간으로 파악할 수 있도록 식별 코드를 부여하였다. 식별 코드 부여 방식과 자사보유 전세버스 현황을 참고할 때, 다음 중 옳지 않은 것은?

〈식별 코드 부여 방식〉

[버스등급] – [승차인원] – [제조국가] – [모델번호] – [제조연월]

버스등급	코드	제조국가	코드
대형버스	BX	한국	KOR
중형버스	MF	독일	DEU
소형버스	RT	미국	USA

예 BX – 45 – DEU – 15 – 2310
　 2023년 10월 독일에서 생산된 45인승 대형버스 15번 모델

〈자사보유 전세버스 현황〉

BX – 28 – DEU – 24 – 1308	MF – 35 – DEU – 15 – 0910	RT – 23 – KOR – 07 – 0628
MF – 35 – KOR – 15 – 1206	BX – 45 – USA – 11 – 0712	BX – 45 – DEU – 06 – 1105
MF – 35 – DEU – 20 – 1110	BX – 41 – DEU – 05 – 1408	RT – 16 – USA – 09 – 0712
RT – 25 – KOR – 18 – 0803	RT – 25 – DEU – 12 – 0904	MF – 35 – KOR – 17 – 0901
BX – 28 – USA – 22 – 1404	BX – 45 – USA – 19 – 1108	BX – 28 – USA – 15 – 1012
RT – 16 – DEU – 23 – 1501	MF – 35 – KOR – 16 – 0804	BX – 45 – DEU – 19 – 1312
MF – 35 – DEU – 20 – 1005	BX – 45 – USA – 14 – 1007	

① 보유하고 있는 소형버스의 절반 이상은 독일에서 생산되었다.
② 대형버스 중 28인승은 3대이며, 이중 한국에서 생산된 차량은 없다.
③ 보유 중인 대형버스는 전체의 40% 이상을 차지한다.
④ 중형버스의 모델은 최소 3가지 이상이며, 모두 2013년 이전에 생산되었다.

※ 다음은 ○○기획사 오디션 참가번호에 대한 자료이다. 이를 보고 이어지는 질문에 답하시오. [34~36]

- 오디션 참가번호는 다음과 같이 구분하여 9자리로 부여한다.

AA	B	C	DD	E	FF
오디션 분야	성별	나이	실거주지	경력내용	수상내용

오디션 분야	성별	나이
AT : 배우 SG : 보컬 RP : 래퍼 DC : 댄서	1. : 남성 2. : 여성	0 : 10대 미만 1 : 10대 2 : 20대 … 6 : 60대

실거주지	경력내용	수상내용
SO : 서울 IN : 인천 GD : 경기도 EC : 그 외 지방	0. : 해당 없음 1. : 영화 단역급 2. : 영화 조연급 3. : 영화 주연급 5. : CF 주연급 6. : 댄서활동 7. : 래퍼 · 보컬활동 ※ 2개 이상 해당 시, 오디션 분야와 가장 가까운 내용의 것으로 기입(1 · 2 · 3의 경우 높은 숫자로 기입)	00 : 해당 없음 01 : 연기경연대회 수상 02 : 댄스경연대회 수상 03 : 래퍼경연대회 수상 04 : 가창경연대회 수상 ※ 2개 이상 해당 시, 오디션 분야와 가장 가까운 내용의 것으로 기입, 가까운 내용의 것이 없을 경우 임의로 하나 기입

34 오디션 참가번호가 다음과 같을 때 이에 대한 설명으로 옳은 것은?

AT22EC200

① 오디션 분야는 음악 쪽이다.

② 미성년자이다.

③ 수도권에 거주한다.

④ 수상내역이 전혀 없다.

35 다음 오디션 참가자 갑에 대한 정보를 보고 참가번호를 기입한 것으로 옳은 것은?

〈오디션 참가자 갑〉

갑은 초등학교 때부터 보컬을 꿈꿨으나, 남자고등학교 시절 반 장기자랑 준비 중 우연히 래퍼에 대한 재능을 발견하고 이를 이용해 본 오디션에 참가하였다. 갑은 작년에 군 제대를 한 후, 전문 트레이너로부터 개인레슨을 받아 올 초부터 유명가수의 앨범작업에도 래퍼로 참여하며 실력을 키우고 있다. 이미 SNS에서 인지도가 있는 갑은 작은 팬클럽도 보유하고 있으며, 홍대역에 거주하고 있어 20대 홍대 래퍼라고 불리고 있다.

① SG12SO703   ② RP12SO000

③ RP12SO003   ④ RP12SO700

36 다음 오디션 참가 번호 중 유효하지 않은 것을 모두 고르면?

㉠ AT11IN000	㉡ SG22GD004
㉢ DC22EC0002	㉣ DC13GN500
㉤ RP23IN703	

① ㉠, ㉢   ② ㉠, ㉤

③ ㉡, ㉣   ④ ㉢, ㉣

※ 다음은 도서 부가기호에 대한 설명이다. 이를 보고 이어지는 질문에 답하시오. [37~40]

<부가기호>

00000 : 다섯 자리 숫자 / 교양, 문고본, 총류, 총류

• 첫 번째 1자리 숫자(독자대상 기호)

0	1	2	3	4
교양	실용	여성	예비번호	청소년
5	6	7	8	9
학습참고서 (중고교용)	학습참고서 (초등용)	아동	예비번호	전문

• 두 번째 1자리 숫자(발행형태기호)

0	1	2	3	4
문고본	사전	신서판	단행본	전집 / 시리즈
5	6	7	8	9
전자출판물	도감	그림책 / 만화	혼합자료	예비번호

• 나머지 3자리 숫자(내용분류기호) 중 첫 번째 자리

0	1	2	3	4
총류	철학	종교	사회과학	자연과학
5	6	7	8	9
기술과학	예술	언어	문학	역사

• 다음 3자리 숫자(내용분류기호) 중 두 번째 자리

구분	0	1	2	3	4	5	6	7	8	9
총류	총류	도서학 서직학	문헌 정보학	백과 사전	강연집	연속 간행물	학회 / 단체	신문 / 언론	전집 / 총서	향토 자료
철학	철학 일반	형이상학	인식론 / 인과론	철학 체계	사서 / 오경	동양 철학	서양 철학	논리학	심리학	윤리학
종교	종교 일반	비교 종교학	불교	기독교 / 천주교	도교	천도교 / 단군교	–	힌두교	이슬람교	기타 종교
사회 과학	사회 과학 일반	통계학	경제학 / 경영학	사회학	정치학 외교학	행정학 / 경찰	법학	교육학	풍속 / 예절	국방 / 군사학
자연 과학	자연 과학 일반	수학	물리학	화학	천문학	지구 과학	광물학	생명 과학	식물학	동물학
기술 과학	기술과학 일반	의학 약학	농학 수의학	공학	건축 공학	기계 공학	전기 공학	화학 공학	제조업	생활
예술	예술 일반	–	조각	공예	서예	회화	사진 예술	음악	공연 예술	오락 / 스포츠
언어	언어 일반	한국어	중국어	일본어	영어	독일어	프랑스어	스페인어	이탈리아어	기타 언어
문학	문학 일반	한국 문학	중국 문학	일본 문학	영미 문학	독일 문학	프랑스 문학	스페인 문학	이탈리아 문학	기타 문학
역사	역사 일반	아시아	유럽	아프리카	북아 메리카	남아 메리카	오세 아니아	–	지리	전기 / 족보

• 나머지 3자리 숫자(내용분류기호) 중 세 번째 자리
 – 0으로 표기

37 다음 중 도서 부가기호 '53980'이 들어갈 도서로 옳은 것은?

① 초등학교 4학년 역사지리 참고서

② 대학교 역사교육 전공책

③ 중학교 3학년 역사지리 문제집(단권)

④ 고등학교 2학년 역사일반 만화책

38 다음 학생이 구매하려는 도서의 부가기호로 옳은 것은?

> 어머니에게 드릴 도서를 사러 가고 있어요. 어머니 생활에 도움이 되는 실용서적 중에서 그림으로
> 되어 있는 도서를 사려고요. 글 읽는 것을 싫어하셔서…. 기술과 관련된 실용서적 중 양장본으로
> 되어 있는 것으로 결정했어요.

① 17590

② 27590

③ 17390

④ 17560

39 다음 중 도서 정보와 부가기호가 바르게 연결된 것은?

① 94150 : 전문, 전집, 철학, 서양철학

② 25810 : 여성, 전자출판물, 문학, 아시아

③ 41420 : 청소년, 단행본, 자연과학, 물리학

④ 72660 : 아동, 신서판, 예술, 사진예술

40 다음 중 서점에서 판매되는 도서 부가기호로 옳지 않은 것은?

① 01230

② 63328

③ 73740

④ 90030

※ 다음과 같은 모양을 만드는 데 사용된 블록의 개수를 고르시오(단, 보이지 않는 곳의 블록은 있다고 가정한다). [1~8]

01

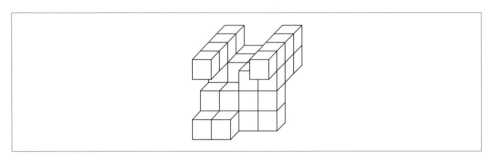

① 40개   ② 39개
③ 38개   ④ 37개

02

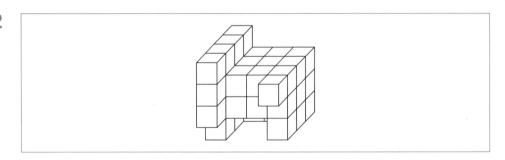

① 41개   ② 40개
③ 39개   ④ 38개

03

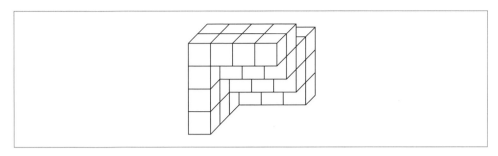

① 41개   ② 40개

③ 39개   ④ 38개

04

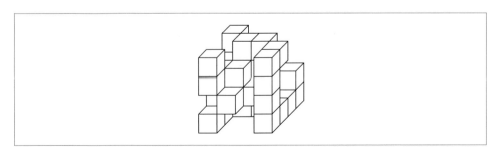

① 41개   ② 40개

③ 39개   ④ 38개

05

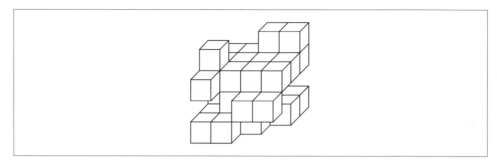

① 42개   ② 41개

③ 40개   ④ 39개

06

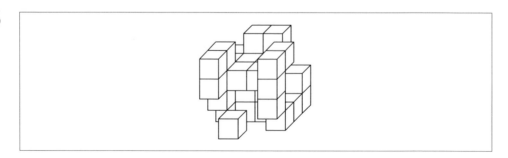

① 35개   ② 36개

③ 37개   ④ 38개

07

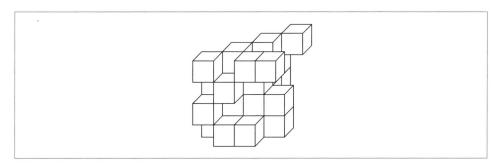

① 41개   ② 40개

③ 39개   ④ 38개

08

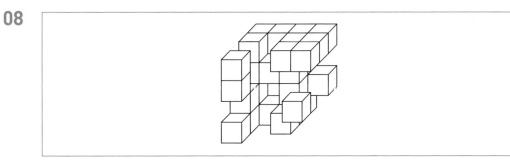

① 37개   ② 36개

③ 35개   ④ 34개

※ 다음과 같이 쌓여진 블록의 면의 개수를 구하시오(단, 밑면은 제외한다). [9~15]

09

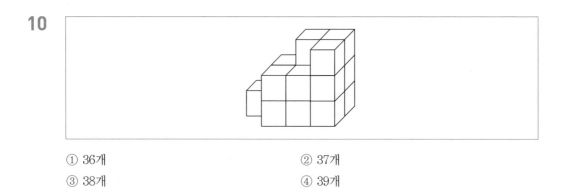

① 32개   ② 33개

③ 34개   ④ 35개

10

① 36개   ② 37개

③ 38개   ④ 39개

11

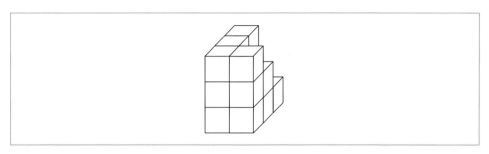

① 34개   ② 35개

③ 36개   ④ 37개

12

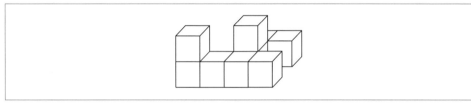

① 28개   ② 29개

③ 30개   ④ 31개

13

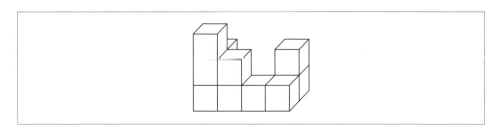

① 30개   ② 31개

③ 32개   ④ 33개

14

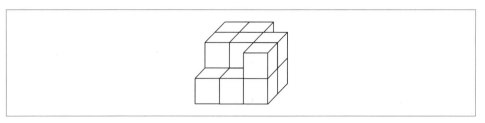

① 32개   ② 33개

③ 34개   ④ 35개

15

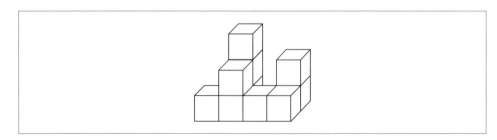

① 31개   ② 32개

③ 33개   ④ 34개

16 다음 제시된 문자를 오름차순으로 나열하였을 때 1번째에 오는 문자는?

ㅇ	A	ㄹ	G	ㅂ	E

① E ② A
③ ㄹ ④ ㅇ

17 다음 제시된 문자를 오름차순으로 나열하였을 때 3번째에 오는 문자는?

P	五	K	十	七	L

① 五 ② K
③ 十 ④ P

18 다음 제시된 문자를 오름차순으로 나열하였을 때 5번째에 오는 문자는?

ㄷ	F	ㅅ	K	ㅈ	Q

① ㄷ ② ㅅ
③ F ④ K

19 나음 세시뇐 분사를 오름차순으로 나열하였을 때 6번째에 오는 문자는?

D	X	G	K	M	E

① X ② G
③ M ④ K

20 다음 제시된 문자를 오름차순으로 나열하였을 때 4번째에 오는 문자는?

Q O T ㄴ R ㅎ

① T
② ㅎ
③ Q
④ ㄴ

21 다음 제시된 문자를 오름차순으로 나열하였을 때 2번째에 오는 문자는?

ㅇ ㅁ ㅂ ㅅ ㄴ ㅊ

① ㅁ
② ㅅ
③ ㅇ
④ ㅂ

22 다음 제시된 문자를 내림차순으로 나열하였을 때 6번째에 오는 문자는?

e h b c i d

① b
② c
③ e
④ d

23 다음 제시된 문자를 내림차순으로 나열하였을 때 3번째에 오는 문자는?

五 D 八 J 二 O

① 五
② O
③ J
④ 八

24 다음 제시된 문자를 내림차순으로 나열하였을 때 2번째에 오는 문자는?

ㄱ ㄹ 二 三 ㅈ 七

① 三   ② ㅈ
③ 七   ④ ㄹ

25 다음 제시된 문자를 내림차순으로 나열하였을 때 4번째에 오는 문자는?

ㅈ e ㅌ a c ㄹ

① e   ② ㅌ
③ c   ④ ㄹ

26 다음 제시된 문자를 내림차순으로 나열하였을 때 6번째에 오는 문자는?

E H B J A F

① F   ② A
③ E   ④ B

27 다음 제시된 문자를 내림차순으로 나열하였을 때 4번째에 오는 문자는?

ㅈ G J ㅎ ㄷ M

① ㅈ   ② J
③ G   ④ ㄷ

※ 다음 제시된 단어에서 공통으로 연상할 수 있는 단어를 고르시오. [28~32]

28

화랑, 통일, 계림

① 백제   ② 고구려
③ 고려   ④ 신라

29

자루, 파다, 농사

① 낫   ② 벼
③ 논   ④ 호미

30

이름, 새기다, 찍다

① 사진   ② 여권
③ 등본   ④ 도장

31

경찰, 상처, 벌금

① 구두약   ② 딱지
③ 제복   ④ 여드름

32

달, 수면, 가로등

① 조명   ② 침대
③ 밤   ④ 하늘

※ 〈보기〉의 사자성어에 해당하는 풀이를 고르시오. [33~36]

> **보기**
> ① 純潔無垢(순결무구)
> ② 臨戰無退(임전무퇴)
> ③ 結者解之(결자해지)
> ④ 戴盆望天(대분망천)

33

마음과 몸가짐이 깨끗하여 조금도 더러운 티가 없음

①   ②   ③   ④

34

머리에 쟁반을 이고 하늘을 바라봄

①   ②   ③   ④

35

전장에 임하여 물러서지 아니함

①   ②   ③   ④

36

매듭을 묶은 자가 풀어야 함

①   ②   ③   ④

※ 〈보기〉의 사자성어에 해당하는 풀이를 고르시오. [37~40]

> **보기**
> ① 牛耳讀經(우이독경)
> ② 登高自卑(등고자비)
> ③ 後生可畏(후생가외)
> ④ 下石上臺(하석상대)

37

높은 곳에 오르려면 낮은 곳에서부터 오름

①   ②   ③   ④

38

쇠귀에 경 읽기

①   ②   ③   ④

39

아랫돌 빼서 윗돌 괴고 윗돌 빼서 아랫돌 굄

①   ②   ③   ④

40

젊은 후학들을 두려워할 만함

①   ②   ③   ④

제2회 최종점검 모의고사

☑ 응시시간 : 45분 　　☑ 문항 수 : 120문항 　　　　　　　　　　　　　　　　정답 및 해설 p.074

01 ▶ 수리능력검사

※ 다음 식을 계산한 값으로 옳은 것을 고르시오. [1~10]

01

$$9,681-28$$

① 9,553　　　　　　　　　　　② 9,653

③ 9,543　　　　　　　　　　　④ 9,643

02

$$\left(\frac{13}{12}-\frac{7}{12}\right)\times2$$

① $\frac{1}{2}$　　　　　　　　　　　② 1

③ $\frac{3}{2}$　　　　　　　　　　　④ 2

03

$$0.986+7.357$$

① 7.343　　　　　　　　　　　② 8.343

③ 7.443　　　　　　　　　　　④ 8.443

04

$$1,465-95.5\div0.5$$

① 1,274   ② 1,348

③ 1,684   ④ 1,864

05

$$16\times64+108$$

① 1,126   ② 1,128

③ 1,130   ④ 1,132

06

$$1,584+43-1,465$$

① 154   ② 158

③ 162   ④ 166

07

$$72\times61-4,289$$

① 103   ② 104

③ 105   ④ 106

08

$$\frac{7}{9} \times \frac{36}{11}$$

① $\frac{3}{7}$ ② $\frac{5}{7}$

③ $\frac{19}{11}$ ④ $\frac{28}{11}$

09

$$15 \times 108 - 303 \div 3$$

① 1,507   ② 1,519

③ 1,521   ④ 1,532

10

$$\frac{5}{2} - \frac{7}{2} \times \frac{6}{14}$$

① $\frac{1}{2}$ ② 1

③ $\frac{3}{2}$ ④ 2

11 S공장에서는 A부품을 12분에 1개씩, B부품을 16분에 1개씩 생산할 수 있다고 한다. A부품과 B부품이 처음으로 동시에 생산된 후 다시 동시에 생산될 때까지 걸린 시간은?

① 48분
② 60분
③ 72분
④ 84분

12 6년 후 형의 나이는 동생의 2배보다 10살 적어진다. 현재 형과 동생 나이의 합이 38살일 때, 형의 나이는?

① 20살
② 22살
③ 24살
④ 26살

13 형과 동생이 달리기 시합을 하는데 형이 동생보다 3분 늦게 출발하였다. 형은 분속 500m의 속력으로, 동생은 분속 300m의 속력으로 달린다고 하면 형이 동생을 앞지르기 시작하는 지점은 출발점에서 얼마만큼 떨어진 곳인가?

① 2,250m
② 2,400m
③ 2,550m
④ 2,700m

14 A지역에서 B지역까지 80km/h의 속력으로 가서 120km/h의 속력으로 되돌아온다. 갈 때의 시간보다 올 때의 시간이 30분 덜 걸린다면, A지역과 B지역 사이의 거리는?

① 90km
② 100km
③ 110km
④ 120km

15 사과 154개, 참외 49개, 토마토 63개 각각을 동일한 개수로 사람들에게 나누어 주려고 한다. 나누어 줄 수 있는 최대 인원은?

① 5명   ② 6명
③ 7명   ④ 8명

16 농도 12%의 소금물 100g에 소금을 더 넣어 20%의 소금물을 만들었다. 이때 더 넣은 소금의 양은?

① 10g   ② 12g
③ 14g   ④ 16g

17 철수가 한 달 수입 중 40%는 저금을 하고 나머지의 50%를 교통비에 사용하면 남는 돈이 60,000원일 때, 철수의 한 달 수입은?

① 180,000원   ② 200,000원
③ 220,000원   ④ 240,000원

18 마트에서 500mL 우유 1팩과 요거트 1개를 묶음 판매하고 있다. 묶어서 판매하는 행사가격은 우유와 요거트 정가의 20%를 할인한 2,000원이다. 요거트 1개의 정가가 800원일 때, 우유 1팩의 정가는?

① 800원   ② 1,200원
③ 1,500원   ④ 1,700원

19 세라와 동생은 각각 500원짜리 동전 42개, 12개를 가지고 있다. 세라가 동생에게 동전 몇 개를 주었더니 동생이 가진 금액의 2배와 세라가 가진 금액이 같아졌다. 세라가 동생에게 준 동전의 개수는?

① 5개   ② 6개
③ 7개   ④ 8개

20 S출판사가 최근에 발간한 서적의 평점을 알아보니 A사이트에서는 참여자 10명에게서 평점 2점을, B사이트에서는 참여자 30명에게서 평점 5점, C사이트에서는 참여자 20명에게서 평점 3.5점을 받았다. 이때, 세 사이트의 전체 평균 평점은?

① 1점   ② 2점
③ 3점   ④ 4점

21 5명으로 이루어진 남성 신인 아이돌 그룹의 모든 멤버 나이의 합은 105살이다. 5명 중 3명의 나이는 5명의 평균 나이와 같고, 가장 큰 형의 나이가 24살일 때, 막내의 나이는?

① 18살   ② 19살
③ 20살   ④ 21살

22 S사에서 성과급을 지급하려고 한다. 한 사원에게 50만 원씩 주면 100만 원이 남고, 60만 원씩 주면 500만 원이 부족하다고 할 때, 사원수는?

① 50명   ② 60명
③ 70명   ④ 80명

23 50명의 남학생 중에서 24명, 30명의 여학생 중에서 16명이 뮤지컬을 좋아한다고 한다. 전체 80명의 학생 중에서 임의로 선택한 한 명이 뮤지컬을 좋아하지 않는 학생이었을 때, 그 학생이 여학생일 확률은?

① $\dfrac{3}{20}$ ② $\dfrac{1}{4}$

③ $\dfrac{3}{10}$ ④ $\dfrac{7}{20}$

24 서로 다른 네 종류의 메모지 중 2개, 세 종류의 펜 중 1개를 사용하여 메모하는 경우의 수는?

① 12가지   ② 15가지
③ 16가지   ④ 18가지

25 현재 동생은 통장에 10,000원이 있고 형은 0원이 있다. 형은 한 달에 2,000원씩을 저금하고, 동생은 1,500원을 저금한다고 할 때, 몇 개월 후에 형의 통장 잔액이 동생보다 많아지는가?

① 21개월   ② 26개월
③ 31개월   ④ 32개월

26 다음은 2023년에 가구주들이 응답한 노후준비방법에 대한 그래프이다. 구성비가 가장 큰 항목의 구성비 대비 네 번째로 구성비가 큰 항목의 구성비의 비율은?(단, 소수점 둘째 자리에서 반올림한다)

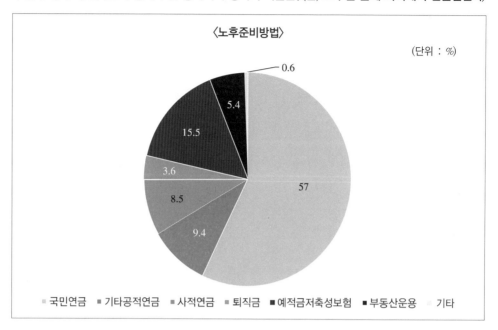

〈노후준비방법〉

(단위 : %)

0.6
5.4
15.5
3.6
8.5
9.4
57

■ 국민연금 ■ 기타공적연금 ■ 사적연금 ■ 퇴직금 ■ 예적금저축성보험 ■ 부동산운용 ■ 기타

① 11.2% ② 14.9%
③ 17.4% ④ 19.1%

27 다음은 S마트의 과자 종류에 따른 가격을 나타낸 표이다. S마트는 A~C 세 과자에 기획 상품 할인을 적용하여 팔고 있다. A~C과자를 정상가로 각각 2봉지씩 구매할 수 있는 금액을 가지고 각각 2봉지씩 할인된 가격으로 구매 후 A과자를 더 산다고 할 때, A과자를 몇 봉지를 더 살 수 있는가?

〈과자별 가격 및 할인율〉

구분	A과자	B과자	C과자
정상가	1,500원	1,200원	2,000원
할인율	20%		40%

① 4봉지

② 3봉지

③ 2봉지

④ 1봉지

28 다음은 어느 나라의 2022년과 2023년의 노동 가능 인구구성의 변화에 대한 자료이다. 이에 대한 설명으로 가장 적절한 것은?

〈노동 가능 인구구성의 변화〉

(단위 : %)

구분	취업자	실업자	비경제활동인구
2022년	55	25	20
2023년	43	27	30

① 실업자의 수는 알 수 없다.

② 실업자의 비율은 감소하였다.

③ 경제활동인구는 증가하였다.

④ 취업자 비율의 증감폭이 실업자 비율의 증감폭보다 작다.

29 다음은 계급별 사병봉급 추이에 대한 자료이다. 이에 대한 설명으로 옳은 것은?

<계급별 사병봉급 추이>

(단위 : 천 원)

구분		2020년	2021년	2022년	2023년
봉급	병장	97.5	103.8	108	129.6
	상병	88	93.7	97.5	117
	일병	79.5	84.7	88.2	105.8
	이병	73.5	78.3	81.5	97.8
인상률(%)		0	6	4	20

① 사병봉급의 인상률은 매년 증가하는 추세이다.

② 2023년 일병의 월급은 158,000원이다.

③ 2022년 상병의 월급은 97,500원으로 2021년에 비해 약 6% 인상했다.

④ 사병봉급은 2023년 가장 높은 인상률을 보였다.

30 S학원에서는 국어, 수학, 영어 세 과목의 평균점수가 가장 높은 학생에게 학원비 면제 혜택을 주고 있다. 다음 4명의 학생들 중 학원비를 면제 받는 학생은?(단, 평균점수는 소수점 둘째 자리에서 반올림한다)

<학생별 점수 현황>

(단위 : 점)

구분	국어	수학	영어
A	80	78	87
B	82	80	78
C	88	88	76
D	70	67	100

① A

② B

③ C

④ D

31 토요일이 의미 없이 지나간다고 생각한 직장인 S씨는 자기계발을 위해 집 근처 문화센터에서 하는 프로그램에 수강신청 하려고 한다. 문화센터 프로그램 안내표에 대한 설명으로 적절하지 않은 것은?(단, 시간이 겹치는 프로그램은 수강할 수 없다)

〈문화센터 프로그램 안내표〉

프로그램	수강료(3달 기준)	강좌시간
중국어 회화	60,000원	11:00 ~ 12:30
영어 회화	60,000원	10:00 ~ 11:30
지르박	180,000원	13:00 ~ 16:00
차차차	150,000원	12:30 ~ 14:30
자이브	195,000원	14:30 ~ 18:00

① 시간상 S씨가 선택할 수 있는 과목은 최대 2개이다.

② 자이브의 수강 시간이 가장 길다.

③ 중국어 회화와 차차차를 수강할 때 한 달 수강료는 7만 원이다.

④ 차차차와 자이브를 둘 다 수강할 수 있다.

32 다음은 남녀 500명의 윗몸일으키기 측정 결과에 대한 자료이다. 41 ~ 50회를 기록한 남자 수와 11 ~ 20회를 기록한 여자 수의 차이는?

〈윗몸일으키기 측정 결과〉

(단위 : %)

구분	남	여
0 ~ 10회	2	15
11 ~ 20회	11	17
21 ~ 30회	12	33
31 ~ 40회	40	21
41 ~ 50회	35	14
전체	60	40

① 53명

② 62명

③ 71명

④ 80명

※ 다음은 2023년에 조사한 여가활동의 주된 목적에 대한 자료이다. 이를 보고 이어지는 질문에 답하시오 (단, 소수점 첫째 자리에서 반올림한다). [33~34]

〈여가활동의 주된 목적〉

(단위 : %)

학력	초졸 이하	중졸	고졸	대졸 이상
사례 수(명)	923	1,452	4,491	3,632
즐거움	31.8	33.8	34.3	29.9
안정과 휴식	17.2	17.1	18.3	18.6
스트레스 해소	9.4	14.1	15.2	15.4
건강	13.7	12.6	8.9	9.9
자기만족	7.7	5.7	9.5	9.3
대인관계	4.3	5.6	5.4	4.7
가족과의 시간	1.0	1.7	3.7	7.9
시간 보내기	13.8	7.0	2.9	2.1
자기계발	1.1	2.4	1.8	2.2

33 다음 중 여가활동의 주된 목적이 대인관계라고 응답한 인원수가 많은 학력부터 순서대로 나열한 것은?

① 고졸 – 초졸 이하 – 중졸 – 대졸 이상
② 고졸 – 대졸 이상 – 초졸 이하 – 중졸
③ 고졸 – 대졸 이상 – 중졸 – 초졸 이하
④ 대졸 이상 – 중졸 – 초졸 이하 – 고졸

34 자료에 대한 〈보기〉의 설명 중 옳지 않은 것을 모두 고르면?

보기
ㄱ. '스트레스 해소'로 응답한 인원수는 고졸이 중졸보다 1.1% 더 많다.
ㄴ. 중졸과 대졸 이상의 학력에서 가장 응답률이 낮은 항목 3개는 동일하다.
ㄷ. '시간 보내기'로 응답한 인원수는 고졸이 초졸 이하보다 더 많다.
ㄹ. '자기계발'로 응답한 대졸 이상 인원수는 '건강'으로 응답한 중졸 인원수보다 적다.

① ㄱ, ㄴ
② ㄱ, ㄷ
③ ㄴ, ㄷ
④ ㄴ, ㄹ

※ 다음은 벼농사 및 밭농사 작업 과정의 기계화에 대한 비율에 대한 그래프이다. 이를 보고 이어지는 질문에 답하시오. [35~36]

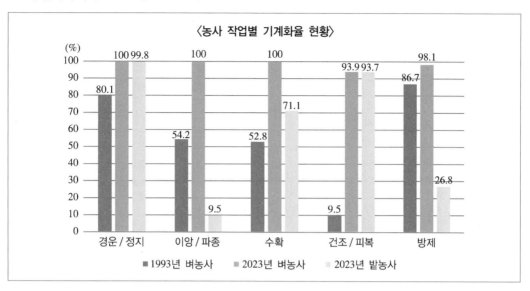

〈농사 작업별 기계화율 현황〉

35 벼농사 작업 과정에서 1993년 대비 2023년 기계화율이 가장 크게 증가한 작업과 가장 낮게 증가한 작업의 증가량 차이는?

① 62%p

② 73%p

③ 80%p

④ 91%p

36 2023년 밭농사의 5가지 작업 과정의 기계화율 평균은?

① 56.15%

② 58.22%

③ 60.18%

④ 62.59%

※ 다음은 시·도별 연령에 따른 인구 비중에 대한 그래프이다. 이를 보고 이어지는 질문에 답하시오.
[37~38]

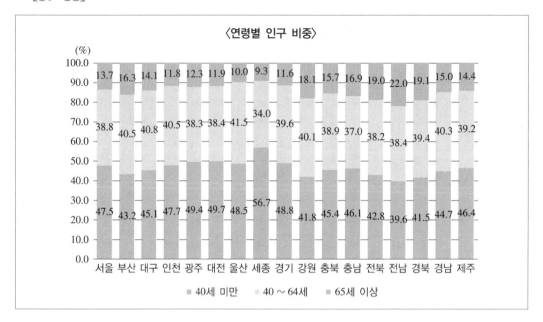

37 65세 이상 인구 비중이 세 번째로 높은 지역의 64세 이하의 비율은?

① 81% ② 80%

③ 79% ④ 78%

38 다음 중 자료에 대한 설명으로 옳지 않은 것은?

① 울산의 40세 미만 비율과 대구의 40세 이상 64세 이하 비율 차이는 7.7%p이다.

② 인천 지역의 총 인구가 300만 명일 때, 65세 이상 인구는 33.4만 명이다.

③ 40세 미만의 비율이 높은 다섯 지역 순서는 '세종 – 대전 – 광주 – 경기 – 울산'이다.

④ 조사 지역의 인구가 모두 같을 경우 40세 이상 64세 이하 인구가 두 번째로 많은 지역은 대구이다.

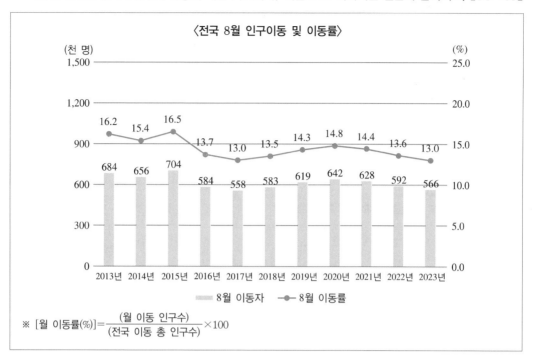

〈전국 8월 인구이동 및 이동률〉

※ [월 이동률(%)] = $\dfrac{(\text{월 이동 인구수})}{(\text{전국 이동 총 인구수})} \times 100$

39 2021년 8월에 이동한 인구수는?(단, 천 명 미만 단위는 버림한다)

① 4,029천 명   ② 4,217천 명

③ 4,361천 명   ④ 4,516천 명

40 다음 중 자료에 대한 내용으로 옳은 것은?(단, 인원은 소수점 이하는 버림한다)

① 2021 ~ 2023년 동안 8월 이동자 평균 인원은 약 582명이다.

② 2013 ~ 2023년 중 8월 이동자 수가 700천 명을 넘는 연도는 없다.

③ 2018년 이후 이동률이 13% 이하인 적은 없다.

④ 2013 ~ 2023년 동안 8월 이동률이 16% 이상일 때는 두 번이다.

※ 제시문 A를 읽고, 제시문 B가 참인지 거짓인지 혹은 알 수 없는지 고르시오. [1~4]

01

[제시문 A]
- 오이보다 토마토가 더 비싸다.
- 토마토보다 참외가 더 비싸다.
- 파프리카가 가장 비싸다.

[제시문 B]
참외가 두 번째로 비싸다.

① 참   ② 거짓   ③ 알 수 없음

02

[제시문 A]
- 독감에 걸리면 열이 난다.
- 독감 바이러스가 발견되지 않으면 열이 나지 않는다.
- 독감이 아니면 독감약을 먹지 않는다.

[제시문 B]
독감약을 먹으면 독감 바이러스가 발견된 것이다.

① 참   ② 거짓   ③ 알 수 없음

03

[제시문 A]
- 초콜릿을 좋아하는 사람은 사탕을 좋아한다.
- 젤리를 좋아하는 사람은 캐러멜을 좋아한다.
- 사탕을 좋아하지 않는 사람은 캐러멜을 좋아하지 않는다.

[제시문 B]
젤리를 좋아하는 사람은 사탕을 좋아한다.

① 참　　　　　　　　　② 거짓　　　　　　　　　③ 알 수 없음

04

[제시문 A]
- 사람에게서는 인슐린이라는 호르몬이 나온다.
- 인슐린은 당뇨병에 걸리지 않게 하는 호르몬이다.

[제시문 B]
인슐린이 제대로 생기지 않는 사람은 당뇨병에 걸리게 된다.

① 참　　　　　　　　　② 거짓　　　　　　　　　③ 알 수 없음

- A ~ E 다섯 명은 북악산을 서로 다른 속도로 오르고 있다.
- A는 C와 D보다 더 높은 위치에 있다.
- D는 A보다 아래에 있지만, B보다는 높은 위치에 있다.
- B는 C보다 아래에 있지만, E보다는 높은 위치에 있다.

05   현재 가장 높은 위치에 있는 사람은 A이다.

① 참   ② 거짓   ③ 알 수 없음

06   현재 가장 낮은 위치에 있는 사람은 E이다.

① 참   ② 거짓   ③ 알 수 없음

07   현재 순위에 변동 없이 정상까지 오른다면 C가 2등을 할 것이다.

① 참   ② 거짓   ③ 알 수 없음

※ 다음 제시문을 읽고 각 문제가 항상 참이면 ①, 거짓이면 ②, 알 수 없으면 ③을 고르시오. [8~10]

- 지난주 월요일부터 금요일까지의 평균 낮 기온은 20도였다.
- 지난주 화요일의 낮 기온은 수요일보다 3도 낮았다.
- 지난주 수요일의 낮 기온은 22도로 월요일보다 1도 높았다.
- 지난주 목요일의 낮 기온은 지난주 평균 낮 기온과 같았다.

08 지난주 낮 기온이 가장 높은 요일은 수요일이다.

① 참 　　　　　　　　② 거짓 　　　　　　　　③ 알 수 없음

09 지난주 금요일의 낮 기온은 20도 이상이다.

① 참 　　　　　　　　② 거짓 　　　　　　　　③ 알 수 없음

10 지난주 월~금 중 낮 기온이 평균 기온보다 높은 날은 3일 이상이다.

① 참 　　　　　　　　② 거짓 　　　　　　　　③ 알 수 없음

※ 일정한 규칙으로 수를 나열할 때, 빈칸에 들어갈 알맞은 수를 고르시오. [11~21]

11

| 16 15 12 7 ( ) −9 −20 |

① 2   ② 1
③ 0   ④ −3

12

$$6 \quad 3 \quad 1 \quad (\quad) \quad \frac{1}{20} \quad \frac{1}{120}$$

① $\frac{1}{10}$ ② $\frac{1}{4}$

③ $\frac{1}{2}$ ④ 1

13

| ( ) 4 11 16 13 36 15 64 |

① 2   ② 3
③ 7   ④ 9

14

$$39 \quad 8 \quad 13 \quad 12 \quad \frac{13}{3} \quad 16 \quad (\quad) \quad 20$$

① $\frac{13}{9}$ ② $\frac{10}{3}$

③ 15   ④ 18

15

( )	−1	5	−10	−4	8	14

① −2   ② 0

③ 0.5   ④ 1

16

( )	4	3	2	1	$\frac{2}{3}$	$-\frac{1}{3}$

① 8   ② 7

③ 6   ④ 5

17

32	34	30	38	22	( )	−10

① 12   ② 20

③ 36   ④ 54

18

2.3	8.2	4.8	16.3	( )	32.5	19.8

① 6.8   ② 9.8

③ 15.4   ④ 19.6

19

10   20   10   15   21   (   )   28   14   14

① 12 ② 13

③ 14 ④ 15

20

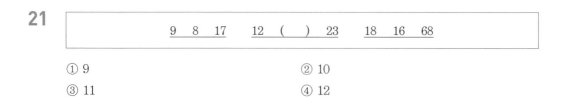

1   7   15   2   12   28   4   8   (   )

① 26 ② 28

③ 30 ④ 32

21

9   8   17   12   (   )   23   18   16   68

① 9 ② 10

③ 11 ④ 12

22

| j | ㅁ | i | ㅂ | g | ㅇ | ( ) | ㅋ |

① b   ② d
③ g   ④ h

23

| H | ㄴ | F | ㅂ | D | ( ) | B |

① ㄱ   ② ㄴ
③ ㄷ   ④ ㄹ

24

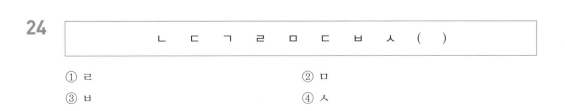

| ㄴ | ㄷ | ㄱ | ㄹ | ㅁ | ㄷ | ㅂ | ㅅ | ( ) |

① ㄹ   ② ㅁ
③ ㅂ   ④ ㅅ

25

| A C F K ( ) C |

① P   ② R
③ T   ④ V

26

| ㄴ ㄷ ㅁ ㅂ ㅋ ㅌ ( ) ㅊ |

① ㅂ   ② ㅅ
③ ㅇ   ④ ㅈ

27

| 一 二 五 十 七 ( ) |

① 六   ② 七
③ 八   ④ 九

28

| A C D I J O ( ) U |

① P   ② Q
③ S   ④ W

29

ㅁ ㅈ ㅍ ㄷ ㅅ ( )

① ㅇ   ② ㅈ
③ ㅋ   ④ ㅍ

30

ㄷ ㄹ ㅂ ㅊ ㄹ ( )

① ㅂ   ② ㅇ
③ ㅊ   ④ ㅌ

31

ㅅ H ㅊ M ㄷ ( )

① V   ② X
③ Y   ④ Z

32

J L N ( ) R T

① M   ② N
③ O   ④ P

※ 다음은 S사의 냉장고에 사용되는 기호와 주문된 상품이다. 이를 보고 이어지는 질문에 답하시오.
[33~36]

<table>
<tr><th colspan="8">〈기호〉</th></tr>
<tr><th colspan="2">기능</th><th colspan="2">설치형태</th><th colspan="2">용량</th><th colspan="2">도어</th></tr>
<tr><td>김치보관</td><td>RC</td><td>프리 스탠딩</td><td>F</td><td>840L</td><td>84</td><td>4도어</td><td>TE</td></tr>
<tr><td>독립냉각</td><td>EF</td><td>키친 핏</td><td>C</td><td>605L</td><td>60</td><td>2도어</td><td>DA</td></tr>
<tr><td>가변형</td><td>RQ</td><td>빌트인</td><td>B</td><td>584L</td><td>58</td><td>1도어</td><td>DE</td></tr>
<tr><td>메탈쿨링</td><td>AX</td><td></td><td></td><td>486L</td><td>48</td><td></td><td></td></tr>
<tr><td>다용도</td><td>ED</td><td></td><td></td><td>313L</td><td>31</td><td></td><td></td></tr>
</table>

<table>
<tr><th colspan="2">〈기호 부여 방식〉</th></tr>
<tr><th colspan="2">AXRQB58DA</th></tr>
<tr><td>AX, RQ</td><td>기능(복수선택 가능) → 메탈쿨링, 가변형 기능</td></tr>
<tr><td>B</td><td>설치형태 → 빌트인</td></tr>
<tr><td>58</td><td>용량 → 584L</td></tr>
<tr><td>DA</td><td>도어 → 2도어</td></tr>
</table>

<table>
<tr><th colspan="4">〈주문된 상품〉</th></tr>
<tr><td>RCF84TE</td><td>EDC60DE</td><td>RQB31DA</td><td>AXEFC48TE</td></tr>
<tr><td>AXF31DE</td><td>EFB60DE</td><td>RQEDF84TE</td><td>EDC58DA</td></tr>
<tr><td>EFRQB60TE</td><td>AXF31DA</td><td>EFC48DA</td><td>RCEDB84TE</td></tr>
</table>

33 다음 고객이 주문한 상품은?

> 안녕하세요? 냉장고를 주문하려고요. 커버는 온도의 변화가 적은 메탈쿨링이 유행하던데 저도 그거 사용하려고요. 기존 냉장고를 교체할 거여서 프리 스탠딩 형태가 맞을 것 같아요. 또 저 혼자 사니까 가장 작은 용량으로 문도 1개면 될 것 같아요. 빠르게 왔으면 좋겠어요. 이번 주 안에 배달이 되나요?

① EDC60DE   ② AXF31DE

③ AXEFC48TE   ④ AXF31DA

34 배달이 밀려서 주문된 상품 중 가변형 기능과 키친 핏 형태의 상품은 배송이 늦어진다고 할 때, 배송이 늦어지는 상품의 개수는?

① 5개   ② 6개

③ 7개   ④ 8개

35 S사는 독립냉각 기능에 문제가 발견되어 주문된 상품 중 해당상품을 대상으로 무상수리를 진행하려 한다. 무상수리 대상이 되는 상품의 개수는?

① 3개   ② 4개

③ 5개   ④ 6개

36 S사는 주문된 정보를 바탕으로 판매현황을 작성하려 한다. 다음 중 기능, 용량, 도어 각각 가장 인기가 없는 냉장고의 기호로 옳은 것은?(단, 설치형태는 판매현황에 작성하지 않았다)

① RC48DE   ② RQ58DA

③ RQ58DE   ④ RC58DE

※ 다음은 S동물병원의 접수 코드이다. 이를 보고 이어지는 질문에 답하시오. **[37~40]**

〈동물병원 접수 코드〉

- 접수 코드 부여 방식
  [접수] – [진료시간] – [품종] – [업무] 순의 7자리 수

- 접수

신규고객	기존고객	장기고객
01	02	03

- 진료시간

주간	야간	주말
11	12	13

- 품종

개	고양이	조류	파충류	가축	기타
10	20	30	40	50	60

- 업무

예방접종	치료	정기검진	상담	기타
1	2	3	4	5

- 이번 달 접수 현황

0111102	0211203	0113202	0312301	0313505
0212404	0111603	0111104	0213605	0313202
0113101	0312504	0311302	0111403	0212204
0312105	0212103	0213202	0311101	0111604

---

37 다음과 같은 경우에 부여되는 접수 코드는?

> 화요일 밤 10시, 처음 가는 동네에서 개와 함께 산책을 하던 A씨는 개가 가시에 찔려 피가 나는 것을 보고 근처 S동물병원에 들어가 치료해 달라고 하였다.

① 0112102　　　　　　　　　② 0112105

③ 0111102　　　　　　　　　④ 0112202

38 이번 달 의사가 사정이 생겨 주말 진료와 상담 업무는 하지 않고 취소하기로 하였다. 이번 달 취소되지 않는 접수의 건수는?

① 8건

② 9건

③ 10건

④ 11건

39 이번 달 가장 많이 접수가 된 동물의 품종은?

① 개

② 고양이

③ 가축

④ 기타

40 다음 중 S동물병원의 접수 코드로 가장 적절한 것은?

① 0111001

② 0214202

③ 03133033

④ 0112404

※ 다음과 같은 모양을 만드는 데 사용된 블록의 개수를 고르시오(단, 보이지 않는 곳의 블록은 있다고 가정한다). [1~8]

01

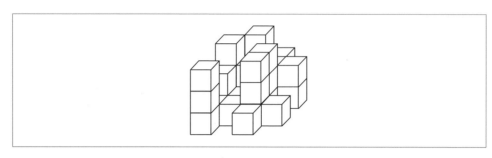

① 34개   ② 33개

③ 32개   ④ 31개

02

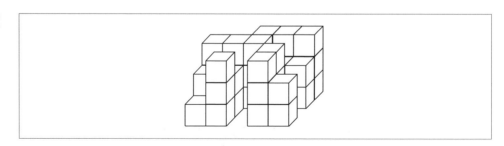

① 45개   ② 44개

③ 43개   ④ 42개

03

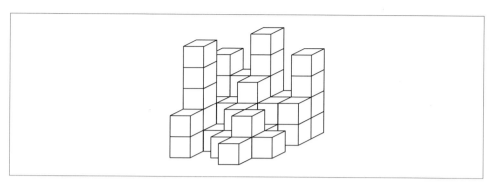

① 42개   ② 43개

③ 44개   ④ 45개

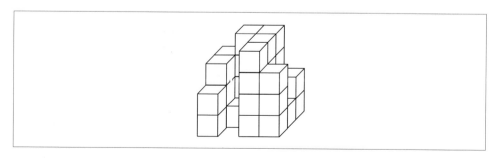

① 30개   ② 31개

③ 32개   ④ 33개

05

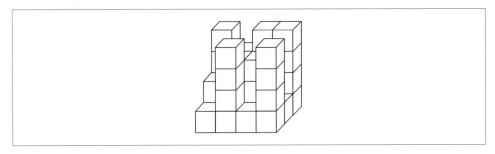

① 34개   ② 33개

③ 32개   ④ 31개

06

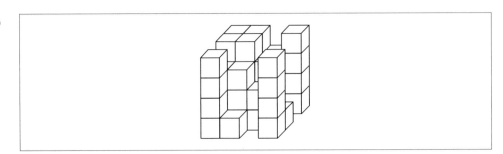

① 44개   ② 43개

③ 42개   ④ 41개

07

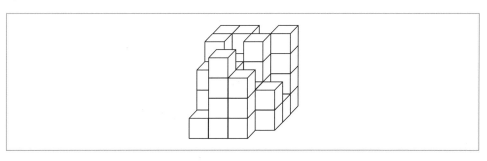

① 43개   ② 44개

③ 45개   ④ 46개

08

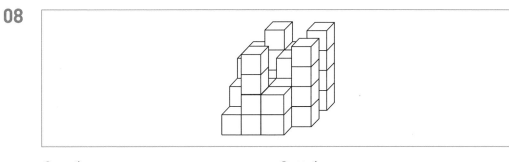

① 42개   ② 41개

③ 40개   ④ 39개

※ 다음과 같이 쌓여진 블록의 면의 개수를 구하시오(단, 밑면은 제외한다). [9~15]

09

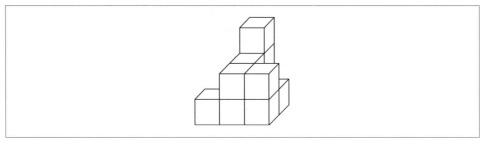

① 32개   ② 33개

③ 34개   ④ 35개

10

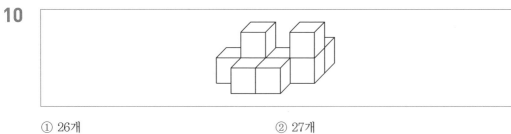

① 26개   ② 27개

③ 28개   ④ 29개

11

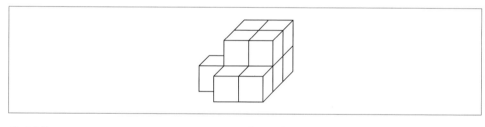

① 27개   ② 28개

③ 29개   ④ 30개

12

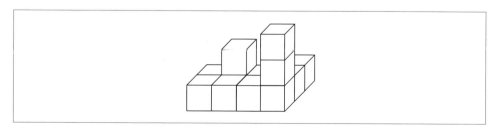

① 26개   ② 27개

③ 28개   ④ 29개

13

① 32개   ② 33개

③ 34개   ④ 35개

14

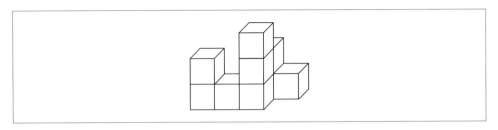

① 31개   ② 32개

③ 33개   ④ 34개

15

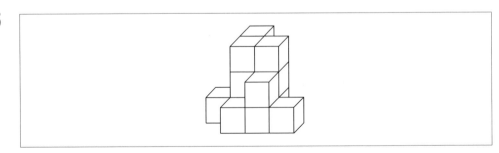

① 36개   ② 37개

③ 38개   ④ 39개

16 다음 제시된 문자를 오름차순으로 나열하였을 때 3번째에 오는 문자는?

ㄱ ㅈ B R ㅁ J

① ㄱ   ② ㅁ

③ B   ④ R

17 다음 제시된 문자를 오름차순으로 나열하였을 때 6번째에 오는 문자는?

G D W R S T

① T   ② S

③ W   ④ R

18 다음 제시된 문자를 오름차순으로 나열하였을 때 4번째에 오는 문자는?

J V E W Q I

① Q   ② J

③ V   ④ W

19 다음 제시된 문자를 오름차순으로 나열하였을 때 2번째에 오는 문자는?

M P E F X Z

① E   ② M

③ P   ④ F

20 다음 제시된 문자를 오름차순으로 나열하였을 때 2번째에 오는 문자는?

| T ㅌ M ㅁ I ㅇ |

① T ② ㅇ
③ M ④ ㅌ

21 다음 제시된 문자를 오름차순으로 나열하였을 때 1번째에 오는 문자는?

| E H I D G B |

① B ② H
③ D ④ E

22 다음 제시된 문자를 내림차순으로 나열하였을 때 2번째에 오는 문자는?

| N ㅈ H C ㅅ D |

① N ② ㅈ
③ H ④ C

23 다음 제시된 문자를 내림차순으로 나열하였을 때 3번째에 오는 문자는?

| 으 야 요 우 어 아 |

① 으 ② 야
③ 어 ④ 요

24 다음 제시된 문자를 내림차순으로 나열하였을 때 2번째에 오는 문자는?

G K L I J D

① G ② J
③ K ④ D

25 다음 제시된 문자를 내림차순으로 나열하였을 때 4번째에 오는 문자는?

N ㅊ W ㅌ X ㅍ

① ㅊ ② W
③ ㅍ ④ N

26 다음 제시된 문자를 내림차순으로 나열하였을 때 5번째에 오는 문자는?

ㅇ D ㄴ M ㅂ K

① ㅇ ② D
③ ㅂ ④ M

27 다음 제시된 문자를 내림차순으로 나열하였을 때 3번째에 오는 문자는?

一 G 八 I 十 P

① P ② I
③ 十 ④ 八

※ 다음 제시된 단어에서 공통으로 연상할 수 있는 단어를 고르시오. [28~32]

28

멜로디, 리듬, 하모니

① 원가   ② 디자인
③ 모형   ④ 음악

29

북한, 지리, 뫼

① 묘   ② 핵
③ 나무   ④ 산

30

갚다, 상인, 상금

① 보상   ② 대회
③ 경제   ④ 빚

31

김치, 요구르트, 청국장

① 된장   ② 부패
③ 우유   ④ 발효

32

다보탑, 이순신, 학

① 불국사   ② 신선
③ 석가탑   ④ 동전

※ 〈보기〉의 사자성어에 해당하는 풀이를 고르시오. [33~36]

> **보기**
> ① 不眠不休(불면불휴)
> ② 肝膽相照(간담상조)
> ③ 桑田碧海(상전벽해)
> ④ 烏飛梨落(오비이락)

33

뽕나무밭이 푸른 바다가 됨

①   ②   ③   ④

34

자지도 아니하고 쉬지도 아니함

①   ②   ③   ④

35

간과 쓸개를 보여주며 사귐

①   ②   ③   ④

36

까마귀 날자 배 떨어짐

①   ②   ③   ④

PART 3

※ 〈보기〉의 사자성어에 해당하는 풀이를 고르시오. [37~40]

> **보기**
> ① 狐假虎威(호가호위)
> ② 安貧樂道(안빈낙도)
> ③ 兔死狐悲(토사호비)
> ④ 錦衣夜行(금의야행)

37

원님 덕에 나팔 붊

①   ②   ③   ④

38

비단 옷 입고 밤길을 감

①   ②   ③   ④

39

가난한 생활을 하면서도 편안한 마음으로 도를 지킴

①   ②   ③   ④

40

토끼의 죽음을 여우가 슬퍼함

①   ②   ③   ④

4

인성검사

01 | 인성검사

업무를 수행하면서 능률적인 성과물을 만들기 위해서는 개인의 능력과 경험 그리고 회사의 교육 및 훈련 등이 필요하지만, 개인의 성격이나 성향 역시 중요하다. 여러 직무분석 연구에서 나온 결과에 따르면, 직무에서의 성공과 관련된 특성 중 최고 70% 이상이 능력보다는 성격과 관련이 있다고 한다. 따라서 최근 기업들은 인성검사의 비중을 높이고 있는 추세다.

현재 기업들은 인성검사를 KIRBS(한국행동과학연구소)나 SHR(에스에이치알) 등의 전문기관에 의뢰해서 시행하고 있다. 전문기관에 따라서 인성검사 방법에 차이가 있고, 보안을 위해서 인성검사를 의뢰한 기업을 공개하지 않을 수 있기 때문에 특정 기업의 인성검사를 정확하게 판단할 수 없지만, 지원자들이 후기에 올린 문제를 통해 유형을 예상할 수 있다.

여기에서는 삼성그룹의 인성검사와 수검요령 및 검사 시 유의사항에 대해 간략하게 정리하였으며, 인성검사 모의연습을 통해 실제 시험 유형을 확인할 수 있도록 하였다.

1. 삼성그룹 인성검사

삼성그룹의 인재상과 적합한 인재인지 평가하는 테스트로, 지원자의 개인 성향이나 인성에 관한 질문으로 구성되어 있다. 인성검사와 면접평가는 동일한 날 진행되며, 인성검사 이후 면접평가가 이루어진다.

(1) 인성검사 유형 I

한 문제당 4~5개의 문장이 나오며, 상대적으로 자신과 가장 가깝거나 먼 것에 각각 체크한다.

(2) 인성검사 유형 II

각 문항에 대해, 자신의 성격에 맞게 '예', '아니요'를 선택하는 문제가 출제된다.

2. 인성검사 수검요령

인성검사는 특별한 수검요령이 없다. 다시 말하면 모범답안이 없고, 정답이 없다는 이야기다. 국어문제처럼 말뜻을 풀이하는 것도 아니다. 굳이 수검요령을 말하자면, 진실하고 솔직한 내 생각이 답변이라고 할 수 있을 것이다.

인성검사에서 가장 중요한 것은 첫째, 솔직한 답변이다. 지금까지의 경험을 통해 축적된 내 생각과 행동을 허구 없이 솔직하게 기재해야 한다. 예를 들어, "나는 타인의 물건을 훔치고 싶은 충동을 느껴본 적이 있다."라는 질문에 피검사자들은 많은 생각을 하게 된다. 생각해 보라. 유년기에 또는 성인이 되어서도 타인의 물건을 훔친 적은 없다 해도 마음속에서 훔치고 싶은 충동은 누구나 조금은 느껴보았을 것이다.

그런데 이 질문에 고민하는 사람이 간혹 있다. 이 질문에 "예"라고 대답하면 담당 검사관들이 나를 사회적으로 문제가 있는 사람으로 여기지는 않을까 하는 생각에 "아니요"라는 답을 기재하게 된다. 이런 솔직하지 않은 답변은 답변의 신뢰와 솔직함을 나타내는 타당성 척도에 좋지 않은 점수를 준다.

둘째, 일관성 있는 답변이다. 인성검사의 수많은 질문 문항 중에는 비슷한 뜻의 질문이 여러 개 숨어 있는 경우가 많다. 그 질문들은 피검사자의 솔직한 답변과 심리적인 상태를 알아보기 위해 내포되어 있는 문항들이다. 가령 "나는 유년시절 타인의 물건을 훔친 적이 있다."라는 질문에 "예"라고 대답했는데, "나는 유년시절 타인의 물건을 훔쳐보고 싶은 충동을 느껴본 적이 있다."라는 질문에는 "아니요"라는 답을 기재한다면 어떻겠는가. 일관성 없이 '대충 기재하자'라는 식의 심리적 무성의성 답변이 되거나, 정신적으로 문제가 있는 사람으로 보일 수 있다.

인성검사는 많은 문항 수를 풀어나가기 때문에 피검사자들은 지루함과 따분함, 반복된 뜻의 질문으로 인해 인내 상실 등이 나타날 수 있다. 인내하면서 솔직하게 내 생각을 대답하는 것이 무엇보다 중요한 요령이 될 것이다.

3. 인성검사 시 유의사항

(1) 충분한 휴식으로 불안을 없애고 정서적인 안정을 취한다. 심신이 안정되어야 자신의 마음을 표현할 수 있다.

(2) 생각나는 대로 솔직하게 응답한다. 자신을 너무 과대포장하지도, 너무 비하시키지도 마라. 답변을 꾸며서 하면 앞뒤가 맞지 않게끔 구성돼 있어 불리한 평가를 받게 되므로 솔직하게 답하도록 한다.

(3) 검사문항에 대해 지나치게 생각해서는 안 된다. 지나치게 몰두하면 엉뚱한 답변이 나올 수 있으므로 불필요한 생각은 삼간다.

(4) 검사시간에 너무 신경 쓸 필요는 없다. 인성검사는 시간제한이 없는 경우가 많으며 있다 해도 시간은 충분하다.

(5) 인성검사는 대개 문항 수가 많기에 자칫 건너뛰는 경우가 있는데, 가능한 한 모든 문항에 답해야 한다. 응답하지 않은 문항이 많을 경우 평가자가 정확한 평가를 내리지 못해 불리한 평가를 내릴 수 있기 때문이다.

4. 인성검사 모의연습

※ 인성검사는 정답이 따로 없는 유형의 검사이므로 결과지를 제공하지 않습니다.

유형 1

※ 4개의 문장 중 자신의 성향에 비추어볼 때 가장 먼 문항(멀다)과 가까운 문항(가깝다)을 하나씩 선택하시오. [1~30]

01

질문	멀다	가깝다
A. 사물을 신중하게 생각하는 편이라고 생각한다.	☐	☐
B. 포기하지 않고 노력하는 것이 중요하다.	☐	☐
C. 자신의 권리를 주장하는 편이다.	☐	☐
D. 컨디션에 따라 기분이 잘 변한다.	☐	☐

02

질문	멀다	가깝다
A. 노력의 여하보다 결과가 중요하다.	☐	☐
B. 자기주장이 강하다.	☐	☐
C. 어떠한 일이 있어도 출세하고 싶다.	☐	☐
D. 반성하는 일이 거의 없다.	☐	☐

03

질문	멀다	가깝다
A. 다른 사람의 일에 관심이 없다.	☐	☐
B. 때로는 후회하는 순간도 있다.	☐	☐
C. 진정으로 마음을 허락할 수 있는 사람은 없다.	☐	☐
D. 고민이 생겨도 심각하게 생각하지 않는다.	☐	☐

04

질문	멀다	가깝다
A. 한번 시작한 일은 반드시 끝을 맺는다.	☐	☐
B. 다른 사람들이 하지 못하는 일을 하고 싶다.	☐	☐
C. 좋은 생각이 떠올라도 실행하기 전에 여러모로 검토한다.	☐	☐
D. 슬럼프에 빠지면 좀처럼 헤어나지 못한다.	☐	☐

05

질문	멀다	가깝다
A. 다른 사람에게 항상 움직이고 있다는 말을 듣는다.	☐	☐
B. 옆에 사람이 있으면 싫다.	☐	☐
C. 친구들과 남의 이야기를 하는 것을 좋아한다.	☐	☐
D. 자신의 소문에 관심을 기울인다.	☐	☐

06

질문	멀다	가깝다
A. 모두가 싫증을 내는 일에도 혼자서 열심히 한다.	☐	☐
B. 완성된 것보다 미완성인 것에 흥미가 있다.	☐	☐
C. 능력을 살릴 수 있는 일을 하고 싶다.	☐	☐
D. 항상 무슨 일을 해야만 한다.	☐	☐

07

질문	멀다	가깝다
A. 번화한 곳에 외출하는 것을 좋아한다.	☐	☐
B. 다른 사람에게 자신이 소개되는 것을 좋아한다.	☐	☐
C. 다른 사람보다 쉽게 우쭐해진다.	☐	☐
D. 여간해서 흥분하지 않는 편이다.	☐	☐

08

질문	멀다	가깝다
A. 다른 사람의 감정에 민감하다.	☐	☐
B. 남을 배려하는 마음씨가 있다는 말을 듣는다.	☐	☐
C. 사소한 일로 우는 일이 많다.	☐	☐
D. 매일 힘든 일이 너무 많다.	☐	☐

09

질문	멀다	가깝다
A. 통찰력이 있다고 생각한다.	☐	☐
B. 몸으로 부딪혀 도전하는 편이다.	☐	☐
C. 감정적으로 될 때가 많다.	☐	☐
D. 걱정거리가 생기면 머릿속에서 떠나지 않는 편이다.	☐	☐

10

질문	멀다	가깝다
A. 타인에게 간섭받는 것을 싫어한다.	☐	☐
B. 신경이 예민한 편이라고 생각한다.	☐	☐
C. 난관에 봉착해도 포기하지 않고 열심히 한다.	☐	☐
D. 휴식시간에도 일하고 싶다.	☐	☐

11

질문	멀다	가깝다
A. 해야 할 일은 신속하게 처리한다.	☐	☐
B. 매사에 느긋하고 차분하다.	☐	☐
C. 끙끙거리며 생각할 때가 있다.	☐	☐
D. 사는 것이 힘들다고 느낀 적은 없다.	☐	☐

12

질문	멀다	가깝다
A. 하나의 취미를 오래 지속하는 편이다.	☐	☐
B. 낙천가라고 생각한다.	☐	☐
C. 일주일의 계획을 세우는 것을 좋아한다.	☐	☐
D. 시험 전에도 노는 계획을 세운다.	☐	☐

13

질문	멀다	가깝다
A. 자신의 의견을 상대에게 잘 주장하지 못한다.	☐	☐
B. 좀처럼 결단하지 못하는 경우가 있다.	☐	☐
C. 행동으로 옮기기까지 시간이 걸린다.	☐	☐
D. 실패해도 또 다시 도전한다.	☐	☐

14

질문	멀다	가깝다
A. 돌다리도 두드리며 건너는 타입이라고 생각한다.	☐	☐
B. 굳이 말하자면 시원시원하다.	☐	☐
C. 토론에서 이길 자신이 있다.	☐	☐
D. 남보다 쉽게 우위에 서는 편이다.	☐	☐

15

질문	멀다	가깝다
A. 쉽게 침울해진다.	☐	☐
B. 쉽게 싫증을 내는 편이다.	☐	☐
C. 도덕·윤리를 중시한다.	☐	☐
D. 자신의 입장을 잊어버릴 때가 있다.	☐	☐

16

질문	멀다	가깝다
A. 매사에 신중한 편이라고 생각한다.	☐	☐
B. 실행하기 전에 재확인할 때가 많다.	☐	☐
C. 반대에 부딪혀도 자신의 의견을 바꾸는 일은 없다.	☐	☐
D. 일을 하는 데도 자신이 없다.	☐	☐

17

질문	멀다	가깝다
A. 전망을 세우고 행동할 때가 많다.	☐	☐
B. 일에는 결과가 중요하다고 생각한다.	☐	☐
C. 다른 사람으로부터 지적받는 것은 싫다.	☐	☐
D. 목적이 없으면 마음이 불안하다.	☐	☐

18

질문	멀다	가깝다
A. 다른 사람에게 위해를 가할 것 같은 기분이 들 때가 있다.	☐	☐
B. 인간관계가 폐쇄적이라는 말을 듣는다.	☐	☐
C. 친구들로부터 줏대 없는 사람이라는 말을 듣는다.	☐	☐
D. 다투어서 친구를 잃은 경우가 있다.	☐	☐

19

질문	멀다	가깝다
A. 누구와도 편하게 이야기할 수 있다.	☐	☐
B. 다른 사람을 싫어한 적은 한 번도 없다.	☐	☐
C. 리더로서 인정을 받고 싶다.	☐	☐
D. 친구 말을 듣는 편이다.	☐	☐

20

질문	멀다	가깝다
A. 기다리는 것에 짜증내는 편이다.	☐	☐
B. 지루하면 마구 떠들고 싶어진다.	☐	☐
C. 남과 친해지려면 용기가 필요하다.	☐	☐
D. 신호대기 중에도 조바심이 난다.	☐	☐

21

질문	멀다	가깝다
A. 사물을 과장해서 말한 적은 없다.	☐	☐
B. 항상 천재지변을 당하지는 않을까 걱정하고 있다.	☐	☐
C. 어떤 일이 있어도 의욕을 가지고 열심히 하는 편이다.	☐	☐
D. 아는 사람이 많아지는 것이 즐겁다.	☐	☐

22

질문	멀다	가깝다
A. 그룹 내에서 누군가의 주도 하에 따라가는 경우가 많다.	☐	☐
B. 내성적이라고 생각한다.	☐	☐
C. 모르는 사람과 이야기하는 것은 용기가 필요하다.	☐	☐
D. 모르는 사람과 말하는 것은 귀찮다.	☐	☐

23

질문	멀다	가깝다
A. 집에서 가만히 있으면 기분이 우울해진다.	☐	☐
B. 당황하면 갑자기 땀이 나서 신경 쓰일 때가 있다.	☐	☐
C. 차분하다는 말을 듣는다.	☐	☐
D. 매사에 심각하게 생각하는 것을 싫어한다.	☐	☐

24

질문	멀다	가깝다
A. 어색해지면 입을 다무는 경우가 많다.	☐	☐
B. 융통성이 없는 편이다.	☐	☐
C. 이유도 없이 화가 치밀 때가 있다.	☐	☐
D. 자신이 경솔하다고 자주 느낀다.	☐	☐

25

질문	멀다	가깝다
A. 자질구레한 걱정이 많다.	☐	☐
B. 다른 사람을 의심한 적이 한 번도 없다.	☐	☐
C. 지금까지 후회를 한 적이 없다.	☐	☐
D. 충동적인 행동을 하지 않는 편이다.	☐	☐

26

질문	멀다	가깝다
A. 무슨 일이든 자신을 가지고 행동한다.	☐	☐
B. 자주 깊은 생각에 잠긴다.	☐	☐
C. 가만히 있지 못할 정도로 불안해질 때가 많다.	☐	☐
D. 어떤 상황에서나 만족할 수 있다.	☐	☐

27

질문	멀다	가깝다
A. 스포츠 선수가 되고 싶다고 생각한 적이 있다.	☐	☐
B. 유명인과 서로 아는 사람이 되고 싶다.	☐	☐
C. 연예인에 대해 동경한 적이 없다.	☐	☐
D. 싫은 사람과도 협력할 수 있다.	☐	☐

28

질문	멀다	가깝다
A. 휴일은 세부적인 예정을 세우고 보낸다.	☐	☐
B. 잘하지 못하는 것이라도 자진해서 한다.	☐	☐
C. 이유도 없이 다른 사람과 부딪힐 때가 있다.	☐	☐
D. 주체할 수 없을 만큼 여유가 많은 것을 싫어한다.	☐	☐

29

질문	멀다	가깝다
A. 타인의 일에는 별로 관여하고 싶지 않다고 생각한다	☐	☐
B. 의견이 다른 사람과는 어울리지 않는다.	☐	☐
C. 주위의 영향을 받기 쉽다.	☐	☐
D. 즐거운 일보다는 괴로운 일이 많다.	☐	☐

질문	멀다	가깝다
A. 지인을 발견해도 만나고 싶지 않을 때가 많다.	☐	☐
B. 굳이 말하자면 자의식 과잉이다.	☐	☐
C. 몸을 움직이는 것을 좋아한다.	☐	☐
D. 사소한 일에도 신경을 많이 쓰는 편이다.	☐	☐

※ 다음 질문내용을 읽고 본인에 해당하는 응답의 '예', '아니요'에 ○표 하시오. [1~133]

번호	질문	응답	
1	조심스러운 성격이라고 생각한다.	예	아니요
2	사물을 신중하게 생각하는 편이라고 생각한다.	예	아니요
3	동작이 기민한 편이다.	예	아니요
4	포기하지 않고 노력하는 것이 중요하다.	예	아니요
5	일주일의 예정을 만드는 것을 좋아한다.	예	아니요
6	노력의 여하보다 결과가 중요하다.	예	아니요
7	자기주장이 강하다.	예	아니요
8	장래의 일을 생각하면 불안해질 때가 있다.	예	아니요
9	소외감을 느낄 때가 있다.	예	아니요
10	훌쩍 여행을 떠나고 싶을 때가 자주 있다.	예	아니요
11	대인관계가 귀찮다고 느낄 때가 있다.	예	아니요
12	자신의 권리를 주장하는 편이다.	예	아니요
13	낙천가라고 생각한다.	예	아니요
14	싸움을 한 적이 없다.	예	아니요
15	자신의 의견을 상대에게 잘 주장하지 못한다.	예	아니요
16	좀처럼 결단하지 못하는 경우가 있다.	예	아니요
17	하나의 취미를 오래 지속하는 편이다.	예	아니요
18	한 번 시작한 일은 끝을 맺는다.	예	아니요
19	행동으로 옮기기까지 시간이 걸린다.	예	아니요
20	다른 사람들이 하지 못하는 일을 하고 싶다.	예	아니요
21	해야 할 일은 신속하게 처리한다.	예	아니요
22	병이 아닌지 걱정이 들 때가 있다.	예	아니요
23	다른 사람의 충고를 기분 좋게 듣는 편이다.	예	아니요
24	다른 사람에게 의존적이 될 때가 많다.	예	아니요
25	타인에게 간섭받는 것은 싫다.	예	아니요
26	의식 과잉이라는 생각이 들 때가 있다.	예	아니요
27	수다를 좋아한다.	예	아니요
28	잘못된 일을 한 적이 한 번도 없다.	예	아니요
29	모르는 사람과 이야기하는 것은 용기가 필요하다.	예	아니요
30	끙끙거리며 생각할 때가 있다.	예	아니요
31	다른 사람에게 항상 움직이고 있다는 말을 듣는다.	예	아니요
32	매사에 얽매인다.	에	이니요
33	잘하지 못하는 게임은 하지 않으려고 한다.	예	아니요
34	어떠한 일이 있어도 출세하고 싶다.	예	아니요
35	막무가내라는 말을 들을 때가 많다.	예	아니요
36	신경이 예민한 편이라고 생각한다.	예	아니요
37	쉽게 침울해한다.	예	아니요

번호	질문	응답	
38	쉽게 싫증을 내는 편이다.	예	아니요
39	옆에 사람이 있으면 싫다.	예	아니요
40	토론에서 이길 자신이 있다.	예	아니요
41	친구들과 남의 이야기를 하는 것을 좋아한다.	예	아니요
42	푸념을 한 적이 없다.	예	아니요
43	남과 친해지려면 용기가 필요하다.	예	아니요
44	통찰력이 있다고 생각한다.	예	아니요
45	집에서 가만히 있으면 기분이 우울해진다.	예	아니요
46	매사에 느긋하고 차분하게 매달린다.	예	아니요
47	좋은 생각이 떠올라도 실행하기 전에 여러모로 검토한다.	예	아니요
48	누구나 권력자를 동경하고 있다고 생각한다.	예	아니요
49	몸으로 부딪혀 도전하는 편이다.	예	아니요
50	당황하면 갑자기 땀이 나서 신경 쓰일 때가 있다.	예	아니요
51	친구들이 진지한 사람으로 생각하고 있다.	예	아니요
52	감정적으로 될 때가 많다.	예	아니요
53	다른 사람의 일에 관심이 없다.	예	아니요
54	다른 사람으로부터 지적받는 것은 싫다.	예	아니요
55	지루하면 마구 떠들고 싶어진다.	예	아니요
56	부모에게 불평을 한 적이 한 번도 없다.	예	아니요
57	내성적이라고 생각한다.	예	아니요
58	돌다리도 두들기고 건너는 타입이라고 생각한다.	예	아니요
59	굳이 말하자면 시원시원하다.	예	아니요
60	끈기가 강하다.	예	아니요
61	전망을 세우고 행동할 때가 많다.	예	아니요
62	일에는 결과가 중요하다고 생각한다.	예	아니요
63	활력이 있다.	예	아니요
64	항상 천재지변을 당하지는 않을까 걱정하고 있다.	예	아니요
65	때로는 후회할 때도 있다.	예	아니요
66	다른 사람에게 위해를 가할 것 같은 기분이 들 때가 있다.	예	아니요
67	진정으로 마음을 허락할 수 있는 사람은 없다.	예	아니요
68	기다리는 것에 짜증내는 편이다.	예	아니요
69	친구들로부터 줏대 없는 사람이라는 말을 듣는다.	예	아니요
70	사물을 과장해서 말한 적은 없다.	예	아니요
71	인간관계가 폐쇄적이라는 말을 듣는다.	예	아니요
72	매사에 신중한 편이라고 생각한다.	예	아니요
73	눈을 뜨면 바로 일어난다.	예	아니요
74	난관에 봉착해도 포기하지 않고 열심히 해본다.	예	아니요
75	실행하기 전에 재확인할 때가 많다.	예	아니요
76	리더로서 인정을 받고 싶다.	예	아니요
77	어떤 일이 있어도 의욕을 가지고 열심히 하는 편이다.	예	아니요

번호	질문	응답	
78	다른 사람의 감정에 민감하다.	예	아니요
79	다른 사람들이 남을 배려하는 마음씨가 있다는 말을 한다.	예	아니요
80	사소한 일로 우는 일이 많다.	예	아니요
81	반대에 부딪혀도 자신의 의견을 바꾸는 일은 없다.	예	아니요
82	누구와도 편하게 이야기할 수 있다.	예	아니요
83	가만히 있지 못할 정도로 침착하지 못할 때가 있다.	예	아니요
84	다른 사람을 싫어한 적은 한 번도 없다.	예	아니요
85	그룹 내에서는 누군가의 주도하에 따라가는 경우가 많다.	예	아니요
86	차분하다는 말을 듣는다.	예	아니요
87	스포츠 선수가 되고 싶다고 생각한 적이 있다.	예	아니요
88	모두가 싫증을 내는 일에도 혼자서 열심히 한다.	예	아니요
89	휴일은 세부적인 예정을 세우고 보낸다.	예	아니요
90	완성된 것보다 미완성인 것에 흥미가 있다.	예	아니요
91	잘하지 못하는 것이라도 자진해서 한다.	예	아니요
92	가만히 있지 못할 정도로 불안해질 때가 많다.	예	아니요
93	자주 깊은 생각에 잠긴다.	예	아니요
94	이유도 없이 다른 사람과 부딪힐 때가 있다.	예	아니요
95	타인의 일에는 별로 관여하고 싶지 않다고 생각한다.	예	아니요
96	무슨 일이든 자신을 가지고 행동한다.	예	아니요
97	유명인과 서로 아는 사람이 되고 싶다.	예	아니요
98	지금까지 후회를 한 적이 없다.	예	아니요
99	의견이 다른 사람과는 어울리지 않는다.	예	아니요
100	무슨 일이든 생각해 보지 않으면 만족하지 못한다.	예	아니요
101	다소 무리를 하더라도 피로해지지 않는다.	예	아니요
102	굳이 말하자면 장거리 주자에 어울린다고 생각한다.	예	아니요
103	여행을 가기 전에는 세세한 계획을 세운다.	예	아니요
104	능력을 살릴 수 있는 일을 하고 싶다.	예	아니요
105	성격이 시원시원하다고 생각한다.	예	아니요
106	굳이 말하자면 자의식 과잉이다.	예	아니요
107	스스로를 쓸모없는 인간이라고 생각할 때가 있다.	예	아니요
108	주위의 영향을 받기 쉽다.	예	아니요
109	지인을 발견해도 만나고 싶지 않을 때가 많다.	예	아니요
110	다수의 반대가 있더라도 자신의 생각대로 행동한다.	예	아니요
111	번화한 곳에 외출하는 것을 좋아한다.	예	아니요
112	지금까지 다른 사람의 마음에 상처를 준 일이 없다.	예	아니요
113	다른 사람에게 자신이 소개되는 것을 좋아한다.	예	아니요
114	실행하기 전에 재고하는 경우가 많다.	예	아니요
115	몸을 움직이는 것을 좋아한다.	예	아니요
116	완고한 편이라고 생각한다.	예	아니요
117	신중하게 생각하는 편이다.	예	아니요

번호	질문	응답	
118	커다란 일을 해보고 싶다.	예	아니요
119	계획을 생각하기보다 빨리 실행하고 싶어한다.	예	아니요
120	작은 소리도 신경 쓰인다.	예	아니요
121	자질구레한 걱정이 많다.	예	아니요
122	이유도 없이 화가 치밀 때가 있다.	예	아니요
123	융통성이 없는 편이다.	예	아니요
124	다른 사람보다 기가 세다.	예	아니요
125	다른 사람보다 쉽게 우쭐해진다.	예	아니요
126	다른 사람을 의심한 적이 한 번도 없다.	예	아니요
127	어색해지면 입을 다무는 경우가 많다.	예	아니요
128	하루의 행동을 반성하는 경우가 많다.	예	아니요
129	격렬한 운동도 그다지 힘들어하지 않는다.	예	아니요
130	새로운 일에 처음 한 발을 좀처럼 떼지 못한다.	예	아니요
131	앞으로의 일을 생각하지 않으면 진정이 되지 않는다.	예	아니요
132	인생에서 중요한 것은 높은 목표를 갖는 것이다.	예	아니요
133	무슨 일이든 선수를 쳐야 이긴다고 생각한다.	예	아니요

02 | UK작업태도검사

01 ▶ UK작업태도검사

인간은 잠을 잘 때를 제외하곤 항상 어떤 작업을 하고 있으므로 작업 중에 인격적 요인이 반영될 수밖에 없다. 따라서 일정한 조건 아래 단순한 작업을 시키고 나서 그 작업량의 패턴에서 인격을 파악하려고 하는 것이 UK작업태도검사다. 일반적으로 이 방법은 실시가 간단해 집단적으로 실시할 수 있고, 비언어적인 과제를 사용하고 있으므로 언어 이해력을 필요로 하지 않는다는 이점이 있으나 성격 전반에 대한 정보를 얻는 것은 무리다.

작업검사의 대표적인 검사방법으로는 우리나라에서 UK검사라는 약칭으로 통용되는 우치다-크레펠린 정신작업검사가 있다. 이 검사의 기초가 된 것은 크레펠린(Kraepelin)이 실험심리학의 연구법으로 개발한 단순가산작업이지만, 이것을 인격검사에 받아들인 것은 우치다 유우자부로(內田勇三郎)다.

우치다-크레펠린 정신검사는 1행의 숫자가 가로 91자, 세로 34행으로 된 용지를 사용하는데 1분에 한 행씩 각 행의 숫자를 가산해서 답의 일의 자리 숫자만 쓰는 작업이 주어진다. 현재 삼성에서는 이와 동일하지는 않지만, 비슷한 방식으로 UK작업태도검사를 시행하고 있다. 검사결과의 정리방법은 우선 각 행의 작업이 이루어진 최후의 숫자를 연결하는 것에 의해 작업곡선을 기입한다.

1. 측정요인

평균작업량	휴식 후 15분간 작업량의 평균작업량을 측정한다.
초두효과율	작업에 대한 처음의 좋음이나 순조로움을 보이는 요인으로서 작업개시 시의 의지와 긴장 정도를 재는 것이다.
평균오류량	휴식 전후(前後)의 1줄에 대한 평균오류량을 측정한다.
휴식효과율	전반부와 후반부의 작업량을 비교하여 휴식 후의 작업증가율을 나타내는 요인으로서 휴식단계에서 피로가 줄었음에도 불구하고 작업량이 휴식 전보다 낮다면 휴식효과가 낮게 나타난다. 특히 정신분열증 환자의 경우에는 이 휴식효과율이 낮다고 되어 있다.

(1) 양적 측정

휴식 후 15분간 작업량의 평균작업량을 기준으로 측정한다. 일반적으로 UK검사의 작업량은 계산의 연속이기 때문에 피검사자의 IQ(지능지수)와 많은 연관성이 있지만 성격상의 결함이 있는 사람이 많고, 휴식효과율이 낮은 사람이 있기 때문에 직접적으로 지능지수와 연관성을 맺기에는 무리가 있다. 양적 측정은 말 그대로 작업량의 많고 적음을 나타내기도 하고, 휴식효과에 관련해서 정서, 집중력, 가변성 등의 판단결과가 나타난다고 볼 수 있다.

(2) 질적 측정

휴식 전 작업곡선과 휴식 후 작업곡선을 기준으로 초두노력의 결여, 평균오류량, 휴식효과율 등을 판정하여 성격적인 측면을 검사한다.

정형	곡선의 양단이 중앙부보다 높고, 완만하게 하강하고 다시 완만하게 상승하는 형
상승형	전반부가 높고 후반부가 낮아지는 형
중고형	정형과 반대의 형
하강형	전반부가 낮고 후반부가 높아지는 형
수평형	1줄의 작업 최대차가 5 이내로, 상승도 하강도 하지 않는 형
파상형	전체적으로 일정한 규칙이 없이 곡선의 진폭이 크고, 파도치듯이 나타나는 형

2. 검사방법

(1) 검사마다 다르지만 보통 전반 15분, 휴식 5분, 후반 15분의 형태로 실시한다.

(2) 두 개의 숫자를 더하여 10자리(앞자리)를 제외한 1자리(뒷자리)만 숫자와 숫자 사이 아래에 적는다.

(3) 1줄에 1분씩 연속해서 실시한다.

(4) 검사가 끝나면 틀린 부분을 ×표시한다.

(5) ×표시가 있는 부분만큼 기재한 숫자 중 2개씩을 끝부분에서 제외한다.

(6) 끝부분을 연결한다.

01

```
2 4 1 5 7 7 8 9 6 5 4 1 2 5 4 7 8 9 6 3 2 1 0 5 4 0 2 5 4 5 5 8 9 6 3 0 1 1
2 4 5 6 6 9 7 6 8 9 7 4 2 3 5 8 4 2 3 6 7 9 4 2 8 3 7 9 5 1 6 8 0 3 7 9 5 4
3 8 6 1 6 7 9 5 3 8 0 4 9 7 5 8 1 2 6 8 1 6 8 5 9 6 4 7 9 5 4 3 6 5 7 7 5 6
3 0 5 7 5 9 7 6 8 5 6 4 9 6 5 1 2 4 5 2 8 6 4 3 5 9 6 5 4 2 8 9 3 5 4 9 3 8
6 2 4 8 2 8 2 4 6 3 8 2 1 6 9 3 7 4 4 2 8 1 8 6 4 9 3 8 6 4 2 5 6 8 2 6 7 5
8 9 6 4 2 6 5 8 7 3 6 3 5 4 7 9 2 3 6 3 2 8 4 3 9 6 4 6 9 2 0 6 5 9 7 5 2 1
9 7 6 3 5 4 0 8 7 9 6 5 4 8 6 3 5 3 3 4 8 4 6 9 2 5 7 1 8 9 6 2 4 8 9 6 8 7
3 5 4 9 1 3 7 6 2 7 4 3 0 4 7 9 5 4 3 8 4 9 6 8 4 2 3 8 4 3 6 8 4 2 6 8 7 4
5 6 1 0 6 8 7 4 9 3 8 7 7 5 1 3 6 8 5 2 8 7 2 4 6 9 5 2 7 8 9 5 2 4 6 9 5 4
7 6 9 8 4 4 8 7 5 3 5 4 7 8 5 4 7 8 5 1 5 7 5 9 6 2 4 4 7 5 6 9 8 7 8 0 2 3
0 1 4 5 7 8 9 9 6 5 4 2 3 5 4 7 7 8 4 5 2 9 8 4 5 6 3 2 4 5 5 7 8 5 6 5 2 4
0 8 2 3 6 5 5 4 1 2 4 1 2 5 4 1 2 5 4 1 2 5 4 1 2 5 4 1 1 2 5 4 1 5 3 6 6 7 5
2 1 4 9 2 4 5 6 8 7 4 6 5 8 4 2 4 4 2 6 8 2 2 3 6 3 8 7 8 5 4 2 6 8 2 1 6
1 5 6 9 7 0 9 9 5 4 3 7 6 1 8 2 7 5 4 9 6 7 3 8 4 2 3 6 7 9 4 2 8 3 7 9 5 1
6 8 0 3 7 9 5 4 3 8 6 1 6 7 9 5 3 8 0 4 9 7 5 8 1 2 6 8 1 6 8 5 9 6 4 7 9 5
4 3 6 5 7 3 4 1 6 9 4 7 1 4 6 3 9 1 0 2 4 0 1 4 8 9 0 1 2 0 2 5 1 4 1 0 4 7
7 6 3 0 4 1 6 9 5 7 5 8 4 2 2 3 6 4 7 5 9 6 3 5 4 9 7 4 2 3 5 6 9 8 4 4 8 7
5 3 5 4 7 8 5 4 7 8 5 1 5 7 5 9 6 2 4 4 7 5 6 9 8 7 8 0 2 3 0 1 4 5 7 8 9 9
6 5 4 2 3 5 4 3 4 1 6 9 4 7 1 4 6 3 9 1 0 2 4 0 1 4 8 9 0 1 2 0 2 5 1 4 1 0
4 7 7 6 3 0 4 1 6 9 5 7 5 8 4 2 2 3 6 4 2 5 8 6 3 5 4 6 9 8 4 4 8 7 5 3 5 4
7 8 5 4 7 8 5 1 5 7 5 9 6 2 4 4 7 5 6 9 8 7 8 0 2 3 0 1 4 5 7 8 9 9 6 5 4 2
3 5 4 7 7 8 4 5 2 9 8 4 5 6 3 2 4 5 5 7 8 5 6 5 2 4 0 8 2 3 6 5 5 4 1 2 4 1
2 5 4 1 2 5 4 1 2 5 4 1 2 5 4 1 1 2 5 4 5 3 6 6 7 5 2 1 4 6 5 4 2 3 8 4 7 9
5 4 2 3 6 5 4 1 2 2 3 6 5 0 7 8 9 4 7 9 2 1 9 7 8 4 2 3 6 7 8 9 4 3 5 7 8 9
5 4 2 3 4 5 7 0 6 7 5 4 7 8 5 9 6 8 8 9 6 2 2 0 5 8 7 5 6 9 8 7 4 5 8 7 4 9
5 7 7 0 3 2 5 6 6 8 7 4 2 4 9 6 2 4 8 6 2 4 7 8 0 6 1 5 6 9 8 3 5 4 7 8 9 5
4 5 1 0 5 4 7 9 6 5 5 4 2 3 6 9 4 5 7 9 2 1 0 2 3 6 0 1 4 7 5 8 8 5 6 0 3 2
4 5 3 0 5 5 4 6 8 2 4 6 2 6 5 7 2 4 9 5 5 1 9 7 3 5 8 4 2 6 8 4 5 7 5 8 4 2
6 9 5 1 3 5 7 1 5 5 6 3 8 7 1 3 1 1 4 7 8 9 6 3 2 4 5 4 7 5 8 5 8 5 4 8 6 3
2 4 1 5 7 7 8 9 6 5 4 1 2 5 4 7 8 9 6 3 2 1 0 5 4 0 2 5 4 5 5 8 9 6 3 0 1 1
```

02

```
4 3 6 5 7 3 4 1 6 9 4 7 1 4 6 3 9 1 0 2 4 0 1 4 8 9 0 1 2 0 2 5 1 4 1 0 4 7
7 6 3 0 4 1 6 9 5 7 5 8 4 2 2 3 6 4 7 5 9 6 3 5 4 9 7 4 2 3 5 6 9 8 4 4 8 7
5 3 5 4 7 8 5 4 7 8 5 1 5 7 5 9 6 2 4 4 7 5 6 9 8 7 8 0 2 3 0 1 4 5 7 8 9 9
6 5 4 2 3 5 4 3 4 1 6 9 4 7 1 4 6 3 9 1 0 2 4 0 1 4 8 9 0 1 2 0 2 5 1 4 1 0
4 7 7 6 3 0 4 1 6 9 5 7 5 8 4 2 2 3 6 4 2 5 8 6 3 5 4 6 9 8 4 4 8 7 5 3 5 4
7 8 5 4 7 8 5 1 5 7 5 9 6 2 4 4 7 5 6 9 8 7 8 0 2 3 0 1 4 5 7 8 9 9 6 5 4 2
3 5 4 7 7 8 4 5 2 9 8 4 5 6 3 2 4 5 5 7 8 5 6 5 2 4 0 8 2 3 6 5 5 4 1 2 4 1
2 5 4 1 2 5 4 1 2 5 4 1 2 5 4 1 1 2 5 4 5 3 6 6 7 5 2 1 4 6 5 4 2 3 8 4 7 9
5 4 2 3 6 5 4 1 2 2 3 6 5 0 7 8 9 4 7 9 2 1 9 7 8 4 2 3 6 7 8 9 4 3 5 7 8 9
5 4 2 3 4 5 7 0 6 7 5 4 7 8 5 9 6 8 8 9 6 2 2 0 5 8 7 5 6 9 8 7 4 5 8 7 4 9
5 7 7 0 3 2 5 6 6 8 7 4 2 4 9 6 2 4 8 6 2 4 7 8 0 6 1 5 6 9 8 3 5 4 7 8 9 5
4 5 1 0 5 4 7 9 6 5 5 4 2 3 6 9 4 5 7 9 2 1 0 2 3 6 0 1 4 7 5 8 8 5 6 0 3 2
4 5 3 0 5 5 4 6 8 2 4 6 2 6 5 7 2 4 9 5 5 1 9 7 3 5 8 4 2 6 8 4 5 7 5 8 4 2
6 9 5 1 3 5 7 1 5 5 6 3 8 7 1 3 1 1 4 7 8 9 6 3 2 4 5 4 7 5 8 5 8 5 4 8 6 3
2 4 1 5 7 7 8 9 6 5 4 1 2 5 4 7 8 9 6 3 2 1 0 5 4 0 2 5 4 5 5 8 9 6 3 0 1 1
2 4 1 5 7 7 8 9 6 5 4 1 2 5 4 7 8 9 6 3 2 1 0 5 4 0 2 5 4 5 5 8 9 6 3 0 1 1
2 4 5 6 6 9 7 6 8 9 7 4 2 3 5 8 4 2 3 6 7 9 4 2 8 3 7 9 5 1 6 8 0 3 7 9 5 4
3 8 6 1 6 7 9 5 3 8 0 4 9 7 5 8 1 2 6 8 1 6 8 5 9 6 4 7 9 5 4 3 6 5 7 7 5 6
3 0 5 7 5 9 7 6 8 5 6 4 9 6 5 1 2 4 5 2 8 6 4 3 5 9 6 5 4 2 8 9 3 5 4 9 3 8
6 2 4 8 2 8 2 4 6 3 8 2 1 6 9 3 7 4 4 2 8 1 8 6 4 9 3 8 6 4 2 5 6 8 2 6 7 5
8 9 6 4 2 6 5 8 7 3 6 3 5 4 7 9 2 3 6 3 2 8 4 3 9 6 4 6 9 2 0 6 5 9 7 5 2 1
9 7 6 3 5 4 0 8 7 9 6 5 4 8 6 3 5 3 3 4 8 4 6 9 2 5 7 1 8 9 6 2 4 8 9 6 8 7
3 5 4 9 1 3 7 6 2 7 4 3 0 4 7 9 5 4 3 8 4 9 6 8 4 2 3 8 4 3 6 8 4 2 6 8 7 4
5 6 1 0 6 8 7 4 9 3 8 7 7 5 1 3 6 8 5 2 8 7 2 4 6 9 5 2 7 8 9 5 2 4 6 9 5 4
7 6 9 8 4 4 8 7 5 3 5 4 7 8 5 4 7 8 5 1 5 7 5 9 6 2 4 4 7 5 6 9 8 7 8 0 2 3
0 1 4 5 7 8 9 9 6 5 4 2 3 5 4 7 7 8 4 5 2 9 8 4 5 6 3 2 4 5 5 7 8 5 6 5 2 4
0 8 2 3 6 5 5 4 1 2 4 1 2 5 4 1 2 5 4 1 2 5 4 1 2 5 4 1 1 2 5 4 5 3 6 6 7 5
2 1 4 9 2 4 5 6 8 7 4 6 5 8 4 2 4 4 2 6 8 2 2 3 3 6 3 8 7 8 5 4 2 6 8 2 1 6
1 5 6 9 7 0 9 9 5 4 3 7 6 1 8 2 7 5 4 9 6 7 3 8 4 2 3 6 7 9 4 2 8 3 7 9 5 1
6 8 0 3 7 9 5 4 3 8 6 1 6 7 9 5 3 8 0 4 9 7 5 8 1 2 6 8 1 6 8 5 9 6 4 7 9 5
```

03

```
0 8 2 3 6 5 5 4 1 2 4 1 2 5 4 1 2 5 4 1 2 5 4 1 2 5 4 1 1 2 5 4 5 3 6 6 7 5
2 1 4 9 2 4 5 6 8 7 4 6 5 8 4 2 4 4 2 6 8 2 2 3 3 6 3 8 7 8 5 4 2 6 8 2 1 6
6 8 0 3 7 9 5 4 3 8 6 1 6 7 9 5 3 8 0 4 9 7 5 8 1 2 6 8 1 6 8 5 9 6 4 7 9 5
1 5 6 9 7 0 9 9 5 4 3 7 6 1 8 2 7 5 4 9 6 7 3 8 4 2 3 6 7 9 4 2 8 3 7 9 5 1
5 3 5 4 7 8 5 4 7 8 5 1 5 7 5 9 6 2 4 4 7 5 6 9 8 7 8 0 2 3 0 1 4 5 7 8 9 9
6 5 4 2 3 5 4 3 4 1 6 9 4 7 1 4 6 3 9 1 0 2 4 0 1 4 8 9 0 1 2 0 2 5 1 4 1 0
4 7 7 6 3 0 4 1 6 9 5 7 5 8 4 2 2 3 6 4 2 5 8 6 3 5 4 6 9 8 4 4 8 7 5 3 5 4
7 8 5 4 7 8 5 1 5 7 5 9 6 2 4 4 7 5 6 9 8 7 8 0 2 3 0 1 4 5 7 8 9 9 6 5 4 2
3 5 4 7 7 8 4 5 2 9 8 4 5 6 3 2 4 5 5 7 8 5 6 5 2 4 0 8 2 3 6 5 5 4 1 2 4 1
4 3 6 5 7 3 4 1 6 9 4 7 1 4 6 3 9 1 0 2 4 0 1 4 8 9 0 1 2 0 2 5 1 4 1 0 4 7
7 6 3 0 4 1 6 9 5 7 5 8 4 2 2 3 6 4 7 5 9 6 3 5 4 9 7 4 2 3 5 6 9 8 4 4 8 7
3 5 4 9 1 3 7 6 2 7 4 3 0 4 7 9 5 4 3 8 4 9 6 8 4 2 3 8 4 3 6 8 4 2 6 8 7 4
2 5 4 1 2 5 4 1 2 5 4 1 2 5 4 1 1 2 5 4 5 3 6 6 7 5 2 1 4 6 5 4 2 3 8 4 7 9
5 4 2 3 6 5 4 1 2 2 3 6 5 0 7 8 9 4 7 9 2 1 9 7 8 4 2 3 6 7 8 9 4 3 5 7 8 9
5 4 2 3 4 5 7 0 6 7 5 4 7 8 5 9 6 8 8 9 6 2 2 0 5 8 7 5 6 9 8 7 4 5 8 7 4 9
2 4 5 6 6 9 7 6 8 9 7 4 2 3 5 8 4 2 3 6 7 9 4 2 8 3 7 9 5 1 6 8 0 3 7 9 5 4
3 8 6 1 6 7 9 5 3 8 0 4 9 7 5 8 1 2 6 8 1 6 8 5 9 6 4 7 9 5 4 3 6 5 7 7 5 6
3 0 5 7 5 9 7 6 8 5 6 4 9 6 5 1 2 4 5 2 8 6 4 3 5 9 6 5 4 2 8 9 3 5 4 9 3 8
6 2 4 8 2 8 2 4 6 3 8 2 1 6 9 3 7 4 4 2 8 1 8 6 4 9 3 8 6 4 2 5 6 8 2 6 7 5
8 9 6 4 2 6 5 8 7 3 6 3 5 4 7 9 2 3 6 3 2 8 4 3 9 6 4 6 9 2 0 6 5 9 7 5 2 1
9 7 6 3 5 4 0 8 7 9 6 5 4 8 6 3 5 3 3 4 8 4 6 9 2 5 7 1 8 9 6 2 4 8 9 6 8 7
5 7 7 0 3 2 5 6 6 8 7 4 2 4 9 6 2 4 8 6 2 4 7 8 0 6 1 5 6 9 8 3 5 4 7 8 9 5
4 5 1 0 5 4 7 9 6 5 5 4 2 3 6 9 4 5 7 9 2 1 0 2 3 6 0 1 4 7 5 8 8 5 6 0 3 2
4 5 3 0 5 5 4 6 8 2 4 6 2 6 5 7 2 4 9 5 5 1 9 7 3 5 8 4 2 6 8 4 5 7 5 8 4 2
6 9 5 1 3 5 7 1 5 5 6 3 8 7 1 3 1 1 4 7 8 9 6 3 2 4 5 4 7 5 8 5 8 5 4 8 6 3
2 4 1 5 7 7 8 9 6 5 4 1 2 5 4 7 8 9 6 3 2 1 0 5 4 0 2 5 4 5 5 8 9 6 3 0 1 1
2 4 1 5 7 7 8 9 6 5 4 1 2 5 4 7 8 9 6 3 2 1 0 5 4 0 2 5 4 5 5 8 9 6 3 0 1 1
5 6 1 0 6 8 7 4 9 3 8 7 7 5 1 3 6 8 5 2 8 7 2 4 6 9 5 2 7 8 9 5 2 4 6 9 5 4
7 6 9 8 4 4 8 7 5 3 5 4 7 8 5 4 7 8 5 1 5 7 5 9 6 2 4 4 7 5 6 9 8 7 8 0 2 3
0 1 4 5 7 8 9 9 6 5 4 2 3 5 4 7 7 8 4 5 2 9 8 4 5 6 3 2 4 5 5 7 8 5 6 5 2 4
```

```
6 5 4 2 3 5 4 3 4 1 6 9 4 7 1 4 6 3 9 1 0 2 4 0 1 4 8 9 0 1 2 0 2 5 1 4 1 0
0 1 4 5 7 8 9 9 6 5 4 2 3 5 4 7 7 8 4 5 2 9 8 4 5 6 3 2 4 5 5 7 8 5 6 5 2 4
9 7 6 3 5 4 0 8 7 9 6 5 4 8 6 3 5 3 3 4 8 4 6 9 2 5 7 1 8 9 6 2 4 8 9 6 8 7
3 8 6 1 6 7 9 5 3 8 0 4 9 7 5 8 1 2 6 8 1 6 8 5 9 6 4 7 9 5 4 3 6 5 7 7 5 6
4 3 6 5 7 3 4 1 6 9 4 7 1 4 6 3 9 1 0 2 4 0 1 4 8 9 0 1 2 0 2 5 1 4 1 0 4 7
6 2 4 8 2 8 2 4 6 3 8 2 1 6 9 3 7 4 4 2 8 1 8 6 4 9 3 8 6 4 2 5 6 8 2 6 7 5
8 9 6 4 2 6 5 8 7 3 6 3 5 4 7 9 2 3 6 3 2 8 4 3 9 6 4 6 9 2 0 6 5 9 7 5 2 1
3 5 4 7 7 8 4 5 2 9 8 4 5 6 3 2 4 5 5 7 8 5 6 5 2 4 0 8 2 3 6 5 5 4 1 2 4 1
2 5 4 1 2 5 4 1 2 5 4 1 2 5 4 1 1 2 5 4 5 3 6 6 7 5 2 1 4 6 5 4 2 3 8 4 7 9
3 5 4 9 1 3 7 6 2 7 4 3 0 4 7 9 5 4 3 8 4 9 6 8 4 2 3 8 4 3 6 8 4 2 6 8 7 4
5 6 1 0 6 8 7 4 9 3 8 7 7 5 1 3 6 8 5 2 8 7 2 4 6 9 5 2 7 8 9 5 2 4 6 9 5 4
7 6 9 8 4 4 8 7 5 3 5 4 7 8 5 4 7 8 5 1 5 7 5 9 6 2 4 4 7 5 6 9 8 7 8 0 2 3
4 5 3 0 5 5 4 6 8 2 4 6 2 6 5 7 2 4 9 5 5 1 9 7 3 5 8 4 2 6 8 4 5 7 5 8 4 2
6 9 5 1 3 5 7 1 5 5 6 3 8 7 1 3 1 1 4 7 8 9 6 3 2 4 5 4 7 5 8 5 8 5 4 8 6 3
2 4 5 6 6 9 7 6 8 9 7 4 2 3 5 8 4 2 3 6 7 9 4 2 8 3 7 9 5 1 6 8 0 3 7 9 5 4
0 8 2 3 6 5 5 4 1 2 4 1 2 5 4 1 2 5 4 1 2 5 4 1 1 2 5 4 5 3 6 6 7 5
2 1 4 9 2 4 5 6 8 7 4 6 5 8 4 2 4 4 2 6 8 2 2 3 3 6 3 8 7 8 5 4 2 6 8 2 1 6
1 5 6 9 7 0 9 9 5 4 3 7 6 1 8 2 7 5 4 9 6 7 3 8 4 2 3 6 7 9 4 2 8 3 7 9 5 1
3 0 5 7 5 9 7 6 8 5 6 4 9 6 5 1 2 4 5 2 8 6 4 3 5 9 6 5 4 2 8 9 3 5 4 9 3 8
2 4 1 5 7 7 8 9 6 5 4 1 2 5 4 7 8 9 6 3 2 1 0 5 4 0 2 5 4 5 5 8 9 6 3 0 1 1
6 8 0 3 7 9 5 4 3 8 6 1 6 7 9 5 3 8 0 4 9 7 5 8 1 2 6 8 1 6 8 5 9 6 4 7 9 5
4 7 7 6 3 0 4 1 6 9 5 7 5 8 4 2 2 3 6 4 2 5 8 6 3 5 4 6 9 8 4 4 8 7 5 3 5 4
7 8 5 4 7 8 5 1 5 7 5 9 6 2 4 4 7 5 6 9 8 7 8 0 2 3 0 1 4 5 7 8 9 9 6 5 4 2
5 4 2 3 6 5 4 1 2 2 3 6 5 0 7 8 9 4 7 9 2 1 9 7 8 4 2 3 6 7 8 9 4 3 5 7 8 9
7 6 3 0 4 1 6 9 5 7 5 8 4 2 2 3 6 4 7 5 9 6 3 5 4 9 7 4 2 3 5 6 9 8 4 4 8 7
5 3 5 4 7 8 5 4 7 8 5 1 5 7 5 9 6 2 4 4 7 5 6 9 8 7 8 0 2 3 0 1 4 5 7 8 9 9
5 7 7 0 3 2 5 6 6 8 7 4 2 4 9 6 2 4 8 6 2 4 7 8 0 6 1 5 6 9 8 3 5 4 7 8 9 5
2 4 1 5 7 7 8 9 6 5 4 1 2 5 4 7 8 9 6 3 2 1 0 5 4 0 2 5 4 5 5 8 9 6 3 0 1 1
4 5 1 0 5 4 7 9 6 5 5 4 2 3 6 9 4 5 7 9 2 1 0 2 3 6 0 1 4 7 5 8 8 5 6 0 3 2
5 4 2 3 4 5 7 0 6 7 5 4 7 8 5 9 6 8 8 9 6 2 2 0 5 8 7 5 6 9 8 7 4 5 8 7 4 9
```

PART

5

면접

01 | 면접 유형 및 실전 대책

01 ▶ 면접 주요사항

면접의 사전적 정의는 면접관이 지원자를 직접 만나보고 인품(人品)이나 언행(言行) 따위를 시험하는 일로, 흔히 필기시험 후에 최종적으로 심사하는 방법이다.

최근 수요 기업의 인사담당자들을 대상으로 채용 시 면접이 차지하는 비중을 설문조사했을 때, 50 ~ 80% 이상이라고 답한 사람이 전체 응답자의 80%를 넘었다. 이와 대조적으로 지원자들을 대상으로 취업 시험에서 면접을 준비하는 기간을 물었을 때, 대부분의 응답자가 2 ~ 3일 정도라고 대답했다.

지원자가 일정 수준의 스펙을 갖추기 위해 자격증 시험과 토익을 치르고 이력서와 자기소개서까지 쓰다 보면 면접까지 챙길 여유가 없는 것이 사실이다. 그리고 서류전형과 인적성검사를 통과해야만 면접을 볼 수 있기 때문에 자연스럽게 면접은 취업시험 과정에서 그 비중이 작아질 수밖에 없다. 하지만 아이러니하게도 실제 채용 과정에서 면접이 차지하는 비중은 절대적이라고 해도 과언이 아니다.

기업들은 채용 과정에서 토론 면접, 인성 면접, 프레젠테이션 면접, 역량 면접 등의 다양한 면접을 실시한다. 1차 커트라인이라고 할 수 있는 서류전형을 통과한 지원자들의 스펙이나 능력은 서로 엇비슷하다고 판단되기 때문에 서류상 보이는 자격증이나 토익 성적보다는 지원자의 인성을 파악하기 위해 면접을 더욱 강화하는 것이다. 일부 기업은 의도적으로 압박 면접을 실시하기도 한다. 지원자가 당황할 수 있는 질문을 던져서 그것에 대한 지원자의 반응을 살펴보는 것이다.

면접은 다르게 생각한다면 '나는 누구인가?'에 대한 물음에 해답을 줄 수 있는 가장 현실적이고 미래적인 경험이 될 수 있다. 취업난 속에서 자격증을 취득하고 토익 성적을 올리기 위해 앞만 보고 달려온 지원자들은 자신에 대해서 고민하고 탐구할 수 있는 시간을 평소 쉽게 가질 수 없었을 것이다. 자신을 잘 알고 있어야 자신에 대해서 자신감 있게 말할 수 있다. 대체로 사람들은 자신에게 관대한 편이기 때문에 자신에 대해서 어떤 기대와 환상을 가지고 있는 경우가 많다. 하지만 면접은 제삼자에 의해 개인의 능력을 객관적으로 평가받는 시험이다. 어떤 지원자들은 다른 사람에게 자신을 표현하는 것을 어려워한다. 평소에 잘 사용하지 않는 용어를 내뱉으면서 거창하게 자신을 포장하는 지원자도 많다. 면접에서 가장 기본은 자기 자신을 면접관에게 알기 쉽게 표현하는 것이다.

이러한 표현을 바탕으로 자신이 앞으로 하고자 하는 것과 그에 대한 이유를 설명해야 한다. 최근에는 자신감을 향상시키거나 말하는 능력을 높이는 학원도 많기 때문에 얼마든지 자신의 단점을 극복할 수 있다.

1. 자기소개의 기술

자기소개를 시키는 이유는 면접자가 지원자의 자기소개서를 압축해서 듣고, 지원자의 첫인상을 평가할 시간을 가질 수 있기 때문이다. 면접을 위한 워밍업이라고 할 수 있으며, 첫인상을 결정하는 과정이므로 매우 중요한 순간이다.

(1) 정해진 시간에 자기소개를 마쳐야 한다.

쉬워 보이지만 의외로 지원자들이 정해진 시간을 넘기거나 혹은 빨리 끝내서 면접관에게 지적을 받는 경우가 많다. 본인이 면접을 받는 마지막 지원자가 아닌 이상, 정해진 시간을 지키지 않는 것은 수많은 지원자를 상대하기에 바쁜 면접관과 대기 시간에 지친 다른 지원자들에게 불쾌감을 줄 수 있다.

또한 회사에서 시간관념은 절대적인 것이므로 반드시 자기소개 시간을 지켜야 한다. 말하기는 1분에 200자 원고지 2장 분량의 글을 읽는 만큼의 속도가 가장 적당하다. 이를 A4 용지에 10point 글자 크기로 작성하면 반 장 분량이 된다.

(2) 간단하지만 신선한 문구로 자기소개를 시작하자.

요즈음 많은 지원자가 이 방법을 사용하고 있기 때문에 웬만한 소재의 문구가 아니면 면접관의 관심을 받을 수 없다. 이러한 문구는 시대적으로 유행하는 광고 카피를 패러디하는 경우와 격언 등을 인용하는 경우, 그리고 지원한 회사의 IC나 경영이념, 인재상 등을 사용하는 경우 등이 있다. 지원자는 이러한 여러 문구 중에 자신의 첫인상을 북돋아 줄 수 있는 것을 선택해서 말해야 한다. 자신의 이름을 문구 속에 적절하게 넣어서 말한다면 좀 더 효과적인 자기소개가 될 것이다.

(3) 무엇을 먼저 말할 것인지 고민하자.

면접관이 많이 던지는 질문 중 하나가 지원동기이다. 그래서 성장기를 바로 건너뛰고, 지원한 회사에 들어오기 위해 대학에서 어떻게 준비했는지를 설명하는 자기소개가 대세이다.

(4) 면접관의 호기심을 자극해 관심을 불러일으킬 수 있게 말하라.

면접관에게 질문을 많이 받는 지원자의 합격률이 반드시 높은 것은 아니지만, 질문을 전혀 안 받는 것보다는 좋은 평가를 기대할 수 있다.

지원한 분야와 관련된 수상 경력이나 프로젝트 등을 말하는 것도 좋다. 이는 지원자의 업무 능력과 직접 연결되는 것이므로 효과적인 자기 홍보가 될 수 있다. 일부 지원자들은 자신만의 특별한 경험을 이야기하는데, 이때는 그 경험이 보편적으로 사람들의 공감대를 얻을 수 있는 것인지 다시 생각해봐야 한다.

(5) 마지막 고개를 넘기가 가장 힘들다.

첫 단추도 중요하지만, 마지막 단추도 중요하다. 하지만 왜지 격식을 따지는 인사말은 지니기는 인사말 같고, 다르게 하자니 예의에 어긋나는 것 같은 기분이 든다. 이때는 처음에 했던 자신만의 문구를 다시 한 번 말하는 것도 좋은 방법이다. 자연스러운 끝맺음이 될 수 있도록 적절한 연습이 필요하다.

2. 1분 자기소개 시 주의사항

(1) 자기소개서와 자기소개가 똑같다면 감점일까?

아무리 자기소개서를 외워서 말한다 해도 자기소개가 자기소개서와 완전히 똑같을 수는 없다. 자기소개서의 분량이 더 많고 회사마다 요구하는 필수 항목들이 있기 때문에 굳이 고민할 필요는 없다. 오히려 자기소개서의 내용을 잘 정리한 자기소개가 더 좋은 결과를 만들 수 있다. 하지만 자기소개서와 상반된 내용을 말하는 것은 적절하지 않다. 지원자의 신뢰성이 떨어진다는 것은 곧 불합격을 의미하기 때문이다.

(2) 말하는 자세를 바르게 익혀라.

지원자가 자기소개를 하는 동안 면접관은 지원자의 동작 하나하나를 관찰한다. 그렇기 때문에 바른 자세가 중요하다는 것은 우리가 익히 알고 있다. 하지만 문제는 무의식적으로 나오는 습관 때문에 자세가 흐트러져 나쁜 인상을 줄 수 있다는 것이다. 이러한 습관을 고칠 수 있는 가장 좋은 방법은 캠코더 등으로 자신의 모습을 담는 것이다. 거울을 사용할 경우에는 시선이 자꾸 자기 눈과 마주치기 때문에 집중하기 힘들다. 하지만 촬영된 동영상은 제삼자의 입장에서 자신을 볼 수 있기 때문에 많은 도움이 된다.

(3) 정확한 발음과 억양으로 자신 있게 말하라.

지원자의 모양새가 아무리 뛰어나도, 목소리가 작고 발음이 부정확하면 큰 감점을 받는다. 이러한 모습은 지원자의 좋은 점에까지 악영향을 끼칠 수 있다. 직장을 흔히 사회생활의 시작이라고 말하는 시대적 정서에서 사람들과 의사소통을 하는 데 문제가 있다고 판단되는 지원자는 부적절한 인재로 평가될 수밖에 없다.

3. 대화법

전문가들이 말하는 대화법의 핵심은 '상대방을 배려하면서 이야기하라.'는 것이다. 대화는 나와 다른 사람의 소통이다. 내용에 대한 공감이나 이해가 없다면 대화는 더 진전되지 않는다.

베스트셀러 『카네기 인간관계론』의 작가인 철학자 카네기가 말하는 최상의 대화법은 자신의 경험을 토대로 이야기하는 것이다. 즉, 살아오면서 직접 겪은 경험이 상대방의 관심을 끌 수 있는 가장 좋은 이야깃거리인 것이다. 특히, 어떤 일을 이루기 위해 노력하는 과정에서 겪은 실패나 희망에 대해 진솔하게 얘기한다면 상대방은 어느새 당신의 편에 서서 그 이야기에 동조할 것이다.

독일의 사업가이자, 동기부여 트레이너인 위르겐 힐러의 연설법 중 가장 유명한 것은 '시즐(Sizzle)'을 잡는 것이다. 시즐이란, 새우튀김이나 돈가스가 기름에서 지글지글 튀겨질 때 나는 소리이다. 즉, 자신의 말을 듣고 시즐처럼 반응하는 상대방의 감정에 적절하게 대응하라는 것이다.

말을 시작한 지 10 ~ 15초 안에 상대방의 '시즐'을 알아차려야 한다. 자신의 이야기에 대한 상대방의 첫 반응에 따라 말하기 전략도 달라져야 한다. 첫 이야기의 반응이 미지근하다면 가능한 한 그 이야기를 빨리 마무리하고 새로운 이야깃거리를 생각해내야 한다. 길지 않은 면접 시간 내에 몇 번 오지 않는 대답의 기회를 살리기 위해서 보다 전략적이고 냉철해야 하는 것이다.

4. 차림새

(1) 구두

면접에 어떤 옷을 입어야 할지를 며칠 동안 고민하면서 정작 구두는 면접 보는 날 현관을 나서면서 즉흥적으로 신고 가는 지원자들이 많다. 구두를 보면 그 사람의 됨됨이를 알 수 있다고 한다. 면접관 역시 이러한 것을 놓치지 않기 때문에 지원자는 자신의 구두에 더욱 신경을 써야 한다. 스타일의 마무리는 발끝에서 이루어지는 것이다. 아무리 멋진 옷을 입고 있어도 구두가 어울리지 않는다면 전체 스타일이 흐트러지기 때문이다.

정장용 구두는 디자인이 깔끔하고, 에나멜 가공처리를 하여 광택이 도는 페이턴트 가죽 소재 제품이 무난하다. 검정 계열 구두는 회색과 감색 정장에, 브라운 계열의 구두는 베이지나 갈색 정장에 어울린다. 참고로 구두는 오전에 사는 것보다 발이 충분히 부은 상태인 저녁에 사는 것이 좋다. 마지막으로 당연한 일이지만 반드시 면접을 보는 전날 구두 뒤축이 닳지는 않았는지 확인하고 구두에 광을 내 둔다.

(2) 양말

양말은 정장과 구두의 색상을 비교해서 골라야 한다. 특히 검정이나 감색의 진한 색상의 바지에 흰 양말을 신는 것은 시대에 뒤처지는 일이다. 일반적으로 양말의 색깔은 바지의 색깔과 같아야 한다. 또한 양말의 길이도 신경 써야 한다. 바지를 입을 경우, 의자에 바르게 앉거나 다리를 꼬아서 앉을 때 다리털이 보여서는 안 된다. 반드시 긴 정장 양말을 신어야 한다.

(3) 정장

지원자는 평소에 정장을 입을 기회가 많지 않기 때문에 면접을 볼 때 본인 스스로도 옷을 어색하게 느끼는 경우가 많다. 옷을 불편하게 느끼기 때문에 자세마저 불안정한 지원자도 볼 수 있다. 그러므로 면접 전에 정장을 입고 생활해 보는 것도 나쁘지는 않다.

일반적으로 면접을 볼 때는 상대방에게 신뢰감을 줄 수 있는 남색 계열의 옷이나 어떤 계절이든 무난하고 깔끔해 보이는 회색 계열의 정장을 많이 입는다. 정장은 유행에 따라서 재킷의 디자인이나 버튼의 개수가 바뀌기 때문에 너무 오래된 옷을 입어서 다른 사람의 옷을 빌려 입고 나온 듯한 인상을 주어서는 안 된다.

(4) 헤어스타일과 메이크업

헤어스타일에 자신이 없다면 미용실에 다녀오거나 자신에게 어울리는 메이크업을 하는 것도 좋은 방법이다. 지나치게 화려한 메이크업이 아니라면 보다 준비된 지원자처럼 보일 수 있다.

5. 첫인상

취업을 위해 성형수술을 받는 사람들에 대한 이야기는 더 이상 뉴스거리가 되지 않는다. 그만큼 많은 사람이 좁은 취업문을 뚫기 위해 이미지 향상에 신경을 쓰고 있다. 이는 면접관에게 좋은 첫인상을 주기 위한 것으로, 지원서에 올리는 증명사진을 이미지 프로그램을 통해 수정하는 이른바 '사이버 성형'이 유행하는 것과 같은 맥락이다. 실제로 외모가 채용 과정에서 영향을 끼치는가에 대한 설문조사에서도 60% 이상의 인사담당자들이 그렇다고 답변했다.

하지만 외모와 첫인상을 절대적인 관계로 이해하는 것은 잘못된 판단이다. 외모가 첫인상에서 많은 부분을 차지하지만, 외모 외에 다른 결점이 발견된다면 그로 인해 장점들이 가려질 수도 있다. 이러한 현상은 아래에서 다시 논하겠다.

첫인상은 말 그대로 한 번밖에 기회가 주어지지 않으며 몇 초 안에 결정된다. 첫인상을 결정짓는 요소 중 시각적인 요소가 80% 이상을 차지한다. 첫눈에 들어오는 생김새나 복장, 표정 등에 의해서 결정되는 것이다. 면접을 시작할 때 자기소개를 시키는 것도 지원자별로 첫인상을 평가하기 위해서이다. 첫인상이 중요한 이유는 만약 첫인상이 부정적으로 인지될 경우, 지원자의 다른 좋은 면까지 거부당하기 때문이다. 이러한 현상을 심리학에서는 초두효과(Primacy Effect)라고 한다. 한 번 형성된 첫인상은 여간해서 바꾸기 힘들다. 이는 첫인상이 나중에 들어오는 정보까지 영향을 주기 때문이다. 첫인상의 정보가 나중에 들어오는 정보 처리의 지침이 되는 것을 심리학에서는 맥락효과(Context Effect)라고 한다. 따라서 평소에 첫인상을 좋게 만들기 위한 노력을 꾸준히 해야만 하는 것이다.

좋은 첫인상이 반드시 외모에만 집중되는 것은 아니다. 오히려 깔끔한 옷차림과 부드러운 표정 그리고 말과 행동 등에 의해 전반적인 이미지가 만들어진다. 누구나 이러한 것 중에 한두 가지 단점을 가지고 있다. 요즈음은 이미지 컨설팅을 통해서 자신의 단점들을 보완하는 지원자도 있다. 특히, 표정이 밝지 않은 지원자는 평소 웃는 연습을 의식적으로 하여 면접을 받는 동안 계속해서 여유 있는 표정을 짓는 것이 중요하다. 성공한 사람들은 인상이 좋다는 것을 명심하자.

02 ▶ 면접의 유형 및 실전 대책

1. 면접의 유형

과거 천편일률적인 일대일 면접과 달리 면접에는 다양한 유형이 도입되어 현재는 "면접은 이렇게 보는 것이다."라고 말할 수 있는 정해진 유형이 없어졌다. 그러나 삼성그룹 면접에서는 현재까지는 집단 면접과 다대일 면접이 진행되고 있으므로 어느 정도 유형을 파악하여 사전에 대비가 가능하다. 면접의 기본인 단독 면접부터, 다대일 면접, 집단 면접의 유형과 그 대책에 대해 알아보자.

(1) 단독 면접

단독 면접이란 응시자와 면접관이 1대1로 마주하는 형식을 말한다. 면접위원 한 사람과 응시자 한 사람이 마주 앉아 자유로운 화제를 가지고 질의응답을 되풀이하는 방식이다. 이 방식은 면접의 가장 기본적인 방법으로 소요시간은 10 ~ 20분 정도가 일반적이다.

① 장점

필기시험 등으로 판단할 수 없는 성품이나 능력을 알아내는 데 가장 적합하다고 평가받아 온 면접방식으로 응시자 한 사람 한 사람에 대해 여러 면에서 비교적 폭넓게 파악할 수 있다. 응시자의 입장에서는 한 사람의 면접관만을 대하는 것이므로 상대방에게 집중할 수 있으며, 긴장감도 다른 면접방식에 비해서는 적은 편이다.

② 단점

면접관의 주관이 강하게 작용해 객관성을 저해할 소지가 있으며, 면접 평가표를 활용한다 하더라도 일면적인 평가에 그칠 가능성을 배제할 수 없다. 또한 시간이 많이 소요되는 것도 단점이다.

단독 면접 준비 Point

단독 면접에 대비하기 위해서는 평소 일대일로 논리 정연하게 대화를 나눌 수 있는 능력을 기르는 것이 중요하다. 그리고 면접장에서는 면접관을 선배나 선생님 혹은 아버지를 대하는 기분으로 면접에 임하는 것이 부담도 훨씬 적고 실력을 발휘할 수 있는 방법이 될 것이다.

(2) 다대일 면접

다대일 면접은 일반적으로 가장 많이 사용되는 면접방법으로 보통 2 ~ 5명의 면접관이 1명의 응시자에게 질문하는 형태의 면접방법이다. 면접관이 여러 명이므로 다각도에서 질문을 하여 응시자에 대한 정보를 많이 알아낼 수 있다는 점 때문에 선호하는 면접방법이다.

하지만 응시자의 입장에서는 질문도 면접관에 따라 각양각색이고 동료 응시자가 없으므로 숨 돌릴 틈도 없게 느껴진다. 또한 관찰하는 눈도 많아서 조그만 실수라도 지나치는 법이 없기 때문에 정신적 압박과 긴장감이 높은 면접방법이다. 따라서 응시자는 긴장을 풀고 한 시험관이 묻더라도 면접관 전원을 향해 대답한다는 기분으로 또박또박 대답하는 자세가 필요하다.

① 장점

면접관이 집중적인 질문과 다양한 관찰을 통해 응시자가 과연 조직에 필요한 인물인가를 완벽히 검증할 수 있다.

② 단점

면접시간이 보통 10 ~ 30분 정도로 좀 긴 편이고 응시자에게 지나친 긴장감을 조성하는 면접방법이다.

다대일 면접 준비 Point

질문을 들을 때 시선은 면접위원을 향하고 다른 데로 돌리지 말아야 하며, 대답할 때에도 고개를 숙이거나 입속에서 우물거리는 소극적인 태도는 피하도록 한다. 면접위원과 대등하다는 마음가짐으로 편안한 태도를 유지하면 대답도 자연스러운 상태에서 좀 더 충실히 할 수 있고, 이에 따라 면접위원이 받는 인상도 달라진다.

(3) 집단 면접

집단 면접은 다수의 면접관이 여러 명의 응시자를 한꺼번에 평가하는 방식으로 짧은 시간에 능률적으로 면접을 진행할 수 있다. 각 응시자에 대한 질문내용, 질문횟수, 시간배분이 똑같지는 않으며, 모두에게 같은 질문이 주어지기도 하고, 각각 다른 질문을 받기도 한다.

또한 어떤 응시자가 한 대답에 대한 의견을 묻는 등 그때그때의 분위기나 면접관의 의향에 따라 변수가 많다. 집단 면접은 응시자의 입장에서는 개별 면접에 비해 긴장감은 다소 덜한 반면에 다른 응시자들과의 비교가 확실하게 나타나므로 응시자는 몸가짐이나 표현력·논리성 등이 결여되지 않도록 자신의 생각이나 의견을 솔직하게 발표하여 집단 속에 묻히거나 밀려나지 않도록 주의해야 한다.

① 장점

집단 면접의 장점은 면접관이 응시자 한 사람에 대한 관찰시간이 상대적으로 길고, 비교 평가가 가능하기 때문에 결과적으로 평가의 객관성과 신뢰성을 높일 수 있다는 점이며, 응시자는 동료들과 함께 면접을 받기 때문에 긴장감이 다소 덜하다는 것을 들 수 있다. 또한 동료가 답변하는 것을 들으며, 자신의 답변 방식이나 자세를 조정할 수 있다는 것도 큰 이점이다.

② 단점

응답하는 순서에 따라 응시자마다 유리하고 불리한 점이 있고, 면접위원의 입장에서는 각각의 개인적인 문제를 깊게 다루기가 곤란하다는 것이 단점이다.

집단 면접 준비 Point

너무 자기 과시를 하지 않는 것이 좋다. 대답은 자신이 말하고 싶은 내용을 간단명료하게 말해야 한다. 내용이 없는 발언을 한다거나 대답을 질질 끄는 태도는 좋지 않다. 또 말하는 중에 내용이 주제에서 벗어나거나 자기중심적으로만 말하는 것도 피해야 한다. 집단 면접에 대비하기 위해서는 평소에 설득력을 지닌 자신의 논리력을 계발하는 데 힘써야 하며, 다른 사람 앞에서 자신의 의견을 조리 있게 개진할 수 있는 발표력을 갖추는 데에도 많은 노력을 기울여야 한다.

- 실력에는 큰 차이가 없다는 것을 기억하라.
- 동료 응시자들과 서로 협조하라.
- 답변하지 않을 때의 자세가 중요하다.
- 개성 표현은 좋지만 튀는 것은 위험하다.

---

(4) 집단 토론식 면접

집단 토론식 면접은 집단 면접과 형태는 유사하지만 질의응답이 아니라 응시자들끼리의 토론이 중심이 되는 면접방법으로 최근 들어 급증세를 보이고 있다. 이는 공통의 주제에 대해 다양한 견해들이 개진되고 결론을 도출하는 과정, 즉 토론을 통해 응시자의 다양한 면에 대한 평가가 가능하다는 집단 토론식 면접의 장점이 널리 확산된 데 따른 것으로 보인다. 사실 집단 토론식 면접을 활용하면 주제와 관련된 지식 정도와 이해력, 판단력, 설득력, 협동성은 물론 리더십, 조직 적응력, 적극성과 대인관계 능력 등을 쉽게 파악할 수 있다.

토론식 면접에서는 자신의 의견을 명확히 제시하면서도 상대방의 의견을 경청하는 토론의 기본자세가 필수적이며, 지나친 경쟁심이나 자기 과시욕은 접어두는 것이 좋다. 또한 집단 토론의 목적이 결론을 도출해 나가는 과정에 있다는 것을 감안하여 무리하게 자신의 주장을 관철시키기보다 오히려 토론의 질을 높이는 데 기여하는 것이 좋은 인상을 줄 수 있다는 점을 알아야 한다. 취업 희망자들은 토론식 면접이 급속도로 확산되는 추세임을 감안해 특히 철저한 준비를 해야 한다. 평소에 신문의 사설이나 매스컴 등의 토론 프로그램을 주의 깊게 보면서 논리 전개방식을 비롯한 토론 과정을 익히도록 하고, 친구들과 함께 간단한 주제를 놓고 토론을 진행해 볼 필요가 있다. 또한 사회·시사문제에 대해 자기 나름대로의 관점을 정립해두는 것도 꼭 필요하다.

(5) PT 면접

PT 면접, 즉 프레젠테이션 면접은 최근 들어 집단 토론 면접과 더불어 그 활용도가 점차 커지고 있다. PT 면접은 기업마다 특성이 다르고 인재상이 다른 만큼 인성 면접만으로는 알 수 없는 지원자의 문제해결 능력, 전문성, 창의성, 기본 실무능력, 논리성 등을 관찰하는 데 중점을 두는 면접으로, 지원자 간의 변별력이 높아 대부분의 기업에서 적용하고 있으며, 확산되는 추세이다.

면접 시간은 기업별로 차이가 있지만, 전문지식, 시사성 관련 주제를 제시한 다음, 보통 20~50분 정도 준비하여 5분가량 발표할 시간을 준다. 면접관과 지원자의 단순한 질의응답식이 아닌, 주제에 대해 일정 시간 동안 지원자의 발언과 발표하는 모습 등을 관찰하게 된다. 정확한 답이나 지식보다는 논리적 사고와 의사표현력이 더 중시되기 때문에 자신의 생각을 어떻게 설명하느냐가 매우 중요하다.

PT 면접에서 같은 주제라도 직무별로 평가요소가 달리 나타난다. 예를 들어, 영업직은 설득력과 의사소통 능력에 중점을 둘 수 있겠고, 관리직은 신뢰성과 창의성 등을 더 중요하게 평가한다.

> **PT 면접 준비 Point**
>
> • 면접관의 관심과 주의를 집중시키고, 발표 태도에 유의한다.
> • 모의 면접이나 거울 면접을 통해 미리 점검한다.
> • PT 내용은 세 가지 정도로 정리해서 말한다.
> • PT 내용에는 자신의 생각이 담겨 있어야 한다.
> • 중간에 자문자답 방식을 활용한다.
> • 평소 지원하는 업계의 동향이나 직무에 대한 전문지식을 쌓아둔다.
> • 부적절한 용어 사용이나 무리한 주장 등은 하지 않는다.

2. 면접의 실전 대책

(1) 면접 대비사항

① 지원 회사에 대한 사전지식을 충분히 준비한다.

필기시험에서 합격 또는 서류전형에서의 합격통지가 온 후 면접시험 날짜가 정해지는 것이 보통이다. 이때 수험자는 면접시험을 대비해 사전에 자기가 지원한 계열사 또는 부서에 대해 폭넓은 지식을 준비할 필요가 있다.

② 충분한 수면을 취한다.

충분한 수면으로 안정감을 유지하고 첫 출발의 상쾌한 마음가짐을 갖는다.

③ 얼굴을 생기 있게 한다.

첫인상은 면접에 있어서 가장 결정적인 당락요인이다. 면접관에게 좋은 인상을 주는 것이 중요하다. 면접관들이 가장 좋아하는 인상은 얼굴에 생기가 있고 눈동자가 살아 있는 사람, 즉 기가 살아 있는 사람이다.

④ 아침에 인터넷 뉴스를 읽고 간다.

그날의 뉴스가 질문 대상에 오를 수가 있다. 특히 경제면, 정치면, 문화면 등을 유의해서 볼 필요가 있다.

(2) 면접 시 옷차림

면접에서 옷차림은 간결하고 단정한 느낌을 주는 것이 가장 중요하다. 색상과 디자인 면에서 지나치게 화려한 색상이나, 노출이 심한 디자인은 자칫 면접관의 눈살을 찌푸리게 할 수 있다. 단정한 차림을 유지하면서 자신만의 독특한 멋을 연출하는 것, 지원하는 회사의 분위기를 파악했다는 센스를 보여주는 것 또한 코디네이션의 포인트이다.

(3) 면접요령

① 첫인상을 중요시한다.

상대에게 인상을 좋게 주지 않으면 어떠한 얘기를 해도 이쪽의 기분이 충분히 전달되지 않을 수 있다. 예를 들어, '저 친구는 표정이 없고 무엇을 생각하고 있는지 전혀 알 길이 없다.'처럼 생각되면 최악의 상태이다. 우선 청결한 복장, 바른 자세로 침착하게 들어가야 한다. 건강하고 신선한 이미지를 주어야 하기 때문이다.

② 좋은 표정을 짓는다.

얘기를 할 때의 표정은 중요한 사항의 하나다. 거울 앞에서 웃는 연습을 해본다. 웃는 얼굴은 상대를 편안하게 하고, 특히 면접 등 긴박한 분위기에서는 천금의 값이 있다 할 것이다. 그렇다고 하여 항상 웃고만 있어서는 안 된다. 자기의 할 얘기를 진정으로 전하고 싶을 때는 진지한 얼굴로 상대의 눈을 바라보며 얘기한다. 면접을 볼 때 눈을 감고 있으면 마이너스 이미지를 주게 된다.

③ 결론부터 이야기한다.

자기의 의사나 생각을 상대에게 정확하게 전달하기 위해서 먼저 무엇을 말하고자 하는가를 명확히 결정해 두어야 한다. 대답을 할 경우에는 결론을 먼저 이야기하고 나서 그에 따른 설명과 이유를 덧붙이면 논지(論旨)가 명확해지고 이야기가 깔끔하게 정리된다.

한 가지 사실을 이야기하거나 설명하는 데는 3분이면 충분하다. 복잡한 이야기라도 어느 정도의 길이로 요약해서 이야기하면 상대도 이해하기 쉽고 자기도 정리할 수 있다. 긴 이야기는 오히려 상대를 불쾌하게 할 수가 있다.

④ 질문의 요지를 파악한다.

면접 때의 이야기는 간결성만으로는 부족하다. 상대의 질문이나 이야기에 대해 적절하고 필요한 대답을 하지 않으면 대화는 끊어지고 자기의 생각도 제대로 표현하지 못하여 면접자로 하여금 수험생의 인품이나 사고방식 등을 명확히 파악할 수 없게 한다. 무엇을 묻고 있는지, 무슨 이야기를 하고 있는지 그 요점을 정확히 알아내야 한다.

면접에서 고득점을 받을 수 있는 성공요령

1. 자기 자신을 겸허하게 판단하라.
2. 지원한 회사에 대해 100% 이해하라.
3. 실전과 같은 연습으로 감각을 익히라.
4. 단답형 답변보다는 구체적으로 이야기를 풀어나가라.
5. 거짓말을 하지 말라.
6. 면접하는 동안 대화의 흐름을 유지하라.
7. 친밀감과 신뢰를 구축하라.
8. 상대방의 말을 성실하게 들으라.
9. 근로조건에 대한 이야기를 풀어나갈 준비를 하라.
10. 끝까지 긴장을 풀지 말라.

02 삼성그룹 실제 면접

1. 인성 면접

최근 들어 대기업의 인성 면접 비중이 점차 늘어나고 있다. 삼성그룹 또한 예외는 아니다. 인성 면접에서 주로 다루는 내용은 지원자가 제출한 자기소개서를 기본으로 하며, 자기소개 후 면접관의 질문에 대답하는 방식으로 진행된다. 인성 면접의 목적은 지원자의 성격 및 역량을 파악하는 것이다. 질문에 대해 알고 모르는 것도 평가하지만 그것에 대처하는 태도를 더욱 중요하게 평가하므로, 공격성 질문 또는 잘 알지 못하는 질문을 받더라도 당황하지 말고, 자신감 있는 모습으로 대답하는 것이 중요하다. 면접관은 이러한 질문들을 통해 지원자가 앞으로 업무에 얼마나 잘 적응해 나갈 수 있는 사람인지, 돌발 상황에 대한 대처능력이 어느 정도인 사람인지를 판단하게 된다. 실전에서 당황하지 않으려면, 사전에 예상 질문을 만들어 선생님이나 친구들과 연습하면서 자주 이런 상황을 접하다 보면 면접 시에 긴장감을 풀게 되고, 면접관들을 어렵게 느끼지 않을 수 있다.

2. 기술 면접

기술 면접은 삼성그룹의 기술직군에 지원한 지원자에 한하여 진행되는 면접으로, 주로 실무와 관련된 기술을 평가하는 면접이다. 대표적으로 프로그래밍 코딩이나, 기술용어·이론과 같은 내용의 질문들이 주어지므로 평소에 자신이 앞으로 지원하게 될 부분의 용어 및 이론, 코딩 작업을 연습해 두는 것이 중요하다.

3. 기출 면접 엿보기

(1) 삼성전기

① 인성 면접

- 삼성전기가 당신을 왜 채용해야 하는가?
- 삼성전기 외의 다른 기업은 어디에 지원했는가?
- 자기를 표현할 수 있는 단어는 무엇이라 생각하는가?
- 최근 들은 농담 중에 인상 깊은 것은 어떤 것인가?
- 자기소개를 해 보시오.
- 전에 일을 하면서 곤란하거나 난감했던 적은? 어떻게 극복하였는가?
- 자신의 신조나 좌우명은 무엇인가?
- 무슨 일을 하고 싶은가?
- 술을 먹을 때 주로 무엇을 하면서 먹는가? 주량은 얼마인가?
- (남자의 경우) 군대는 어디로 갔다 왔는가?
- 살면서 가장 힘들었던 적은?
- 취미가 구기 종목이 된 이유는?
- 상사가 불합리한 일을 시키는 경우 어떻게 할 것인가? 회사에 불이익이 가는 일이라도 할 것인가?
- 마지막으로 하고 싶은 말은?

② 기술 면접

- 다이오드는 무엇인가?
- 파워서플라이는 무엇인가?
- 아날로그와 디지털이 무엇이고 차이는 무엇인가?

(2) 삼성SDI

- 자신이 다니고 있는 회사 SNS에 친구가 악플을 올렸다. 당신은 어떻게 행동하겠는가?
- 전기자동차의 전망에 대하여 말해 보시오.
- 2020년에 일회용 쓰레기로 인한 환경오염이 완전히 사라진다면, 그 이유는 무엇이라고 생각하는가?
- 기업의 사회적 책임을 어떻게 생각하는가?
- 종교가 있는가? 일요일에 근무를 해야 한다면 어떻게 하겠는가?
- 삼성SDI에 대해 아는 것이 있는가? 있다면 말해 보시오.
- 자신의 꿈이나 비전은 무엇인가?
- 왜 삼성SDI에 들어오려고 하는가?
- (전에 다니던 회사가 있을 경우) 이직 사유는 무엇인가?

(3) 삼성웰스토리

- 단체급식에서 중요한 점이 무엇이라고 생각하는가?
- 스트레스 관리는 어떻게 하는가?
- 직장 생활 중 불화가 생긴다면 어떻게 대처할 것인가?
- 원가관리 방법에는 무엇이 있는지 말해 보시오.
- 인건비 관리방안에 대해서 말해 보시오.
- 교차 오염의 정의에 대해서 말해 보시오.
- 지금껏 받았던 서비스 중 좋았던 경험을 말해 보시오.
- 실온, 상온, 냉장의 온도 기준 차이에 대해서 말해 보시오.
- 자신이 삼성웰스토리에 기여할 수 있는 방안은 무엇인가?
- 매출을 올릴 수 있는 자신의 방안이 있는가?
- 상사와 생각이 다를 때 어떻게 하는 편인가?
- 단체급식을 하고 싶은 이유는 무엇인가?
- 살면서 가장 힘들었던 경험은 무엇인가?

(4) 삼성전자판매

- 면접관이 고객이라고 생각하고 물건을 팔아 보시오.
- 자기소개를 해 보시오.
- 자신은 어떠한 영업적인 마인드를 가지고 있는가?
- 이직이 잦은 이유는 무엇인가?
- 삼성 가전제품 5가지를 말해 보시오.
- 합격 이후 목표는 무엇인가?

(5) 호텔신라

- 자기소개를 해 보시오.
- 해외여행을 가본 경험이 있는가?
- 면세점을 이용해본 경험이 있는가?
- (영어면접)온라인면세점 이용방법을 외국인에게 전화로 설명해 보시오.
- 언제부터 면세점에 관심을 가지게 되었는가?
- 자신의 롤모델과 그 이유를 말해 보시오.
- 봉사활동을 한 경험이 있는가?
- 팀워크에 대해 어떻게 생각하는 지 말해 보시오.
- 팀에서 일을 하다가 개인의 성향에 맞지 않은 경우는 어떻게 할 것인가?
- 개인의 성과와 팀의 성과 중 어떤 것을 더 중요하게 생각하는가?
- 여러 면세점 중 호텔신라 면세점에 관심을 가진 이유는 무엇인가?

(6) 삼성 디스플레이

① 인성 면접

- 학창시절 자신에 대해 말해 보시오.
- 부모님은 어떤 사람인지 이야기해 보시오.
- 가장 존경하는 사람이 있는가? 있다면 누구이며, 존경하는 이유를 말해 보시오.
- 자기소개를 해 보시오.
- 지원한 동기가 무엇인가?
- 고교 졸업 후 공백기에 무엇을 했는가?
- (나이가 일반 지원자보다 많을 경우) 나이가 많은데 나이 어린 상사와의 관계는 어떻게 할 것인가?
- (인턴경험이 있는 경우) 최근 인턴으로 일한 회사는 어떤 회사이며, 어떤 업무를 했는가?
- 만약 입사 후 본인이 출장을 가야 한다. 근데 만삭인 아내가 곧 출산을 할 것 같다. 출장은 본인밖에 못가는 상황이다. 어떻게 하겠는가?
- 자기소개서에 설비직을 선호한다고 했는데 이유는 무엇인가?
- 일하면서 생긴 부조리함이나 불만을 해결한 경험이 있는가?
- 회사에 합격하게 되면 혼자 올라와서 일할 수 있는가?
- 기업의 사회적 책임은 무엇인가?
- 삼성 디스플레이에서 생산하고 있는 제품을 말해 보시오.
- 삼성과 현대의 장점과 단점을 말해 보시오.
- 살면서 가장 힘들었던 순간은? 그때 어떻게 극복하였는가?
- 3년 또는 1년 선배가 있는데 나보다 일을 못한다. 어떻게 하겠는가?
- 일주일짜리 프로젝트, 월요일 아침 일찍부터 퇴근 없이 일요일 저녁 늦게까지 끝내야 하는 프로젝트를 맡는다면 어떻게 하겠는가?
- 한 달 전부터 친구들과 주말에 1박 2일 여행이 잡혀있는데, 금요일 퇴근 직전 급한 미팅이 생겼다. 어떻게 하겠는가?
- 존경하는 인물은 누구인가? 그 이유는?
- 가장 인상 깊게 읽었던 책 제목은 무엇인가? 그 이유는?
- 가장 슬펐던 일과 가장 기뻤던 일은 무엇인가?
- 주로 보는 TV프로그램은 무엇인가?

- 성격의 장·단점은 무엇인가?
- 해외에 가보고 싶은 곳이 있는가?
- 직장 상사가 부당한 요구를 한다면 어떻게 하겠는가?
- 살면서 좌절했던 경험은 어떤 것이 있나?
- 일과 자기 생활을 몇 대 몇으로 나눌 수 있는가?
- 시험 시간에 옆에 있던 친구가 보여 달라고 하면 보여 주겠나?
- 회사 생활에 꼭 필요한 한 가지는 무엇이라고 생각하나?
- 인생에서 가장 실패한 일은 무엇인가?
- 인문계 고등학교를 나왔는데 4년제 대학에 진학하지 않고, 2, 3년제 대학교에 진학한 이유는 무엇인가?
- 마지막으로 하고 싶은 말은?

② 기술 면접

- 퀀텀닷의 크기에 대해 설명해 보시오.
- 중국이 최근 디스플레이 분야에서 무섭게 따라붙고 있다. 이에 대하여 삼성디스플레이에서 해야 할 일은 무엇이라고 보는가?
- 트랜지스터의 종류에 대하여 설명해 보시오.
- LG에서 OLED TV 제품은 Flexible한 건지 Rigid한 건지 설명해 보시오.
- LCD/OLED/QLED 구조 차이가 무엇인지 설명해 보시오.
- OLED와 LCD의 풀네임을 말해 보시오.
- 반도체 공정 중에 가장 중요한 공정은 무엇인가?
- 금속의 정의는 무엇인가?

(7) 삼성모바일 디스플레이

- 이때까지 살아오면서 가장 힘들었던 일은 무엇이며, 그것을 어떻게 극복했나?
- 왜 이 일을 하고 싶은가? 이 일을 하기 위해서 무엇을 준비했나?
- 사이가 안 좋은 동료가 있다면 어떻게 극복할 것인가?
- 고등학교 시절 조퇴가 잦은데, 그 이유가 무엇인가?
- 삼성모바일 디스플레이 사장님 성함이 어떻게 되는가?
- 우리가 왜 당신을 뽑아야 하는가?
- 삼성모바일 디스플레이를 알게 된 동기는 무엇인가?
- 자신에게 불합리한 상황이 발생했을 때 어떻게 대처하겠나?
- 삼성모바일 디스플레이가 뭐 하는 곳인가?
- 말을 잘하는데 면접을 많이 봤나?
- 이전 직장 퇴사 이유는 무엇인가? 또 무슨 일을 했나?
- LCD와 AMOLED의 차이점이 무엇인가?
- 자신이 이 회사에 입사할 만한 경력을 가지고 있다고 생각하나?
- 주위 친구들이 자신의 단점이 무엇이라고 하는가?
- 삼성모바일 디스플레이는 삼성계열 중에서도 작고 비전이 없는 회사이다. 지원한 이유는 무엇인가?
- 회사 상사의 부정행위를 목격했는데 어떻게 하겠는가?
- 회사에 입사하게 된다면 자신의 목표가 있을 텐데 10년 뒤 목표가 무엇인가?
- 이 회사 말고 다른 회사도 지원했던 경험이 있을 텐데 어느 회사였나?

(8) 삼성에버랜드

- 삼성에버랜드를 지원하는 데 영향을 준 사람이 있다면, 누구인가? 그 이유는?
- 삼성에버랜드를 가 본 적이 있는가? 불편한 점이나 개선할 점은 무엇인가?
- 봉사활동 경험을 말해 보시오.
- 회사를 선택하는 기준이 무엇인지 말해 보시오.
- 개인의 가치와 회사의 가치가 반대되는 경우 어떻게 하겠는가?
- 가장 인상 깊게 읽었던 책은 무엇인가? 그 이유는?
- 회사 생활에 꼭 필요한 한 가지는 무엇이라고 생각하나?
- 전공이 다른데 삼성에버랜드에 지원한 이유는 무엇인가?
- 생활신조가 무엇인가?
- 자신의 강점은 무엇이라고 생각하는가?
- 삼성에버랜드에 자신을 어필한다면 어떤 것이 있는가?
- 간단한 자기소개를 해 보시오.
- 가족자랑을 해 보시오.
- 조직생활에서 자신의 위치는 어디인가?
- 공백 기간 중 무엇을 하였는가?
- 앉아서 하는 일과 활동적인 일 중 어떤 것이 자신에게 맞는가?

(9) 삼성LED

① 인성 면접

- 지금 전공하고 있는 과가 적성에 맞는가?
- 지금 전공하고 있는 학과에서는 정확히 무엇을 배우는가?
- 지원 동기가 무엇인가?

② 기술 면접

- 기계공학과 선반의 차이를 말해 보시오.
- LED 공정에 대해서 아는 것이 있는가?
- 삼성LED에서 자신이 하고 싶은 분야가 있는가?

행운이란 100%의 노력 뒤에 남는 것이다.

– 랭스턴 콜먼 –

앞선 정보 제공! 도서 업데이트

언제, 왜 업데이트될까?

도서의 학습 효율을 높이기 위해 자료를 추가로 제공할 때!
공기업 · 대기업 필기시험에 변동사항 발생 시 정보 공유를 위해!
공기업 · 대기업 채용 및 시험 관련 중요 이슈가 생겼을 때!

01	SD에듀 도서 www.sdedu.co.kr/book 홈페이지 접속
02	상단 카테고리 「도서업데이트」 클릭
03	해당 기업명으로 검색

참고자료, 시험 개정사항 등 정보 제공으로 학습효율을 높여 드립니다.

더 이상의
고졸/전문대졸 필기시험 시리즈는
없다!

알차다
꼭 알아야 할 내용을
담고 있으니까

친절하다
핵심 내용을 쉽게
설명하고 있으니까

핵심을
뚫는다
시험 유형과 유사한
문제를 다루니까

명쾌하다
상세한 풀이로 완벽하게
익힐 수 있으니까

성공은
나를 응원하는 사람으로부터 시작됩니다.

SD에듀가 당신을 힘차게 응원합니다.

GSAT

4급 전문대졸
온라인 삼성직무적성검사

정답 및 해설

7개년 기출복원문제 +
모의고사 4회 + 무료4급특강

편저 | SDC(Sidae Data Center)

2024 전면개정판

유형분석 및 모의고사로
최종합격까지

한 권으로
마무리!

SDC
SDC는 SD에듀 데이터 센터의 약자로
약 30만 개의 NCS · 작성 문제 데이터를
바탕으로 최신 출제경향을 반영하여
문제를 출제합니다.

x

SD에듀
(주)시대고시기획

01 ▶ 수리능력검사

01	02	03	04	05	06	07			
③	②	②	④	②	②	①			

01
정답 ③

$5^2 + 3^3 - 2^2 + 6^2 - 9^2$
$= 25 + 27 - 4 + 36 - 81$
$= 88 - 85$
$= 3$

02
정답 ②

$6,788 \div 4 + 2,847$
$= 1,697 + 2,847$
$= 4,544$

03
정답 ②

$54 \times 3 - 113 + 5 \times 143$
$= 162 - 113 + 715$
$= 877 - 113$
$= 764$

04
정답 ④

A열차의 길이를 xm라 하자.

A열차의 속력은 $\dfrac{258+x}{18}$ m/s이고, B열차의 길이가 80m이

므로 B열차의 속력은 $\dfrac{144+80}{16} = 14$m/s이다.

두 열차가 마주보는 방향으로 달려 완전히 지나는 데 9초가 걸렸으므로, 9초 동안 두 열차가 달린 거리의 합은 두 열차의 길이의 합과 같다.

$\left(\dfrac{258+x}{18} + 14\right) \times 9 = x + 80$

$\rightarrow \dfrac{258+x}{2} + 126 = x + 80$

$\rightarrow 510 + x = 2x + 160$

$\therefore x = 350$

따라서 A열차의 길이는 350m이다.

05
정답 ②

부어야 하는 물의 양을 xg이라 하자.

$\dfrac{\frac{12}{100} \times 600}{600 + x} \times 100 \leq 4$

$\rightarrow 7,200 \leq 2,400 + 4x$

$\therefore x \geq 1,200$

따라서 최소 1,200g의 물을 부어야 한다.

06
정답 ②

7월에 가계대출 금리 이하의 금리를 갖는 대출 유형은 주택담보대출, 예·적금담보대출, 보증대출, 집단대출 총 4가지이다.

오답분석

① 6~8월 동안 전월 대비 가계대출 가중평균 금리는 계속 감소했음을 알 수 있다.

③ 5월 대비 6월에 금리가 하락한 유형 중 가장 적게 하락한 유형은 $4.55 - 4.65 = -0.1$%p인 소액대출이다.

④ 8월 가계대출 유형 중 공공 및 기타부문대출과 주택담보대출 금리 차이는 $3.32 - 2.47 = 0.85$%p이다.

07
정답 ①

선택지에 제시된 유형의 5월 대비 8월의 가중평균 금리를 비교하면 다음과 같다.

구분	5월	8월	감소 금리(%p)
소액대출	4.65	4.13	-0.52
보증대출	3.43	2.95	-0.48
일반신용대출	4.40	3.63	-0.77
집단대출	3.28	2.76	-0.52

따라서 5월 대비 8월 금리가 가장 많이 떨어진 것은 '일반신용대출'이다.

01	02	03	04	05	06	07			
②	②	①	③	①	①	②			

01

정답 ②

n번째 항일 때 $n(n+1)(n+2)$인 수열이다.
따라서 ( )$=5\times6\times7=210$이다.

02

정답 ②

(앞의 항)$-$(뒤의 항)$=$(다음 항)인 수열이다.
따라서 ( )$=-7-49=-56$이다.

03

정답 ①

앞의 항에 1, 2, 3, 4, …을 더하는 수열이다.

ㅑ	ㅓ	ㅗ	ㅠ	(ㅑ)
2	3	5	8	12 (10+2)

04

정답 ③

앞의 항에 3, 3^2, 3^3, …을 더하는 수열이다.

b	e	n	o	(r)	a
2	5	14	41 (26+15)	122 (26×4+18)	365 (26×14+1)

05

정답 ①

'피로가 쌓이다.'를 A, '휴식을 취한다.'를 B, '마음이 안정된다.'를 C, '모든 연락을 끊는다.'를 D라고 하자.
제시문 A를 간단히 나타내면 A → B, ~C → ~B, ~A → ~D이다. 이를 연립하면 D → A → B → C가 되므로 D → C가 성립한다. 따라서 제시문 B는 참이다.

06

정답 ①

'A가 수영을 배운다.'를 p, 'B가 태권도를 배운다.'를 q, 'C가 테니스를 배운다.'를 r, 'D가 중국어를 배운다.'를 s라고 하자.
제시문 A를 간단하게 나타내면 $p \to q$, $q \to r$, $\sim s \to \sim r$이다. 세 번째 명제의 대우는 $r \to s$이고, 이를 연립하면 $p \to q \to r \to s$가 되므로 $q \to s$가 성립한다. 따라서 제시문 B는 참이다.

07

정답 ②

제품번호 'IND22Q03D9210'을 항목에 따라 구분하면 다음과 같다.
[IND] $-$ [22] $-$ [Q03] $-$ [D92] $-$ [10]
따라서 인도네시아에서 2022년에 생산되었으며, 생산 분기는 3분기이고, 의류에 해당되며, 일반운송 대상임을 알 수 있다.

PART 1

01	02	03	04	05					
②	③	③	③	①					

01   정답 ②

- 1층 : $5 \times 5 = 25$개
- 2층 : $25 - 1 = 24$개
- 3층 : $25 - 3 = 22$개
- 4층 : $25 - 5 = 20$개
- 5층 : $25 - 14 = 11$개

∴ $25 + 24 + 22 + 20 + 11 = 102$개

02   정답 ③

- 1층 : $5 \times 4 - 3 = 17$개
- 2층 : $20 - 4 = 16$개
- 3층 : $20 - 7 = 13$개
- 4층 : $20 - 12 = 8$개

∴ $17 + 16 + 13 + 8 = 54$개

03   정답 ③

제시된 문자를 오름차순으로 나열하면 'ㅅ－H－ㅈ－J－K －ㅌ'이므로 3번째에 오는 문자는 'ㅈ'이다.

04   정답 ③

'범'의 동의어인 호랑이는 '고양잇'과의 포유류로, 몹시 사납고 '무서운' 사람을 호랑이로 비유하기도 한다. 따라서 '호랑이'를 연상할 수 있다.

05   정답 ①

제시된 문자열 같음

01 ▶ 수리능력검사

01	02	03	04	05	06	07				
④	④	④	②	④	④	①				

01   정답 ④

$22,245+34,355-45,456$
$=56,600-45,456$
$=11,144$

02   정답 ④

$0.4545+5\times0.6475+0.3221$
$=0.7766+3.2375$
$=4.0141$

03   정답 ④

$\dfrac{4}{13}-\dfrac{6}{26}-\dfrac{3}{39}+\dfrac{8}{52}$
$=\dfrac{4}{13}-\dfrac{3}{13}-\dfrac{1}{13}+\dfrac{2}{13}$
$=\dfrac{4-3-1+2}{13}$
$=\dfrac{2}{13}$

04   정답 ②

작년 비행기 왕복 요금을 x원, 작년 1박 숙박비를 y원이라 하자.
$-\dfrac{20}{100}x+\dfrac{15}{100}y=\dfrac{10}{100}(x+y)\cdots$ ㉠
$\left(1-\dfrac{20}{100}\right)x+\left(1+\dfrac{15}{100}\right)y=308,000\cdots$ ㉡
㉠, ㉡을 정리하면
$y=6x\cdots$ ㉢
$16x+23y=6,160,000\cdots$ ㉣

㉢, ㉣을 연립하면
$16x+138x=6,160,000$
$\therefore x=40,000,\ y=240,000$
따라서 올해 비행기 왕복 요금은
$40,000-40,000\times\dfrac{20}{100}=32,000$원이다.

05   정답 ④

현수가 처음 가진 소금물 200g의 농도를 $x\%$라 하자.
(소금의 양)$=\dfrac{x}{100}\times200=2x$
여기에 물 50g을 증발시키면 소금물은 150g이 되고, 다시 소금 5g을 더 녹이므로 소금물은 155g, 소금의 양은 $(2x+5)$g이다. 이때, 처음 농도의 3배가 된다고 하였으므로 다음과 같은 방정식이 성립한다.
$\dfrac{3x}{100}\times155=2x+5$
$\to 93x=40x+100$
$\to 53x=100$
$\therefore x=\dfrac{100}{53}\fallingdotseq1.9$
따라서 처음 소금물의 농도는 약 1.9%이다.

06   정답 ④

평균 강수량이 가장 큰 달과 작은 달의 값을 구하면 다음과 같다.
• 가장 큰 달(7월) : $300+210+230+200=940$
  $\to 940\div4=235$mm
• 가장 작은 달(12월) : $20+20+30+30=100$
  $\to 100\div4=25$mm
따라서 두 달의 값을 더하면 $235+25=260$mm이다.

07   정답 ①

각 지역의 연간 평균기온은 다음과 같다.
• 서울 : $(-3.8)+(-0.7)+4.5+11.6+17.2+21.7+25.3+25.8+20.2+13.4+6.7+(-0.3)=141.6$
  $\to 141.6\div12=11.8℃$

- 대구 : $(-0.1)+2.2+7.2+13.5+18.7+22.8+26.3+$
  $26.6+21.3+15.3+8.2+2.4=164.4$
  → $164.4÷12=13.7℃$
- 광주 : $0.3+2.5+7.1+13.3+18.3+22.4+26.2+$
  $27.1+21.1+15.7+9.1+3.7=166.8$
  → $166.8÷12=13.9℃$
- 제주 : $5.0+5.5+8.8+12.1+17.2+21.2+25.4+$
  $26.7+22.4+17.4+12.3+7.4=181.4$
  → $181.4÷12≒15.1℃$

따라서 연간 평균기온을 낮은 지역부터 높은 지역 순서로 나열하면 '서울(11.8℃) – 대구(13.7℃) – 광주(13.9℃) – 제주(15.12℃)' 순이다.

02 ▶ 추리능력검사

01	02	03	04	05	06	07		
①	③	①	③	①	②	③		

01 　　　　　　　　정답 ①

홀수 항은 -2, 짝수 항은 $+3$을 하는 수열이다.

ㅣ	ㅓ	ㅠ	ㅛ	(ㅛ)	ㅡ
10	3	8	6	6	9

02 　　　　　　　　정답 ③

홀수 항은 $×3$, 짝수 항은 $+6$을 하는 수열이다.

B	D	F	(J)	R	P
2	4	6	10	18	16

03 　　　　　　　　정답 ①

주어진 조건에 따라 소리가 큰 순서대로 나열하면 '비행기 – 전화벨 – 일상 대화 – 라디오 음악 – 시계 초침'의 순이 된다. 따라서 '시계 초침 소리가 가장 작다.'는 참이 된다.

04 　　　　　　　　정답 ③

주어진 조건에 따라 소리의 크기를 구하면 다음과 같다.

시계 초침	라디오 음악	일상 대화	전화벨	비행기
20db	40db		70db	120db

일상 대화 소리는 라디오 음악 소리보다 크고, 전화벨 소리보다는 작으므로 $41 \sim 69db$ 사이임을 알 수 있다. 그러나 정확한 소리의 크기는 알 수 없으므로 일상 대화 소리가 시계 초침 소리의 3배인지는 알 수 없다. 또한 비행기 소리는 라디오 음악 소리의 3배이므로 120db이다.

05 　　　　　　　　정답 ①

04번 해설에 따르면 비행기 소리는 100db 이상인 120db이므로 청각 장애 유발 원인이 될 수 있다.

06

정답 ②

제시문 A에 따라 병원의 요일별 진료 시간을 정리하면 다음과 같다.

월	화	수	목	금	토
~	~	~	~	~	~
18:00	19:30	18:00	19:00	18:00	14:00

따라서 가장 늦은 시간까지 진료하는 요일은 진료 시간이 오후 7시 30분까지인 화요일이다.

07

정답 ③

제시문 A에 따라 가영이가 좋아하는 순서를 정리하면 '독서<운동<TV<컴퓨터 게임', '독서<피아노'이다. 따라서 컴퓨터 게임과 피아노 치는 것 중 무엇을 더 좋아하는지는 비교할 수 없다.

03 ▶ 지각능력검사

01	02	03	04	05					
①	③	④	②	③					

01

정답 ①

- 1층 : $3 \times 3 - 2 = 7$개
- 2층 : $9 - 4 = 5$개
- 3층 : $9 - 7 = 2$개
- 4층 : $9 - 7 = 2$개
$\therefore 7 + 5 + 2 + 2 = 16$개

02

정답 ③

- 1층 : $4 \times 3 - 6 = 6$개
- 2층 : $12 - 4 = 8$개
- 3층 : $12 - 4 = 8$개
- 4층 : $12 - 8 = 4$개
$\therefore 6 + 8 + 8 + 4 = 26$개

03

정답 ④

- 1층 : $4 \times 4 - 5 = 11$개
- 2층 : $16 - 6 = 10$개
- 3층 : $16 - 8 = 8$개
- 4층 : $16 - 13 = 3$개
$\therefore 11 + 10 + 8 + 3 = 32$개

04

정답 ②

'운동' 기구, 목적을 위하여 구성한 '조직'의 기구, 공기보다 가벼운 기체의 부력을 이용해 '공중'에 떠오르게 만든 기구를 통해 '기구'를 연상할 수 있다.

05

정답 ③

제시된 수를 오름차순으로 나열하면 '22 – 34 – 49 – 58 – 66 – 85'이므로 5번째에 오는 수는 66이다.

03 | 2022년 하반기

01 ▶ 수리능력검사

01	02	03	04	05	06	07			
④	②	④	②	①	①	②			

01

정답 ④

$4,355 - 23.85 \div 0.15$
$= 4,355 - 159$
$= 4,196$

02

정답 ②

$0.28 + 2.4682 - 0.9681$
$= 2.7482 - 0.9681$
$= 1.7801$

03

정답 ④

$41 + 414 + 4,141 - 141$
$= 4,596 - 141$
$= 4,455$

04

정답 ②

영희는 세 종류의 과일을 주문한다고 하였으며, 그중 감, 귤, 포도, 딸기에 대해서는 최대 두 종류의 과일을 주문한다고 하였다. 감, 귤, 포도, 딸기 중에서 과일이 0개, 1개, 2개 선택된다고 하였을 때, 영희는 나머지 과일에서 3개, 2개, 1개를 선택한다.
따라서 주문 가능한 경우의 수는 모두 ${}_4C_3 + {}_4C_2 \times {}_4C_1 + {}_4C_1 \times {}_4C_2 = 4 + 24 + 24 = 52$가지이다.

05

정답 ①

5%의 묽은 염산의 양을 xg이라 하면, 20%의 묽은 염산과 5%의 묽은 염산을 섞었을 때 농도가 10%보다 작거나 같아야 하므로 다음과 같은 부등식이 성립한다.

$\dfrac{20}{100} \times 300 + \dfrac{5}{100} \times x \leq \dfrac{10}{100}(300 + x)$

$\rightarrow 6,000 + 5x \leq 10(300 + x)$

$\rightarrow 5x \geq 3,000$

$\therefore x \geq 600$

따라서 필요한 5% 묽은 염산의 최소량은 600g이다.

06

정답 ①

정 학생의 점수를 x점이라 하자.

$\dfrac{76 + 68 + 89 + x}{4} \geq 80$

$\rightarrow 233 + x \geq 320$

$\therefore x \geq 87$

따라서 정 학생은 87점 이상을 받아야 한다.

07

정답 ②

(1인당 하루 인건비)=(1인당 수당)+(산재보험료)+(고용보험료)=$50,000 + 50,000 \times 0.504\% + 50,000 \times 1.3\%$=$50,000 + 252 + 650 = 50,902$원이다.
(하루에 고용할 수 있는 인원수)=[(본예산)+(예비비)]÷(1인당 하루 인건비)=$600,000 \div 50,902 \fallingdotseq 11.8$
따라서 하루 동안 고용할 수 있는 최대 인원은 11명이다.

02 ▶ 추리능력검사

01	02	03	04	05	06	07			
②	③	④	③	②	②	④			

01

정답 ②

$A+B=C+D$

$4+7=9+2$

$6+4=2+8$

$16+9=20+5$

$(\quad)+5=10+11$

따라서 $(\quad)=10+11-5=16$이다.

02

정답 ③

오각형 모서리 숫자의 규칙은 다음과 같다.

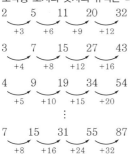

따라서 여섯 번째 오각형 모서리의 숫자들의 합은 $7+15+31$ $+55+87=195$이다.

03

정답 ④

홀수 항은 ×2, 짝수 항은 +2를 하는 수열이다.

ㄱ	ㄷ	ㄴ	(ㅁ)	ㄹ	ㅅ
1	3	2	5	4	7

04

정답 ③

앞의 항에 2씩 곱하는 수열이다.

A	B	D	H	P	(F)
1	2	4	8	16	32 (26+6)

05

정답 ②

ㄴ은 명제의 대우로 참이다.

06

정답 ②

- 앞 두 자리 : ㅎ, ㅈ → N, I
- 세 번째, 네 번째 자리 : 1, 3
- 다섯 번째, 여섯 번째 자리 : Q, L
- 마지막 자리 : 01

따라서 생성할 비밀번호는 'NI13QL01'이다.

07

정답 ④

황희찬 부장(4월 8일생)의 비밀번호는 'NJ08QM03'이다.

03 ▶ 지각능력검사

01	02	03	04	05					
④	①	④	④	②					

01

- 1층 : 4×4−4=12개
- 2층 : 16−4=12개
- 3층 : 16−5=11개
- 4층 : 16−11=5개
∴ 12+12＋11＋5=40개

02

정답 ①

- 1층 : 4×4−10=6개
- 2층 : 16−6=10개
- 3층 : 16−6=10개
- 4층 : 16−2=14개
∴ 6+10+10+14=40개

03

정답 ④

- 1층 : 4×4−5=11개
- 2층 : 16−4=12개
- 3층 : 16−11=5개
- 4층 : 16−15=1개
∴ 11+12+5+1=29개

04

정답 ④

- 어려운 '난제'를 풀다.
- 막힌 '코'를 풀다.
- 서러운 '한'을 풀다.

05

정답 ②

12LJIAGPOQl:HN - 12LJIAGPOQl:HN

01 ▶ 수리능력검사

01	02	03	04	05	06	07			
②	③	②	④	①	④	④			

01
정답 ②

$79=80-1$, $799=800-1$, $7,999=8,000-1$, $79,999=80,000-1$임을 이용한다.

$79,999+7,999+799+79$
$=(80,000-1)+(8,000-1)+(800-1)+(80-1)$
$=88,876$

02
정답 ③

$\dfrac{4,324}{6} \times \dfrac{66}{2,162} - \dfrac{15}{6}$
$=22-2.5$
$=19.5$

03
정답 ②

총 9장의 손수건을 구매했으므로 B손수건 3장을 제외한 나머지 A, C, D손수건은 각각 $\dfrac{9-3}{3}=2$장씩 구매하였다.

먼저 3명의 친구들에게 서로 다른 손수건 3장씩 나눠줘야 하므로 B손수건을 1장씩 나눠준다. 나머지 A, C, D손수건을 서로 다른 손수건으로 2장씩 나누면 (A, C), (A, D), (C, D)로 묶을 수 있다. 이 세 묶음을 3명에게 나눠주는 방법은 $3!=3 \times 2=6$가지가 나온다.

따라서 친구 3명에게 종류가 다른 손수건 3장씩 나눠주는 경우의 수는 6가지이다.

04
정답 ④

한국인 1명을 임의로 선택할 때, 혈액형이 O, A, B, AB형일 확률은 각각 $\dfrac{3}{10}$, $\dfrac{4}{10}$, $\dfrac{2}{10}$, $\dfrac{1}{10}$ 이다.

한국인 2명을 임의로 선택할 때 그 둘의 혈액형이 다를 확률은 1에서 그 둘의 혈액형이 같을 확률을 뺀 값이다.

$1-\left(\dfrac{3}{10} \times \dfrac{3}{10} + \dfrac{4}{10} \times \dfrac{4}{10} + \dfrac{2}{10} \times \dfrac{2}{10} + \dfrac{1}{10} \times \dfrac{1}{10} \right)$
$=1-\dfrac{30}{100}$
$=\dfrac{7}{10}$

따라서 구하고자 하는 확률은 $\dfrac{7}{10}$ 이다.

05
정답 ①

처음 소금물의 양을 xg이라고 하자.

$\dfrac{A}{100}x = \dfrac{4}{100}(x+200)$
$\rightarrow Ax=4x+800$
$\therefore x=\dfrac{800}{A-4}$

따라서 처음 소금물의 양은 $\dfrac{800}{A-4}$g이다.

06
정답 ④

신입사원의 수를 x명이라고 하자.

1인당 지급하는 국문 명함은 150장이므로 1인 기준 국문 명함 제작비용은 $10,000(\because 100$장$)+3,000(\because$ 추가 50장$)=13,000$원이므로 총 제작비용은 $13,000x=195,000$원이다.

$\therefore x=15$

따라서 신입사원은 총 15명이다.

07
정답 ④

1인당 지급하는 영문 명함은 200장이므로 1인 기준 영문 명함 제작비용(일반종이 기준)은 $15,000(\because 100$장$)+10,000(\because$ 추가 100장$)=25,000$원이다.

이때 고급종이로 영문 명함을 제작하므로 해외영업부 사원들의 1인 기준 영문 명함 제작비용은 $25,000\left(1+\dfrac{1}{10}\right)=27,500$원이다.

따라서 8명의 영문 명함 제작비용은 $27,500 \times 8=220,000$원이다.

01	02	03	04	05	06	07			
④	①	③	②	②	③	④			

01

정답 ④

수를 세 개씩 묶었을 때 묶음의 첫 번째, 두 번째, 세 번째 수는 각각 ×3, ×5, ×4의 규칙을 가지는 수열이다.

ⅰ) 3 9 27 … ×3

ⅱ) 5 25 ( ) … ×5

ⅲ) 4 16 64 … ×4

따라서 ( )=25×5=125이다.

02

정답 ①

앞의 항에 $\times 3^1$, $\div 3^2$, $\times 3^3$, $\div 3^4$, $\times 3^5$, $\div 3^6$, …을 하는 수열이다.

따라서 ( )=729÷729=1이다.

03

정답 ③

앞의 항에 3을 더하는 수열이다.

B	E	H	(K)	N
2	5	8	11	14

04

정답 ②

(위의 문자)×3-1=(아래의 문자)인 수열이다.

ㄴ(2)	ㄷ(3)	ㅁ(5)	ㅅ(7)
e(5)	h(8)	(n)(14)	t(20)

05

정답 ②

제시된 명제의 비타민 C 함유량이 적은 순서대로 정리하면, '사과 - 키위(=5사과) - 귤(=1.6키위=8사과) - 딸기(=2.6키위=13사과)' 순서이므로 딸기의 비타민 C 함유량이 가장 많고, 사과의 비타민 C 함유량이 가장 적은 것을 알 수 있다.

06

정답 ③

먼저 규칙 1과 2를 통해 A직원의 이름을 구할 수 있다. 각 글자의 초성은 오른쪽으로 종성은 왼쪽으로 한자리씩 옮겼으므로 이를 반대로 즉, 초성은 왼쪽으로 종성은 오른쪽으로 한자리씩 옮기면 A직원의 이름을 구할 수 있다.

• 강형욱 → (1번 반대로) 항영국 → (2번 반대로) 학영궁

• A직원의 출근 확인 코드인 '64강형욱jabc'에서 앞 두 자리는 출생연도 뒤 두 자리를 곱한 값이라고 했으므로 1980년대 생인 A직원이 64가 나오려면 8×8=64로 1988년생이었음을 구할 수 있다. 또 뒤 네 자리를 규칙 4에 따라 반대로 치환하면 jabc → 0123으로 1월 23일생임을 알 수 있다.

따라서 A직원의 이름은 학영궁, 생년월일은 1988년 1월 23일생이다.

07

정답 ④

'1992년 11월 01일생, 송하윤'에 규칙 1 ~ 4를 적용하여 정리하면 다음과 같다.

1. 송하윤 → 옹사훈

2. 옹사훈 → 오산흉

3. 9×2=18 → 18오산흉

4. 11월 01일 → 1101 = aaja

따라서 옳은 출근 확인 코드는 '18오산흉aaja'이다.

03 ▶ 지각능력검사

01	02	03	04						
①	①	④	②						

01

정답 ①

- 1층 : $4 \times 5 - 4 = 16$개
- 2층 : $20 - 8 = 12$개
- 3층 : $20 - 14 = 6$개
- ∴ $16 + 12 + 6 = 34$개

02

정답 ①

- 1층 : $4 \times 5 - 4 = 16$개
- 2층 : $20 - 9 = 11$개
- 3층 : $20 - 15 = 5$개
- ∴ $16 + 11 + 5 = 32$개

03

정답 ④

매화, 난, 대나무는 식물의 특징을 군자의 인품에 비유한 사군자에 속하며, '매화'는 지조와 절개, '난'은 고결함, '대나무'는 높은 품격과 강인한 기상을 상징한다. 따라서 매화, 난, 대나무를 통해 '군자'를 연상할 수 있다.

04

정답 ②

제시된 수를 내림차순으로 나열하면 '95 – 64 – 42 – 35 – 20 – 12'이므로 3번째에 오는 수는 '42'이다.

05 | 2021년 하반기

01 ▶ 수리능력검사

01	02	03	04	05	06	07			
③	②	④	④	④	④	②			

01   정답 ③

$545-245-247+112$
$=300-247+112$
$=53+112$
$=165$

02   정답 ②

$777-666+555-444$
$=111+111$
$=222$

03   정답 ④

$543+34\times34-354$
$=189+1,156$
$=1,345$

04   정답 ④

각 달의 남자 손님 수를 구하면 다음과 같다.
• 1월 : $56-23=33$명
• 2월 : $59-29=30$명
• 3월 : $57-34=23$명
• 4월 : $56-22=34$명
따라서 4월에 남자 손님 수가 가장 많았다.

05   정답 ④

2017년부터 2021년 동안 전년 대비 감귤 생산량의 감소량이 가장 많은 연도는 2017년도로, 전년 대비 0.4천 톤 감소하였다.
따라서 감소량이 가장 많은 2017년의 수확 면적은 48.1만 ha이다.

06   정답 ④

농도가 15%인 소금물의 양을 xg이라고 하자.
소금의 양에 대한 방정식을 세우면
$0.1\times200+0.15\times x=0.13\times(200+x)$
$\rightarrow 20+0.15x=26+0.13x$
$\rightarrow 0.02x=6$
$\therefore x=300$
따라서 농도가 15%인 소금물은 300g이 필요하다.

07   정답 ②

한 달에 이용하는 횟수를 x번이라고 하자.
• A이용권을 사용할 때 쓰는 돈 : $50,000+1,000x$원
• B이용권을 사용할 때 쓰는 돈 : $20,000+5,000x$원
$50,000+1,000x<20,000+5,000x$
$\therefore x>7.5$
따라서 한 달에 최소 8번을 이용해야 한다.

02 ▶ 추리능력검사

01	02	03	04	05	06	07			
④	①	④	②	①	③	①			

01

앞의 항에 +1, +2, +3, …을 하는 수열이다.

D	E	G	J	N	S	(Y)
4	5	7	10	14	19	25

02

홀수 항은 +2, 짝수 항은 +3을 하는 수열이다.

ㄴ	f	ㅕ	i	(ㅛ)	12	ㅇ	ㄱ
2	6	4	9	6	12	8	15(1)

03

'(앞의 항)×2+1=(뒤의 항)'인 수열이다.
따라서 (　)=63×2+1=127이다.

04

각 항에 0.1, 0.15, 0.2, 0.25 …씩 더하는 수열이다.
따라서 (　)=1.1+0.3=1.4이다.

05

제시문 A를 정리하면 철수는 대중교통 – 자동차 – 오토바이 – 자전거 순으로 좋아하므로 제시문 B는 참이다.

06

제품번호 구성 순으로 정리하면 다음과 같다.
• 소재 : 세라믹 → SE
• 사용인원 : 4인용 → 20
• 의자구성 : 2개 → 01
• 벤치구성 : 1개 ㆍ 01
따라서 식탁의 제품번호는 'SE200101'이다.

07

ⓒ ST221010 : 맨 뒤 두 자리는 벤치구성에 대한 정보를 담고 있다. 하지만 벤치구성에는 00, 01, 11 코드만 존재하므로 10을 나타내는 이 제품번호는 S공방의 제품번호로 볼 수 없다.

오답분석

㉠ TR020100 : 원목 – 2인용 – 의자 2개 – 해당 없음
㉡ SE200111 : 세라믹 – 4인용 – 의자 2개 – 벤치 2개
㉣ MR000000 : 유리 – 8인용 – 해당 없음 – 해당 없음
㉤ MR200011 : 유리 – 4인용 – 해당 없음 – 벤치 2개

01	02	03	04						
②	②	②	④						

01

정답 ②

정육면체가 되기 위해서는 한 층에 5×5＝25개씩 5층이 필요하다.
1층 : 7개, 2층 : 7개, 3층 : 9개, 4층 : 11개, 5층 : 18개
∴ 7＋7＋9＋11＋18＝52개

02

정답 ②

- 1층 : 3×4−1＝11개
- 2층 : 12−3＝9개
- 3층 : 12−5＝7개
- 4층 : 12−8＝4개
∴ 11＋9＋7＋4＝31개

03

정답 ②

- 망우보뢰(亡牛補牢) : '소 잃고 외양간 고친다.'는 뜻으로, 실패(失敗)한 후(後)에 일을 대비(對備)함을 이르는 말

오답분석

① 십벌지목(十伐之木) : '열 번 찍어 베는 나무'라는 뜻으로, 열 번 찍어 안 넘어가는 나무가 없음을 이르는 말
③ 견문발검(見蚊拔劍) : '모기를 보고 칼을 뺀다.'라는 뜻으로, 보잘것없는 작은 일에 지나치게 큰 대책(對策)을 세움을 이르는 말
④ 조족지혈(鳥足之血) : '새발의 피'라는 뜻으로, 극히 적은 분량(分量)을 이르는 말

04

정답 ④

제시문에서 답을 찾는 데 핵심이 되는 내용은 '석기시대 사람들은 아침부터 저녁까지 먹을거리를 찾아 헤맸을 거야.'이다. 제시문은 석기시대부터 현재까지 인류는 오랫동안 기아에 시달려왔다는 내용을 말하고 있다.

06 | 2021년 상반기

01 ▶ 수리능력검사

01	02	03	04	05	06	07			
②	④	③	②	③	③	②			

01
정답 ②

$0.901 + 5.468 - 2.166$
$= 6.369 - 2.166$
$= 4.203$

02
정답 ④

$315 \times 69 \div 5$
$= 21,735 \div 5$
$= 4,347$

03
정답 ③

증발시킬 물의 양을 xg이라고 하자.
$\dfrac{9}{100} \times 800 = \dfrac{16}{100} \times (800 - x)$
→ $7,200 = 12,800 - 16x$
∴ $x = 350$
따라서 350g을 증발시켜야 한다.

04
정답 ②

• 국내 여행을 선호하는 남학생 수 : $30 - 16 = 14$명
• 국내 여행을 선호하는 여학생 수 : $20 - 14 = 6$명
따라서 구하고자 하는 확률은 $\dfrac{14}{20} = \dfrac{7}{10}$ 이다.

05
정답 ③

깃발은 2개이고, 깃발을 5번 들어서 표시할 수 있는 신호의 개수는 $2 \times 2 \times 2 \times 2 \times 2 = 32$가지이다. 여기서 5번 모두 흰색 깃발만 사용하거나 검은색 깃발만 사용하는 경우의 수 2가지를 빼면 $32 - 2 = 30$가지이다.

06
정답 ③

인천광역시와 광주광역시는 전년 대비 2020년에 헌혈률이 감소하였다.

07
정답 ②

헌혈률의 공식을 헌혈 인구를 구하는 공식으로 변형하면 '(헌혈 인구)=(헌혈률)×(광역시별 인구)÷100'이다. 따라서 대구광역시와 인천광역시의 헌혈 인구를 구하면 다음과 같다.
• 대구광역시 헌혈 인구 : $4.8 \times 2,400,000 \div 100 = 115,200$명
• 인천광역시 헌혈 인구 : $5.4 \times 3,000,000 \div 100 = 162,000$명

01	02	03	04	05	06	07			
①	①	④	④	④	③	②			

01

정답 ①

- A : 야구를 좋아함
- B : 여행을 좋아함
- C : 그림을 좋아함
- D : 독서를 좋아함

제시문 A를 간단히 나타내면 A → B, C → D, ~B → ~D이다. 따라서 A → B와 C → D → B가 성립하므로 C → B도 참이다.

02

정답 ①

앞의 항에 1, 2, 3, 4, …을 더하는 수열이다.

ㅑ	ㅓ	ㅗ	ㅠ	(ㅑ)
2	3	5	8	12(2)

03

정답 ④

앞의 두 항의 합이 다음 항이 되는 피보나치수열이다.

a	2	c	5	h	13	(u)	34
1	2	3	5	8	13	21	34

04

정답 ④

홀수 항은 +10, 짝수 항은 ÷3을 하는 수열이다.
따라서 (   )=63÷3=21이다.

05

정답 ④

나열된 수를 각각 A, B, C라고 하면
$\underline{A\ B\ C} → C=A\times B$
따라서 (   )$=\dfrac{5}{6}\times\dfrac{2}{5}=\dfrac{1}{3}$ 이다.

06

정답 ③

HS1245는 2017년 9월에 생산된 엔진의 시리얼 번호를 의미한다.

오답분석

① 제조년 번호에 O는 해당되지 않는다.
② 제조월 번호에 I는 해당되지 않는다.
④ 제조년 번호에 S는 해당되지 않는다.

07

정답 ②

DU6548 → 2013년 10월에 생산된 엔진이다.

오답분석

① FN4568 → 2015년 7월에 생산된 엔진이다.
③ WS2356 → 1998년 9월에 생산된 엔진이다.
④ HH2314 → 2017년 4월에 생산된 엔진이다.

03 ▶ 지각능력검사

01	02	03	04						
①	④	②	③						

01

정답 ①

- 1층 : $3 \times 4 - 2 = 10$개
- 2층 : $12 - 9 = 3$개
- 3층 : $12 - 11 = 1$개
- ∴ $10 + 3 + 1 = 14$개

02

정답 ④

- 1층 : $3 \times 4 - 2 = 10$개
- 2층 : $12 - 5 = 7$개
- 3층 : $12 - 9 = 3$개
- ∴ $10 + 7 + 3 = 20$개

03

정답 ②

제시된 문자를 오름차순으로 나열하면 'ㄱ - ㅂ - ㅅ - ㅇ - ㅈ - ㅎ'이므로 5번째에 오는 문자는 'ㅈ'이다.

04

정답 ③

꿩 대신 '닭', 꿩의 새끼 '꺼병이', 암컷 꿩인 '까투리'를 통해 '꿩'을 연상할 수 있다.

07 | 2020년 하반기

01 ▶ 수리능력검사

01	02	03	04	05	06				
①	①	④	④	④	③				

01　　　정답 ①

$15 \times 108 - 303 \div 3 + 7$
$= 1,620 - 101 + 7$
$= 1,526$

02　　　정답 ①

연속하는 5개의 정수의 합은 중간 값의 5배와 같다.
$(102 + 103 + 104 + 105 + 106) \div 5$
$= 104 \times 5 \div 5$
$= 104$

03　　　정답 ④

$48.231 - 19.292 + 59.124$
$= 28.939 + 59.124$
$= 88.063$

04　　　정답 ④

$342 \div 6 \times 13 - 101$
$= 57 \times 13 - 101$
$= 741 - 101$
$= 640$

05　　　정답 ④

매년 A ~ C동의 벚꽃나무 수 총합은 205그루로 일정하다.
따라서 빈칸에 들어갈 수는 $205 - 112 - 50 = 43$이다.

06　　　정답 ③

1년 중 발생한 화재 건수가 두 번째로 많은 달은 4월(6.3만 건)이고, 열 번째로 많은 달은 8월(4.5만 건)이다.
따라서 두 달의 화재 건수 차이는 $6.3 - 4.5 = 1.8$만 건이다.

02 ▸ 추리능력검사

01	02	03	04	05	06				
②	②	①	①	②	④				

01
정답 ②

홀수 항은 −1, 짝수 항은 +6을 하는 수열이다.
따라서 (　)=5+6=11이다.

02
정답 ②

나열된 수를 3개씩 묶어 각각 A, B, C라고 하면
$A \ B \ C \rightarrow A+B-8=C$
따라서 (　)=3+5−8=0이다.

03
정답 ①

앞의 항에 −1, +2, −3, +4, −5, …을 하는 수열이다.

ㄹ	ㄷ	ㅁ	ㄴ	ㅂ	(ㄱ)
4	3	5	2	6	1

04
정답 ①

홀수 항과 짝수 항에 각각 5, 6, 7, …을 더하는 수열이다.

E	C	J	H	P	N	(W)
5	3	10	8	16	14	23

05
정답 ②

13 ~ 18세의 청소년에서는 '공부(53.1%)'와 '외모(15.1%)'가
1, 2위의 문제이고, 19 ~ 24세에서는 '직업(38.7%)'과 '공부
(16.2%)'가 1, 2위의 문제이다.
따라서 정답은 ②이다.

06
정답 ④

한국, 중국의 개인주의 지표는 유럽, 일본, 미국의 개인주의
지표에 비해 항상 아래에 위치하다

[오답분석]
① 세대별 개인주의 가치성향(지표)에서 가장 높은 지표와 가
장 낮은 지표 차이는 한국이 20−(−40)=60으로 가장 크
고, 유럽은 45−25=20으로 가장 낮다.

② 대체적으로 모든 나라가 나이와 개인주의 가치성향이 반비
례하고 있다.

③ 자료를 보면 중국의 1960년대생과 1970년대생의 개인주
의 지표가 10 정도 차이가 난다.

01	02	03	04	05	06				
④	②	④	③	①	③				

01

정답 ④

- 1층 : $4 \times 4 - 3 = 13$개
- 2층 : $16 - 5 = 11$개
- 3층 : $16 - 11 = 5$개
- ∴ $13 + 11 + 5 = 29$개

02

정답 ②

- 1층 : $4 \times 5 - 3 = 17$개
- 2층 : $20 - 7 = 13$개
- 3층 : $20 - 13 = 7$개
- ∴ $17 + 13 + 7 = 37$개

03

정답 ④

- 1층 : $5 \times 3 - 2 = 13$개
- 2층 : $15 - 5 = 10$개
- 3층 : $15 - 9 = 6$개
- ∴ $13 + 10 + 6 = 29$개

04

정답 ③

제시된 문자와 수를 오름차순으로 나열하면 '2 - h - 11 - 12 - y - z'이므로 2번째에 오는 것은 'h'이다.

05

정답 ①

제시된 문자를 내림차순으로 나열하면 'P - N - ㅊ - ㅈ - ㅂ - B'이므로 6번째에 오는 문자는 'B'이다.

06

정답 ③

제시된 단어는 '방송'이라는 공통점을 가지고 있다.

01 ▶ 수리능력검사

01	02	03	04	05	06	07	08		
①	②	①	④	③	②	②	①		

01
정답 ①

$493-24\times5$
$=493-120$
$=373$

02
정답 ②

$9.4\times4.8\div1.2$
$=9.4\times4$
$=37.6$

03
정답 ①

$a^2-b^2=(a+b)(a-b)$를 이용한다.
$15\times15-300\div3+7$
$=15^2-100+7$
$=(15^2-10^2)+7$
$=(15+10)(15-10)+7$
$=125+7$
$=132$

04
정답 ④

$522\times0.281=146.682$

05
정답 ③

기부금을 낭비 없이 모으기 위해서는 10명의 국회의원들 각각 한 명씩만 아는 사람이 있고, 자신을 제외한 나머지 8명은 모르는 사람이어야 한다. 이 경우 10명의 국회의원들은 각자 8만 원을 내는 것과 같다. 따라서 10명의 국회의원들이 내는 총 기부금의 최대 금액은 $10\times80,000=800,000$원이다.

06
정답 ②

장치 A에서 한 시간당 물이 공급되는 양을 aL, 장치 B를 통해 물이 배출되는 양을 한 시간당 bL라고 가정하자. 장치를 이용하여 수영장 물을 가득 채우는 것에 대한 방정식을 세우면 다음과 같다.
$4\times a=6\times(a-b) \rightarrow 2a=6b \rightarrow a=3b$
즉, 장치 A에서 물이 한 시간당 공급되는 양은 장치 B를 통해 물이 배출되는 양의 3배이다.
따라서 $4a$L가 수영장 전체 물의 양이므로 B를 열어 전체 물이 배출되는 데 $4\times3=12$시간이 걸린다.

07
정답 ②

- B가 이동할 때 걸린 시간 : $\frac{30}{40}\times60=45$분
- A가 이동할 때 걸린 시간 : $\frac{x}{30}\times60=45-5=40$분

$2x=40$
$\therefore x=20$
따라서 A는 20km를 이동했다.

08
정답 ①

매년 A ~ C동 버스정류장 개수의 총합은 158개로 일정하다. 따라서 빈칸에 들어갈 수는 $158-(63+49)=46$이다.

01	02	03	04	05	06	07	08	09	10
②	④	①	②	③	③	②	①	①	①

01

정답 ②

나열된 수를 4개씩 묶어 각각 A, B, C, D라고 하면
$\underline{A\ B\ C\ D} \to A+B=C+D$
따라서 ( )$=117+222-307=32$이다.

02

정답 ④

홀수 항은 $+2$, $+4$, $+6\cdots$, 짝수 항은 $+1$, $+3$, $+5\cdots$을 하는 수열이다.
따라서 ( )$=3+3=6$이다.

03

정답 ①

홀수 항은 $+9$, 짝수 항은 $\div 2$을 하는 수열이다.

F	X	O	L	X	(F)
6	24	15	12	24	6

04

정답 ②

윤희를 거짓마을 사람이라고 가정하자. 그러면 윤희가 한 말은 거짓이므로, 두 사람 모두 진실마을 사람이어야 한다. 그러나 윤희가 거짓마을 사람이라는 가정과 모순이 되므로 윤희는 거짓마을 사람이 아니다.
즉, 윤희의 말이 참이므로 주형이는 거짓마을 사람이다.

05

정답 ③

세 정보 중 적어도 하나는 옳고, 하나는 틀리다는 전제 하에 문제를 푼다.
• 첫 번째 정보가 틀렸다고 가정한 경우
  강아지는 검정색이므로 두 번째 정보와 세 번째 정보도 모두 틀린 정보가 된다.
• 두 번째 정보가 틀렸다고 가정한 경우
  강아지는 검정색이므로 첫 번째 정보와 세 번째 정보도 모두 틀린 정보가 된다.
• 세 번째 정보가 틀렸다고 가정한 경우
  강아지는 검정색이거나 노란색이다. 첫 번째 정보에서 검정색이 아니라고 했으므로 강아지는 노란색이다.

06

정답 ③

기획개발팀 팀원 1명이 15경기에서 모두 이긴 경우, 105점을 받는다.
여기에서 이긴 경기 대신 비긴 경기 혹은 진 경기가 있는 경우, 최고점인 105점에서 비긴 경기 한 경기당 $7-3=4$점씩 감소하며, 진 경기가 있는 경우는 진 경기 한 경기당 $7-(-4)=11$점씩 감소한다. 따라서 가능한 점수는 $105-\{4\times(\text{비긴 경기 수})+11\times(\text{진 경기 수})\}$뿐이다.
이에 따라 팀원들의 경기 성적을 구체적으로 나타내면 다음과 같다.

팀원	이긴 경기	비긴 경기	진 경기
A팀장(93점)	12	3	0
B대리(90점)	13	1	1
D연구원(79점)	12	1	2

따라서 C대리의 점수는 위 수식으로 도출 불가능하므로 거짓을 말한 사람은 C대리이다.

07

정답 ②

• A와 B의 말이 진실일 경우(성립되지 않음)
  A는 자신이 범인이 아니라고 했지만, B는 A가 범인이라고 하였으므로 성립되지 않는다.
• A와 C의 말이 진실일 경우(성립됨)
  A는 범인이 아니며, C의 진술에 따르면 거짓말을 한 사람과 범인은 B가 된다.
• B와 C의 말이 진실일 경우(성립되지 않음)
  C의 진술에서 B가 거짓말을 하고 있다고 했으므로 둘의 진술은 동시에 진실이 될 수 없다.
따라서 거짓말을 한 사람과 물건을 훔친 범인은 B이다.

08

정답 ①

홍대리가 건강검진을 받을 수 있는 요일은 월요일 또는 화요일이며, 이사원 역시 월요일 또는 화요일에 건강검진을 받을 수 있다. 이때 이사원이 홍대리보다 늦게 건강검진을 받는다고 하였으므로 홍대리가 월요일, 이사원이 화요일에 건강검진을 받는 것을 알 수 있다. 나머지 수·목·금요일의 일정은 박과장이 금요일을 제외한 수요일과 목요일 각각 건강검진을 받는 두 가지 경우에 따라 나눌 수 있다.
• 박과장이 수요일에 건강검진을 받을 경우
  목요일은 최사원이, 금요일은 김대리가 건강검진을 받는다.
• 박과장이 목요일에 건강검진을 받을 경우
  수요일은 최사원이, 금요일은 김대리가 건강검진을 받는다.
따라서 반드시 참이 될 수 있는 것은 ①이다.

09

정답 ①

제시문을 정리하면 다음과 같다.

구분	준열	정환	수호	재하
데이터 선택 65.8	×	○	×	×
데이터 선택 54.8	×	×		
데이터 선택 49.3	○	×	×	×
데이터 선택 43.8	×	×		

• A : 제시된 내용에 따라 준열이는 데이터 선택 49.3을 사용한다.
• B : 수호는 데이터 선택 54.8과 데이터 선택 43.8 중 하나를 사용하지만 어떤 요금제를 사용하는지 정확히 알 수 없다.
따라서 A만 옳다.

10

정답 ①

• 준표 : 흰색 차+다른 색 차
• 지후 : 흰색 차
• 이정 : 빨간색 차+다른 색 차
따라서 준표의 흰색 차는 주차장에 있다.

03 ▶ 지각능력검사

01	02	03	04	05	06	07	08	09	10
②	①	②	①	④	③	②	①	①	③

01

정답 ②

9927668109 – 9927868100

02

정답 ①

좌우 문자 같음

03

정답 ②

TeachingAmericanHistory – TaechingAmericanHistory

04

정답 ①

◁은 첫 번째에 제시된 도형이므로 정답은 ①이다.

05

정답 ④

▶은 네 번째에 제시된 도형이므로 정답은 ④이다.

06

정답 ③

오답분석

①

② 180° 회전

④

07

정답 ②

오답분석

① 180° 회전

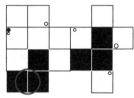

③

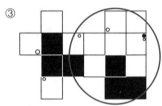

④ 180° 회전

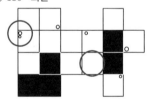

08

정답 ①

- 1층 : $3 \times 4 = 12$개
- 2층 : $12 - 4 = 8$개
- 3층 : $12 - 9 = 3$개
- ∴ $12 + 8 + 3 = 23$개

09

정답 ①

- 1층 : $5 \times 4 - 4 = 16$개
- 2층 : $20 - 10 = 10$개
- 3층 : $20 - 17 = 3$개
- ∴ $16 + 10 + 3 = 29$개

10

정답 ③

- 1층 : $4 \times 4 - 2 = 14$개
- 2층 : $16 - 8 = 8$개
- 3층 : $16 - 11 = 5$개
- ∴ $14 + 8 + 5 = 27$개

09 | 2019년 하반기

01 ▶ 수리능력검사

01	02	03	04	05	06	07			
②	③	③	①	④	③	②			

01 　　　정답 ②

$36 \times 145 + 6,104$
$= 5,220 + 6,104$
$= 11,324$

02 　　　정답 ③

$89.1 \div 33 + 5.112$
$= 2.7 + 5.112$
$= 7.812$

03 　　　정답 ③

$491 \times 64 - (2^6 \times 5^3)$
$= 31,424 - (2^6 \times 5^3)$
$= 31,424 - 8,000$
$= 23,424$

04 　　　정답 ①

$218 \times 0.602 = 131.236$

05 　　　정답 ④

$\dfrac{7}{9} < (\quad) < \dfrac{7}{6}$

→ $\dfrac{7}{9} ≒ 0.78 < (\quad) < \dfrac{7}{6} ≒ 1.17$

$0.78 < \dfrac{41}{36} (≒ 1.14) < 1.17$

[오답분석]

① $\dfrac{64}{54} ≒ 1.19$

② $\dfrac{13}{18} ≒ 0.72$

③ $\dfrac{39}{54} ≒ 0.72$

06 　　　정답 ③

두 지점 A, B 사이의 거리를 x km라 하자.

$\dfrac{x}{60} - \dfrac{x}{80} = \dfrac{1}{2}$

∴ $x = 120$

따라서 두 지점 A, B 사이의 거리는 120km이다.

07 　　　정답 ②

• 평균 통화시간이 6 ~ 9분인 여자의 수 : $400 \times \dfrac{18}{100} = 72$명

• 평균 통화시간이 12분 이상인 남자의 수 : $600 \times \dfrac{10}{100} = 60$명

∴ $\dfrac{72}{60} = 1.2$배

따라서 평균 통화시간이 6 ~ 9분인 여자의 수는 평균 통화시간이 12분 이상인 남자의 수의 1.2배이다.

02 ▶ 추리능력검사

01	02	03	04	05	06				
③	④	②	③	①	①				

01
정답 ③

앞에 항에 $+3$, $+6$, $+9$, …을 하는 수열이다.
따라서 ( )$=37+3\times5=52$이다.

02
정답 ④

나열된 수를 각각 A, B, C라고 하면
$\underline{A\ B\ C} \rightarrow A+B+C=20$
따라서 ( )$=20-(7+9)=4$이다.

03
정답 ②

홀수 항은 $+6$, 짝수 항은 $\times4$를 하는 수열이다.

ㄴ	A	8	ㄹ	(N)	16	ㅂ	L
2	1	8	4	14	16	20(6)	64(12)

04
정답 ③

왼쪽 코너부터 순서대로 나열하면 '소설 – 잡지 – 외국 서적
– 어린이 도서' 순이므로 A, B 모두 옳다.

05
정답 ①

B와 D는 동일하게 A보다 낮은 표를 얻고 B가 C보다는 높은
표를 얻었으나, B와 D를 서로 비교할 수 없으므로 득표수가
높은 순서대로 나열하면 'A – B – D – C – E' 또는 'A – D –
B – C – E'가 된다. 따라서 어느 경우라도 A의 득표수가 가
장 높으므로 A가 학급 대표로 선출된다.

06
정답 ①

주어진 명제를 정리하면 다음과 같다.
• A : 단거리 경주에 출전한다.
• B : 장거리 경주에 출전한다.
• C : 농구 경기에 출전한다.
• D : 배구 경기에 출전한다.
$A \rightarrow B$, $B \rightarrow \sim C$, $C \rightarrow D$로 대우는 각각 $\sim B \rightarrow \sim A$, $C \rightarrow$
$\sim B$, $\sim D \rightarrow \sim C$이므로 $C \rightarrow \sim B \rightarrow \sim A$에 따라 $C \rightarrow \sim A$가
성립한다. 따라서 '농구 경기에 출전한 사람은 단거리 경주에
출전하지 않는다.'는 참이 된다.

03 ▶ 지각능력검사

01	02	03	04						
①	②	③	①						

01
정답 ①

좌우 문자 같음

02
정답 ②

9888463434 – 98884634<u>2</u>4

03
정답 ③

특허<u>하</u>가과허가과장

04
정답 ①

octonari<u>o</u>n

01 ▶ 수리능력검사

01	02	03	04	05	06	07			
④	①	③	①	②	①	③			

01　　　　정답 ④

$27 \times 36 + 438$
$= 972 + 438$
$= 1,410$

02　　　　정답 ①

$5.5 \times 4 + 3.6 \times 5$
$= 22 + 18$
$= 40$

03　　　　정답 ③

$27 \times \dfrac{12}{9} \times \dfrac{1}{3} \times \dfrac{3}{2}$
$= 3 \times 12 \times \dfrac{1}{2}$
$= 18$

04　　　　정답 ①

$921 \times 0.369 = 339.849$

05　　　　정답 ②

$\dfrac{1}{7} < (\quad) < \dfrac{4}{21}$

$\rightarrow \dfrac{1}{7} ≒ 0.14 < (\quad) < \dfrac{4}{21} ≒ 0.19$

$0.14 < \dfrac{1}{6} (≒ 0.17) < 0.19$

오답분석

① $\dfrac{1}{28} ≒ 0.04$

③ $\dfrac{1}{3} ≒ 0.33$

④ $\dfrac{3}{7} ≒ 0.43$

06　　　　정답 ①

마름모의 대각선은 서로 직각이고 서로를 이등분한다. 피타고라스 정리를 활용하여 삼각형 빗변의 길이는 $\sqrt{6^2 + 8^2} = 10$cm임을 알 수 있다.
직각삼각형의 세 변 6, 8, 10의 최대공약수는 2이므로 각 변마다 2cm 간격으로 중복되는 꼭짓점의 점 1개씩을 제외하면 3개, 4개, 5개씩 점을 찍을 수 있다.
따라서 삼각형 1개당 3+4+5=12개가 필요하므로 최대 12×4=48개의 점을 표시할 수 있다.

07　　　　정답 ③

(가), (나), (다)에 들어갈 수치를 계산하면 다음과 같다.

• (가) : $\dfrac{34,273 - 29,094}{29,094} \times 100 ≒ 17.8\%$

• (나) : $66,652 + 34,273 + 2,729 = 103,654$

• (다) : $\dfrac{103,654 - 91,075}{91,075} \times 100 ≒ 13.8\%$

01	02	03	04	05	06				
②	②	①	④	③	①				

01

정답 ②

홀수항은 ×2+1, 짝수항은 ×2를 하는 수열이다.
따라서 ( )=12×2=24이다.

02

정답 ②

나열된 수를 3개씩 묶어 각각 A, B, C라고 하면
$\underline{A\ B\ C} \rightarrow A^2 - B^2 = C$
따라서 ( )=$\sqrt{3^2+72}$=9이다.

03

정답 ①

홀수 항은 +2, 짝수 항은 +3을 하는 수열이다.

ㄹ	5	六	ㅠ	(π)	11	ㅊ	N
4	5	6	8	8	11	10	14

04

정답 ④

제시문을 정리했을 때 집과의 거리는 꽃집 – 슈퍼 – 카페 –
학교 순서로 가깝다. 따라서 학교가 집에서 가장 멀다.

05

정답 ③

• A : 노래를 잘하면 랩을 잘하고, 랩을 잘하면 춤을 못 춘다
고 했으므로 옳다.
• B : 연기를 잘하면 노래를 잘하고, 노래를 잘하면 랩을 잘
하며, 랩을 잘하면 춤을 못 춘다고 했으므로 옳다.
따라서 A, B 모두 옳다.

06

정답 ①

첫 번째 명제와 세 번째 명제, 그리고 두 번째 명제의 대우
'과제를 하지 않으면 도서관에 가지 않을 것이다.'를 연결하면
'독서실에 가면 도서관에 가지 않을 것이다.'가 성립한다.

01	02	03	04						
①	②	③	②						

01

정답 ①

좌우 문자 같음

02

정답 ②

강약중약약강강중약강중 – 강약중약약강강중<u>악</u>강중

03

정답 ③

somnambul<u>l</u>st

04

정답 ②

86435476<u>8</u>8448

01 ▶ 수리능력검사

01	02	03	04	05	06	07		
④	①	②	①	④	①	③		

01

정답 ④

$572 \div 4 + 33 - 8$
$= 143 + 33 - 8$
$= 168$

02

정답 ①

$4.7 + 22 \times 5.4 - 2$
$= 4.7 + 118.8 - 2$
$= 121.5$

03

정답 ②

$6 \times \dfrac{32}{3} \times 2 \times \dfrac{11}{2}$
$= 64 \times 11$
$= 704$

04

정답 ①

$438 \times 0.601 = 263.238$

05

정답 ④

$\dfrac{22}{9} < (\quad) < \dfrac{11}{4}$

$\rightarrow \dfrac{22}{9} \fallingdotseq 2.44 < (\quad) < \dfrac{11}{4} = 2.75$

$2.44 < \dfrac{66}{25} (= 2.64) < 2.75$

오답분석

① $\dfrac{33}{17} \fallingdotseq 1.94$

② $\dfrac{59}{19} \fallingdotseq 3.11$

③ $\dfrac{62}{21} \fallingdotseq 2.95$

06

정답 ①

수진이가 1층부터 6층까지 쉬지 않고 올라갈 때 35초가 걸린다고 하였으므로, 한 층을 올라가는 데 걸리는 시간은 $\dfrac{35}{5} =$ 7초이다. 6층부터 12층까지 올라가는 데 $7 \times 6 = 42$초가 걸리고, 6층부터는 한 층을 올라갈 때마다 5초씩 쉰다고 했으므로, 7, 8, 9, 10, 11층의 쉬는 시간은 $5 \times 5 = 25$초이다.
따라서 수진이가 1층부터 12층까지 올라가는 데 걸린 시간은 $35 + 42 + 25 = 102$초이다.

07

정답 ③

자기계발 과목에 따라 해당되는 지원 금액과 신청 인원은 다음과 같다.

구분	영어회화	컴퓨터 활용	세무회계
지원 금액	70,000원×0.5 =35,000원	50,000원×0.4 =20,000원	60,000원×0.8 =48,000원
신청 인원	3명	3명	3명

교육프로그램마다 3명씩 지원했으므로, 총 지원비는 $(35,000 + 20,000 + 48,000) \times 3 = 309,000$원이다.

02 ▶ 추리능력검사

01	02	03	04	05					
④	①	④	①	③					

01
정답 ④

앞의 항에 +3, ×2가 반복되는 수열이다.
따라서 ( )=25×2=50이다.

02
정답 ①

나열된 수를 각각 A, B, C라고 하면
$\underline{A \ B \ C} \to A+B=C$
따라서 ( )=10−9=1이다.

03
정답 ④

대문자, 한글 자음, 숫자, 한자 순서로 나열된다.

A	ㄴ	3	(四)	E	ㅂ	7	八
1	2	3	4	5	6	7	8

04
정답 ①

• a : 낚시를 하는 사람
• b : 책을 읽는 사람
• c : 요리를 하는 사람
• d : 등산을 하는 사람
주어진 명제를 정리하면 a → b, b → ~c, c → d이므로 a
→ b → ~c, c → d가 성립한다.
따라서 a → b → ~c의 대우는 c → ~b → ~a이므로 '요리를
하는 사람은 낚시를 하지 않는다.'는 참이며, 등산을 하는 사
람이 낚시를 하는지는 알 수 없다.
따라서 A만 옳다.

05
정답 ③

제시문을 정리했을 때 가격은 볼펜 – 테이프 – 가위 – 공책
순서로 싸다. 따라서 가위가 두 번째로 비싼 문구임을 확인할
수 있다.

03 ▶ 지각능력검사

01	02	03	04						
②	②	①	④						

01
정답 ②

일정일장일<u>중</u>얼장알중울징 – 일정일장일<u>종</u>얼장알중울징

02
정답 ②

98567783251186 – 98567782251186

03
정답 ①

ablessingind<u>l</u>s

04
정답 ④

358643187432462

01 ▶ 수리능력검사

01	02	03	04	05	06	07			
④	①	②	②	④	④	③			

01   정답 ④

$738 \div 41 + 69 \times 8$
$= 18 + 552$
$= 570$

02   정답 ①

$6 \times \dfrac{52}{8} - \dfrac{8}{3} \times \dfrac{84}{32}$
$= 39 - 7$
$= 32$

03   정답 ②

$592 \times 0.802 = 474.784$

04   정답 ②

$\dfrac{40}{11} < (\quad) < \dfrac{14}{3}$

$\rightarrow \dfrac{40}{11} ≒ 3.64 < (\quad) < \dfrac{14}{3} ≒ 4.67$

$3.64 < \dfrac{17}{4}(=4.25) < 4.67$

오답분석

① $\dfrac{10}{3} ≒ 3.33$

③ $\dfrac{34}{7} ≒ 4.86$

④ $\dfrac{24}{5} = 4.8$

05   정답 ④

집에서 학교까지의 거리를 xm라고 하자.

$\dfrac{x}{30} - \dfrac{x}{50} = 5$

$\rightarrow 5x - 3x = 750$

$\therefore x = 375$

따라서 집에서 학교까지의 거리는 375m이다.

06   정답 ④

물이 증발해도 소금의 양은 변하지 않으므로 식으로 나타내면 다음과 같다.

$\dfrac{8}{100} \times 20 = \dfrac{10}{100} \times (20 - x)$

$\rightarrow 160 = 200 - 10x$

$\therefore x = 4$

따라서 물은 4g 증발했다.

07   정답 ③

2018년 공공도서관 수는 786개소, 2015년 공공도서관 수는 644개소이다. 증가율을 식으로 나타내면 다음과 같다.

$\dfrac{786 - 644}{644} \times 100 ≒ 22$

따라서 2018년 공공도서관 수는 2015년에 비해 22% 증가했다.

01	02	03	04						
②	③	①	①						

01
정답 ②

(앞의 항)×3=(뒤의 항)의 규칙을 가진 수열이다.
따라서 (   )=162×3=486이다.

02
정답 ③

앞의 항에 +5, −7이 반복되는 수열이다.
따라서 (   )=0+5=5이다.

03
정답 ①

홀수 항은 ×(−2), 짝수 항은 −5을 하는 수열이다.
따라서 (   )=−4−5=−9이다.

04
정답 ①

제시문을 정리하면 크기는 풀 − 나무 − 바위 − 꽃 순으로 크다.
따라서 꽃이 가장 작다.

01	02	03	04						
①	②	①	③						

01
정답 ①

좌우 문자 같음

02
정답 ②

956358322429 − 956358332429

03
정답 ①

32168726951465

04
정답 ③

Ⅲ Ⅹ Ⅷ Ⅹ ⅩⅠ Ⅵ Ⅳ Ⅰ Ⅲ Ⅰ Ⅵ Ⅷ ⅩⅠ Ⅹ

01 ▶ 수리능력검사

01	02	03	04	05	06	07	08	09
①	②	③	④	④	①	②	①	②	

01
정답 ①

$382+153\times2$
$=382+306$
$=688$

02
정답 ②

$1,075\div25-38$
$=43-38$
$=5$

03
정답 ③

$0.29\times0.4+7.53$
$=0.116+7.53$
$=7.646$

04
정답 ④

$\dfrac{3}{7}\div\dfrac{6}{11}+2+\dfrac{1}{3}$

$=\dfrac{3}{7}\times\dfrac{11}{6}+\dfrac{7}{3}$

$=\dfrac{11}{14}+\dfrac{7}{3}$

$=\dfrac{33+98}{42}$

$=\dfrac{131}{42}$

05
정답 ④

운동장의 총 둘레는 $150\times2+90\times2=480$m이므로, 총 $480\div3=160$그루의 가로수가 필요하다.

06
정답 ①

$\dfrac{185,960+182,298+178,346+180,605}{4}=181,802.25$

따라서 4년 간의 총 사교육비 평균은 18조 1,802억 원이다.

07
정답 ②

고등학교의 총 사교육비를 고등학교 1인당 사교육비로 나누어 대략적인 학생의 수를 계산해 보면 다음과 같다.

- 2013년 : $\dfrac{507,540,000}{268.1}\fallingdotseq1,893,099.6$명
- 2014년 : $\dfrac{506,710,000}{275.5}\fallingdotseq1,839,237.8$명
- 2015년 : $\dfrac{506,750,000}{283.4}\fallingdotseq1,788,108.7$명
- 2016년 : $\dfrac{550,650,000}{314.4}\fallingdotseq1,751,431.3$명

따라서 고등학교 학생 수는 점점 감소하고 있다.

오답분석
① 초등학교는 2014 ~ 2015년 사이에, 중학교는 2014 ~ 2016년에 감소하였다.
③ • 2013년 : $\dfrac{77,375}{185,960}\times100\fallingdotseq41.61\%$
  • 2014년 : $\dfrac{75,949}{182,298}\times100\fallingdotseq41.66\%$
  • 2015년 : $\dfrac{75,287}{178,346}\times100\fallingdotseq42.21\%$
  • 2016년 : $\dfrac{77,438}{180,605}\times100\fallingdotseq42.88\%$
  따라서 총 사교육비 중 초등학교 사교육비의 비율은 점점 증가하고 있다.
④ 2016년 총 사교육비는 초등학교 > 고등학교 > 중학교, 2015 ~ 2016년 1인당 사교육비는 중학교 > 고등학교 > 초등학교 순이다.

08

정답 ①

소금물의 농도를 x%라 하자.

$$\frac{12}{100}\times500+\frac{x}{100}\times300=\frac{10.5}{100}\times800$$

$$\rightarrow 60+3x=84$$

$$\therefore x=8$$

따라서 섞은 소금물의 농도는 8%이다.

09

정답 ②

A가로등이 켜지는 주기는 3분, B가로등이 켜지는 주기는 5분이다. 3과 5의 최소공배수는 15이므로, A가로등과 B가로등이 둘 다 꺼졌다가 동시에 켜지는 것은 15분 주기로 일어난다. 따라서 15분 동안 A가로등과 B가로등이 동시에 켜져 있는 시간을 표로 나타내면 다음과 같다.
표의 색칠된 부분이 가로등이 켜진 시간이다.

구분	A가로등	B가로등
1분		
2분		
3분		
4분		
5분		
6분		
7분		
8분		
9분		
10분		
11분		
12분		
13분		
14분		
15분		

따라서 15분 동안 두 가로등이 동시에 켜져 있던 시간은 8분이므로 1시간 동안 동시에 켜져 있던 시간은 $8\times4=32$분이다.

02 ▶ 추리능력검사

01	02	03	04						
②	①	②	③						

01

정답 ②

앞의 항에 2^0, 2^1, 2^2, 2^3, 2^4 …을 더하는 수열이다.
따라서 (   )$=20+2^4=36$이다.

02

정답 ①

앞의 항에 $\times2$, $+2$가 반복되는 수열이다.
따라서 (   )$=44+2=46$이다.

03

정답 ②

나열된 숫자를 각각 A, B, C라고 하면

$$\underline{A\ B\ C}\rightarrow\frac{A+B}{2}=C$$

따라서 (   )$=\frac{5+7}{2}=6$이다.

04

정답 ③

앞의 항에 3을 더하는 수열이다.

ㄴ	ㅁ	ㅇ	ㅋ	(ㅎ)	ㄷ
2	5	8	11	14	17(3)

03 ▶ 지각능력검사

01	02	03	04	05	06	07			
①	②	②	④	③	②	②			

01
정답 ①

좌우 문자 같음

02
정답 ②

◎▨▷◐♣♧●◆♨▤☎ – ◎▨▷◐♣♧●◆♨▤☎

03
정답 ②

티키타리듬에맞춰스핀칸타타 – 티키타리듬에맞춰스핀칸티타

04
정답 ④

5829036828132671

05
정답 ③

Ⅷ Ⅹ Ⅷ Ⅵ Ⅲ Ⅰ Ⅹ Ⅰ Ⅹ Ⅵ Ⅴ Ⅷ

06
정답 ②

07
정답 ②

- 1층 : 28개
- 2층 : 18개
- 3층 : 9개
- 4층 : 3개

∴ 28+18+9+3＝58개

14 | 2017년 상반기

01 ▶ 수리능력검사

01	02	03	04	05	06	07	08	09	10
④	③	③	②	④	③	②	①	③	①
11	12								
②	②								

01
정답 ④

$294-890+241$
$=-596+241$
$=-355$

02
정답 ③

$559-374+493$
$=185+493$
$=678$

03
정답 ③

$0.73×11-2.5$
$=8.03-2.5$
$=5.53$

04
정답 ②

$\dfrac{5}{8}÷\left(\dfrac{7}{3}+\dfrac{3}{4}\right)+\dfrac{11}{37}$

$=\dfrac{5}{8}÷\dfrac{37}{12}+\dfrac{11}{37}$

$=\dfrac{15}{74}+\dfrac{11}{37}$

$=\dfrac{1}{2}$

05
정답 ④

$420×0.501=210.42$

06
정답 ③

아버지의 나이를 x살이라 하면 동생의 나이는 $14-3=11$살이므로
$x=(14+11)×1.6$
$∴ x=40$
따라서 아버지의 나이는 40세이다.

07
정답 ②

원래 판매 가격을 x원이라고 하면 최종 할인된 가격은 $x×0.7×0.9=0.63x$원이므로 노트북은 37% 할인되었다.

08
정답 ①

올라갈 때 걸은 거리를 $x$km라고 하면 내려올 때 걸은 거리는 $(x+5)$km이다.
$\dfrac{x}{3}+\dfrac{x+5}{4}=3$
$→ 4x+3(x+5)=36$
$→ 7x=21$
$∴ x=3$
따라서 올라갈 때 걸은 거리는 3km이다.

09
정답 ③

한 박스에 들어있는 개수를 x개라 하자.
$0.6x=0.2x+6$
$→ 0.4x=6$
$∴ x=15$
따라서 치킨 너겟 한 박스에는 15조각이 들어있었고, 형과 동생은 각각 9조각, 3조각씩 먹었다.

10
정답 ①

항구적 자유 작전 인원이 1,350명이므로, 2012 ~ 2016년의 항구적 자유 작전 인원을 더하면 된다.
$13+17+246+(가)+731=1,350$
$→ (가)=1,350-13-17-246-731$
$∴ (가)=343$
따라서 (가)에 들어갈 수는 343이다.

11

$$\frac{1,200}{731+1,200+937+289} \times 100 ≒ 38.0$$

따라서 2016년 해외파병 수 중에서 UK PKO가 차지하는 비율은 38%이다.

12

정답 ②

2012년부터 2016년까지 UK PKO로 파병된 수는 733+741+1,218+1,526+1,200=5,418명이다.

[오답분석]

① 제시된 표를 보면 알 수 있다.

③ (가)에 들어가는 숫자가 3430이므로 항구적 자유 작전의 파병 수는 매년 증가하는 것을 알 수 있다.

④ 2015년과 2016년 군사협력단으로 평균 $\frac{259+289}{2}=274$ 명을 파병하였다.

02 ▶ 추리능력검사

01	02	03	04	05					
①	③	②	④	①					

01

정답 ①

앞의 두 항의 합이 다음 항이 되는 피보나치수열이다.
따라서 (　)=−2−7=−9이다.

02

정답 ③

나열된 수를 각각 A, B, C라고 하면
$\underline{A\ B\ C} \rightarrow 2(A+B)=C$
따라서 (　)=2×(9−3)=12이다.

03

정답 ②

앞의 항에 1.5, 2, 2.5, 3, 3.5, …을 더하는 수열이다.
따라서 (　)=10+3.5=13.5이다.

04

정답 ④

앞의 항에 3, 4, 5, …을 더하는 수열이다.

C	F	J	O	(U)
3	6	10	15	21

05

정답 ①

앞의 두 항의 합이 다음 항이 되는 피보나치수열이다.

B	E	G	L	S	(E)
2	5	7	12	19	31(5)

03 ▶ 지각능력검사

01	02	03	04						
①	②	②	②						

01
정답 ①

좌우 문자 같음

02
정답 ②

ㅓㅕㅒㅖㅔㅒㅑㅠㅖㅐ – ㅓㅕㅒㅖㅖㅕㅒㅑㅠㅖㅐ

03
정답 ②

741281057450 – 741281067450

04
정답 ②

- 1층 : $3 \times 7 - 1 = 20$개
- 2층 : $21 - 2 = 19$개
- 3층 : $21 - 5 = 16$개
- 4층 : $21 - 10 = 11$개
- 5층 : $21 - 13 = 8$개
- ∴ $20 + 19 + 16 + 11 + 8 = 74$개

2

기초능력검사

01 ▶ 기본계산

01	02	03	04	05	06	07	08	09	10
④	④	④	①	③	①	②	④	③	①
11	12	13	14	15	16	17	18	19	20
④	③	④	①	②	④	③	③	③	②

01 　　　　정답 ④

$55 \times 429 \div 33$
$= 23,595 \div 33$
$= 715$

02 　　　　정답 ④

$1,223 + 2,124$
$= 3,347$

03 　　　　정답 ④

$12^2 + 13^2 - 6^2$
$= 144 + 169 - 36$
$= 277$

04 　　　　정답 ①

$64,967 + 23,123 + 44,545$
$= 88,090 + 44,545$
$= 132,635$

05 　　　　정답 ③

$744 \div 62$
$= 12$

06 　　　　정답 ①

$7,669 + 11^3$
$= 7,669 + 1,331$
$= 9,000$

07 　　　　정답 ②

$\dfrac{3}{7} + \dfrac{2}{4}$
$= \dfrac{12 + 14}{28}$
$= \dfrac{13}{14} \left(\because = \dfrac{26}{28} \right)$

08 　　　　정답 ④

$12 + 24 + 46 - 68$
$= 82 - 68$
$= 14$

09 　　　　정답 ③

$46 - 64 \div 4 + 23$
$= 46 - 16 + 23$
$= 53$

10 　　　　정답 ①

$45 \div 5 - 63 \div 9$
$= 9 - 7$
$= 2$

11 　　　　정답 ④

$8^2 + 5^2 - 80$
$= 64 + 25 - 80$
$= 9$

12 　　　　정답 ③

$4,646 - 2,351$
$= 2,295$

13

정답 ④

$121 \div 11$
$= 11$

14

정답 ①

$67 + 45 + 134$
$= 112 + 134$
$= 246$

15

정답 ②

$7,755 - 7,575$
$= 180$

16

정답 ④

$454 + 131 + 678 + 575$
$= 585 + 1,253$
$= 1,838$

17

정답 ③

0.475×4
$= 1.9$

18

정답 ③

$544 + 81 \div 3^2$
$= 561 + 81 \div 9$
$= 570$

19

정답 ③

$78 + 54 - 87 \div 3$
$= 132 - 29$
$= 103$

20

정답 ②

$87 - 85 \div 5 + 7$
$= 87 - 17 + 7$
$= 87 - 10$
$= 77$

02 ▶ 응용계산

01	02	03	04	05	06	07	08	09	10
②	③	①	④	③	③	③	③	②	④
11	12	13	14	15	16	17	18	19	20
②	①	②	④	④	④	②	②	①	①

01

정답 ②

서울에서 부산까지 무정차로 걸리는 시간을 x시간이라 하면
$x = \dfrac{400}{120} = \dfrac{10}{3}$ → 3시간 20분이다.

9시에 출발해 13시 10분에 도착했으므로 걸린 시간은 4시간 10분이다. 즉, 무정차 시간과 비교하면 50분이 더 걸렸고, 역마다 정차하는 시간은 10분이다.
따라서 기차가 정차한 역의 수는 $50 \div 10 = 5$개이다.

02

정답 ③

이상이 생겼을 때 지하철의 속력은 $60 \times 0.4 = 24$km/h이고, 평소보다 45분 늦게 도착하였으므로 지하철의 이동거리를 $x$km라 하면 다음과 같은 식이 성립한다.

$\dfrac{x}{24} - \dfrac{x}{60} = \dfrac{45}{60}$

$\rightarrow 5x - 2x = 90$

$\rightarrow 3x = 90$

$\therefore x = 30$

따라서 지하철의 이동거리는 30km이다.

03

정답 ①

집에서 약수터까지의 거리는 $\dfrac{1}{2} \times 10 \times 60 = 300$m이고, 동생의 속력은 $\dfrac{300}{15 \times 60} = \dfrac{1}{3}$m/s이다. 형이 집에서 약수터까지 왕복한 시간은 $10 \times 2 = 20$분이므로 형이 집에 도착할 때까지 동생이 이동한 거리는 $\dfrac{1}{3} \times (20 \times 60) = 400$m이고, 약수터에서 집으로 돌아오는 중이다.
따라서 동생은 집으로부터 $300 - 100 = 200$m 떨어진 곳에 있다.

04

정답 ④

아버지의 나이를 x세, 형의 나이를 y세라고 하면 동생의 나이는 $(y-2)$세이므로 $y+(y-2)=40 \rightarrow y=21$이다. 어머니의 나이는 $(x-4)$세이므로 다음과 같은 식이 성립한다.

$x+(x-4)=6 \times 21$

$\rightarrow 2x=130$

$\therefore x=65$

따라서 아버지의 나이는 65세이다.

05

정답 ③

50,000원을 넘지 않으면서 사과 10개들이 한 상자를 최대로 산다면 5상자$(9,500 \times 5=47,500$원$)$를 살 수 있다. 나머지 금액인 $50,000-47,500=2,500$원으로 낱개의 사과를 2개까지 살 수 있다.

따라서 구매할 수 있는 사과의 최대 개수는 $10 \times 5+2=52$개이다.

06

정답 ③

재작년 학생 수를 x명이라고 하면 작년 학생 수는 $1.1x$명이다. 55명은 작년 학생 수의 10%이므로 다음과 같은 식이 성립한다.

$0.1 \times 1.1x=55$

$\therefore x=500$

따라서 재작년 학생 수는 500명이다.

07

정답 ③

제품의 원가를 x원이라고 하면 제품의 정가는 $(1+0.2)x=1.2x$원이고 판매가는 $1.2x(1-0.15)=1.02x$원이다. 50개를 판매한 금액이 127,500원이므로 다음과 같은 식이 성립한다.

$1.02x \times 50=127,500$

$\rightarrow 1.02x=2,550$

$\therefore x=2,500$

따라서 원가는 2,500원이다.

08

정답 ③

옷의 정가를 x원이라 하면 다음과 같은 식이 성립한다.

$x(1-0.2)(1-0.3)=280,000$

$\rightarrow 0.56x=280,000$

$\therefore x=500,000$

따라서 할인받은 금액은 $500,000-280,000=220,000$원이다.

09

정답 ②

A, B의 일급이 같으므로 두 사람이 각각 하루 동안 포장한 제품의 개수는 A의 작업량인 $310 \times 5=1,550$개와 같다. B가 처음 시작하는 1시간 동안 x개의 제품을 포장한다고 하자.

$x+2x+4x+8x+16x=1,550$

$\rightarrow 31x=1,550$

$\therefore x=50$

따라서 B는 처음 시작하는 1시간 동안 50개의 제품을 포장한다.

10

정답 ④

물통에 물이 가득 찼을 때의 양을 1이라 하면, A수도로는 1시간에 $\frac{1}{5}$, B수도로는 $\frac{1}{2}$만큼 채울 수 있다. B수도는 한 시간 동안 작동을 하지 않았다.

A, B 두 수도관을 모두 사용하여 물통에 물을 가득 채우는 데 걸리는 시간을 x시간이라고 하자.

$\frac{1}{5}x+\frac{1}{2}x=1-\frac{1}{5}$

$\rightarrow \frac{7}{10}x=\frac{4}{5}$

$\therefore x=\frac{8}{7}$

따라서 물통을 채우는 데 $\frac{8}{7}$시간이 소요된다.

11

정답 ②

천포의 수학점수를 x점이라고 하면 네 사람의 평균이 105점이므로 다음과 같은 식이 성립한다.

$\frac{101+105+108+x}{4}=105$

$\rightarrow x+314=420$

$\therefore x=106$

따라서 천포의 점수는 106점이다.

12

정답 ①

국어, 영어, 수학 점수를 각각 a, b, c점이라고 하자.

$\frac{b+c}{2}=85 \rightarrow b+c=170 \cdots$ ㉠

$\frac{a+c}{2}=91 \rightarrow a+c=182 \cdots$ ㉡

㉠과 ㉡을 연립하면, $a-b=12$점이다.

따라서 영어와 국어 점수의 차이는 12점이다.

13

코코아의 농도가 25%이고, 코코아 분말이 녹아있는 코코아 용액은 700mL이라 한다면 (코코아 분말의 양)$=700\times0.25=175g$이다.

따라서 코코아 분말은 175g이 들어 있음을 알 수 있다.

14

오염물질의 양은 $\frac{3}{100}\times30=0.9L$이고, 여기에 깨끗한 물을 xL 넣는다고 하자.

$\frac{0.9}{30+x}\times100=3-0.5$

$\rightarrow 2.5(30+x)=90$

$\therefore x=6$

따라서 깨끗한 물은 6L 더 넣어야 한다.

15

60, 52, 48의 최대공약수는 4이며, 크로와상 15개, 소보로 13개, 단팥빵 12개씩 한 상자에 담아 최대 4상자 포장이 가능하다.

16

18과 42의 최소공배수는 126이다. 1,000 이하의 자연수 중 126의 배수는 총 7개가 있다.

17

500원짜리 동전이 가장 큰 값이기 때문에 1개 또는 0개를 사용할 수 있다.

ⅰ) 500원 짜리 동전이 1개일 경우
남은 금액 250원을 지불하는 방법은 100원짜리 동전 2개, 1개, 0개를 사용하는 방법이 있으므로 3가지가 가능하다.

ⅱ) 500원 짜리 동전이 0개일 경우
남은 금액 750원을 지불하는 방법은 100원짜리 동전을 0~7개까지 사용 가능하므로 총 8가지 존재한다.

따라서 가능한 경우의 수는 3+8=11가지이다.

18

9 이하 자연수 중 2의 배수는 2, 4, 6, 8이며, 중복 없이 세 숫자를 선택할 때, 가능한 순서쌍은 (2, 4, 6), (2, 4, 8), (4, 6, 8), (2, 6, 8)이다. 4가지 순서쌍에서 각각 만들 수 있는 가장 큰 수와 가장 작은 수의 차이가 594인 순서쌍은 (2, 4, 8), (2, 6, 8)로 2가지가 가능하다.

• (2, 4, 8)의 경우 : 842−248=594
• (2, 6, 8)의 경우 : 862−268=594

19

A가 합격할 확률은 $\frac{1}{3}$이고 B가 합격할 확률은 $\frac{3}{5}$이다.

따라서 A, B 둘 다 합격할 확률은 $\frac{1}{3}\times\frac{3}{5}=\frac{1}{5}=20\%$이다.

20

처음에 빨간색 수건을 꺼낼 확률은 $\frac{3}{(3+4+3)}=\frac{3}{10}$이고, 다음에 수건을 꺼낼 때는 빨간색 수건을 다시 넣지 않으므로 파란색 수건을 꺼낼 확률은 $\frac{3}{(2+4+3)}=\frac{3}{9}=\frac{1}{3}$이다.

따라서 처음에 빨간색 수건을 뽑고, 다음에 파란색 수건을 뽑을 확률은 $\frac{3}{10}\times\frac{1}{3}=\frac{1}{10}$이다.

03 ▶ 자료해석

01	02	03	04	05	06	07	08	09	10
④	④	①	②	①	①	②	③	③	①
11	12	13	14	15	16	17	18	19	20
④	②	①	③	③	④	①	②	④	③

01

정답 ④

각 학년의 평균 신장 증가율은 다음과 같다.

• 1학년 : $\frac{162-160}{160} \times 100 = 1.25\%$

• 2학년 : $\frac{168-163}{163} \times 100 ≒ 3.1\%$

• 3학년 : $\frac{171-168}{168} \times 100 ≒ 1.8\%$

따라서 평균 신장 증가율이 큰 순서는 2학년 – 3학년 – 1학년 순서이다.

02

정답 ④

과일 종류별 무게를 가중치로 적용한 네 과일의 가중평균은 42만 원이다. 라 과일의 가격을 a만 원이라 가정하고 가중평균에 대한 방정식을 구하면 다음과 같다.

$25 \times 0.4 + 40 \times 0.15 + 60 \times 0.25 + a \times 0.2 = 42$

→ $10 + 6 + 15 + 0.2a = 42$

→ $0.2a = 42 - 31 = 11$

∴ $a = \frac{11}{0.2} = 55$

따라서 라 과일의 가격은 55만 원이다.

03

정답 ①

두 번째 경기에서 A의 점수는 B점수의 $\frac{1}{2}$배인 4점이며, 두 사람의 총점 차이에서 마지막 경기의 점수는 동점이므로 첫 번째와 두 번째 점수 합으로 비교하면 된다.

따라서 B의 총점은 A보다 $(10+8)-(5+4)=9$점이 많다.

04

정답 ②

2022년에 서울과 경남의 등락률이 상승했고, 2021년에 제주의 등락률이 상승했다.

오답분석

① 2020년부터 부산의 등락률은 2.4%p → 1.5%p → 1.3%p → 0.8%p로 하락하고 있다.

③ 2020년에 경남은 제주의 1.2%p에 이어 1.9%p로 등락률이 두 번째로 낮다.

④ 2022년에 등락률이 가장 높은 곳은 1.6%p인 서울이다.

05

정답 ①

2020년의 전년 대비 가격 상승률은 $\frac{230-200}{200} \times 100 = 15\%$

이고, 2023년의 전년 대비 가격 상승률은 $\frac{270-250}{250} \times 100 = 8\%$이므로 옳지 않다.

오답분석

② 재료비의 상승폭은 2022년에 11만 원로 가장 큰데, 2022년에는 가격의 상승폭도 35만 원으로 가장 크다.

③ 인건비는 55만 원 – 64만 원 – 72만 원 – 85만 원 – 90만 원으로 꾸준히 증가했다.

④ 재료비와 인건비 모두 '증가 – 증가'이므로 증감 추이는 같다.

06

정답 ①

2018년 대비 2019년 기업체 수 증가율은 $\frac{360-344}{344} \times 100 ≒ 4.7\%$이며, 2019년 대비 2020년 기업체 수 증가율은 $\frac{368-360}{360} \times 100 ≒ 2.2\%$이다.

따라서 두 증가율의 차이는 $4.7-2.2=2.5\%$p이다.

07

정답 ②

각 연도의 전년 대비 기업체 수의 증감량을 계산하면 다음과 같다.

• 2018년 : $344-346=-2$천 개
• 2019년 : $360-344=16$천 개
• 2020년 : $368-360=8$천 개
• 2021년 : $368-368=0$개
• 2022년 : $372-368=4$천 개
• 2023년 : $375-372=3$천 개

따라서 2018 ~ 2023년까지 전년 대비 기업체 수 증감량의 절댓값을 모두 합하면 $2+16+8+0+4+3=33$천 개다.

08

정답 ③

일본은 2023년 평균교육기간이 2022년 평균교육기간보다
12.8-12.7=0.1년 높다.

오답분석
① 한국은 2021~2023년까지 평균교육기간은 12.1년으로
동일하다.
② 2021년보다 2022년의 평균교육기간이 높아진 국가는 중
국, 인도, 인도네시아, 일본, 터키이다.
④ 2021~2023년 동안 항상 평균교육기간이 8년 이하인 국
가는 중국, 인도, 인도네시아, 터키이다.

09

정답 ③

2021년 평균교육기간이 8년 이하인 국가는 중국, 인도, 인도네
시아, 터키로, 평균교육기간의 평균은 $\dfrac{7.7+6.3+7.9+7.8}{4}$

$=\dfrac{29.7}{4}=7.425$년이다.

10

정답 ①

관광객 수가 가장 많은 국가는 B국이며, 가장 적은 국가는 E
국이다.
따라서 두 국가의 관광객 수 차이는 50-20=30만 명이다.

11

정답 ④

다섯 국가 중 지난해 관광객 수가 같은 국가는 40만 명으로
C, D국이다.
따라서 두 국가의 관광객들의 평균 여행일수 합은 4+3=7일
이다.

12

정답 ②

세 사람의 영어작문 평균점수를 각각 구하면 다음과 같다.
• A : $\dfrac{52+56+60+70+90}{5}=65.6$점
• B : $\dfrac{50+66+70+75+75}{5}=67.2$점
• C : $\dfrac{50+60+74+86+90}{5}=72$점

따라서 영어작문 평균점수가 가장 높은 사람은 C이고 평균점
수는 72점이다.

13

정답 ①

12번 해설에서 영어작문 평균점수가 두 번째로 높은 사람은
67.2점인 B임을 알 수 있다.

따라서 B의 영어 말하기 평균점수는 $\dfrac{12+10+20+20+30}{5}$

$=18.4$점이다.

14

정답 ③

2022년 내국인 신용카드 전체 매출액 중 면세점에서의 매출
액이 차지하는 비중은 $\dfrac{427.2}{1,897.6}\times100\fallingdotseq22.5\%$로 25% 미만
이다.

오답분석
① 면세점에서 내국인의 신용카드 매출액은 2018년부터
2023년까지 계속 증가세를 보이지만, 외국인의 경우
2023년에 전년 대비 감소한다.
② 2020년 외국인 신용카드 전체 매출액의 증가율은
$\dfrac{608.6-381.8}{381.8}\times100\fallingdotseq59.4\%$로 전년 대비 60% 미만
이다.
④ 2019년부터 2022년까지 면세점 외에서의 외국인 신용카
드 매출액은 꾸준히 증가했으나, 2021년에 전년 대비
$\dfrac{236.4-232.4}{232.4}\times100\fallingdotseq1.7\%$ 증가하여 15% 미만 성장
하였고, 2023년은 감소하였다.

15

정답 ③

ㄴ. 2021년 면세점에서의 내국인 신용카드 매출액은 전년
대비 $\dfrac{384.7-292.3}{292.3}\times100\fallingdotseq31.6\%$ 증가하였다.

ㄹ. 271.5×7=1,900.5>1,897.6이므로 2022년 내국인
전체의 신용카드 매출액은 2018년 면세점에서의 내국인
신용카드 매출액의 7배인 1조 9,005억 원 미만이다.

오답분석
ㄱ. 2018년 면세점 외에서의 외국인 신용카드 매출액은 당
해 면세점 외에서의 신용카드 매출액의 10% 미만이라는
점을 파악하면 별도의 수치계산 없이도 옳은 설명임을 알
수 있다.
ㄷ. 2020년부터 2023년까지 전체 신용카드 매출액 중 외국
인 신용카드 매출액의 비중은 다음과 같다.
• 2020년 : $\dfrac{608.6}{1,906}\times100\fallingdotseq31.9\%$
• 2021년 : $\dfrac{651.6}{2,285.1}\times100\fallingdotseq28.5\%$

PART 2

- 2022년 : $\dfrac{995.6}{2,893.2} \times 100 \fallingdotseq 34.4\%$

- 2023년 : $\dfrac{625.2}{2,769.4} \times 100 \fallingdotseq 22.6\%$

따라서 매년 40% 미만이었다.

16

정답 ④

최고 기온이 17℃ 이상인 지점은 춘천, 강릉, 충주, 서산이다. 이 중 최저 기온이 7℃ 이상인 지점은 강릉과 서산이다. 따라서 두 관측지점의 강수량의 합은 1,464＋1,285＝2,749mm이다.

17

정답 ①

동해의 최고 기온과 최저 기온의 평균은 $\dfrac{16.8+8.6}{2}=12.7$℃이다.

오답분석

② 속초는 관측지점 중 평균 기온이 세 번째로 높고, 강수량은 두 번째로 많다.
③ 최고 기온과 최저 기온의 차이가 가장 큰 지점은 17.7－5.9＝11.8℃인 충주이다.
④ 강릉은 평균 기온과 최저 기온이 가장 높고, 강수량도 가장 많다. 그러나 최고 기온은 충주가 가장 높다.

18

정답 ②

과학 분야를 선호하는 남학생 비율은 10%, 여학생은 4%이다. 따라서 과학 분야를 선호하는 총 학생 수는 470×0.1+450×0.04＝47＋18＝65명이다.

19

정답 ④

기타를 제외한 도서 선호 분야 중 비율이 가장 낮은 분야는 남학생은 예술 분야 1%, 여학생은 철학 분야 2%이다. 따라서 두 분야의 총 학생 수의 10배는 (500×0.01+450×0.02)×10＝(5+9)×10＝140명이다.

20

정답 ③

역사 분야의 남학생 비율은 13%로, 여학생 비율의 2배인 8×2＝16%보다 낮다.

오답분석

① 여학생은 철학 분야(2%)보다 예술 분야(4%)를 더 선호한다.
② 과학 분야는 남학생 비율(10%)이 여학생 비율(4%)보다 높다.
④ 동화 분야의 여학생 비율은 12%로, 남학생 비율의 2배인 7×2＝14%보다 낮다.

01 ▶ 언어추리

01	02	03	04	05	06	07	08	09	10
①	③	③	②	②	②	②	①	③	②

01

정답 ①

주어진 명제를 정리하면 다음과 같다.
- a : 다리가 아픈 사람
- b : 계단을 빨리 오르지 못하는 사람
- c : 평소에 운동을 하지 않는 사람

제시문 A는 각각 a → b, b → c이며, 대우는 각각 ~b → ~a, ~c → ~b이다. 따라서 ~c → ~b → ~a이므로 ~c → ~a이다. 그러므로 '평소에 운동을 하는 사람은 다리가 아프지 않다.'는 참이 된다.

02

정답 ③

노화가 온 사람은 귀가 잘 들리지 않아 큰 소리로 이야기한다. 그러나 큰 소리로 이야기하는 사람 중 노화가 온 사람은 전부 또는 일부일 수도 있으므로 알 수 없다.

03

정답 ③

중국으로 출장을 간 사람은 일본으로 출장을 가지 않지만, 홍콩으로 출장을 간 사람이 일본으로 출장을 가는지 가지 않는지는 알 수 없다.

04

정답 ②

차가운 물로 샤워를 하면 순간적으로 몸의 체온이 내려가나, 몸의 체온이 내려가면 다시 일정한 체온을 유지하기 위해 열이 발생하므로 몸의 체온을 낮게 유지할 수는 없다.

05

정답 ②

D보다 등급이 높은 사람은 2명 이상이므로 D는 3등급 또는 4등급을 받을 수 있다. 그러나 D는 B보다 한 등급이 높아야 하므로 3등급만 가능하며, B는 4등급이 된다. 나머지 1, 2등급에서는 C보다 한 등급 높은 A가 1등급이 되며, C는 2등급이 된다. 따라서 'C는 수리 영역에서 3등급을 받았다.'는 거짓이다.

06

정답 ②

황도 12궁은 태양의 겉보기 운동경로인 황도가 통과하는 12개 별자리이며, 황도 전체를 30°씩 12등분 하였다고 했으므로 360°의 공간에 위치한다고 설명하는 것이 옳다.

07

정답 ②

바실리카의 측랑 지붕 위에 창문이 설치된다고 했고, 회중석은 측랑보다 높은 곳에 위치한다고 했으므로 측랑과 창문이 회중석보다 높은 곳에 설치된다는 것은 거짓이다.

08

정답 ①

네 사람과 다른 상을 받은 D가 1명만 받는 최우수상을 받았음을 알 수 있다.

09

정답 ③

D가 최우수상을 받았으므로 A는 우수상 또는 장려상을 받았음을 알 수 있다. 그러나 A는 B, C와 다른 상을 받았을 뿐, 주어진 조건만으로 그 상이 우수상인지 장려상인지는 알 수 없다.

10

정답 ②

D가 최우수상을 받고, A는 B, C와 서로 다른 상을 받았으므로 B, C가 서로 같은 상을 받았음을 알 수 있다. 따라서 나머지 E는 B가 아닌 A와 같은 상을 받았음을 알 수 있다.

01	02	03	04	05	06	07	08	09	10
①	①	③	④	④	③	④	③	④	③
11	12	13	14	15	16	17	18	19	20
①	①	④	③	③	①	④	③	①	④
21	22	23	24	25	26	27	28	29	30
③	②	④	③	③	④	④	④	③	②

01   정답 ①

앞에 항에 -5, $\times 2$가 반복되는 수열이다.
따라서 (　)$=150-5=145$이다.

02   정답 ①

앞의 항에 $+7$, $+14$, $+21$, …을 하는 수열이다.
따라서 (　)$=24+(7\times3)=45$이다.

03   정답 ③

앞의 항에 $\times3+1$을 하는 수열이다.
따라서 (　)$=121\times3+1=364$이다.

04   정답 ④

앞의 항에 $\times\dfrac{2}{3}$을 하는 수열이다.

따라서 (　)$=\dfrac{13}{18}\times\dfrac{2}{3}=\dfrac{13}{27}$이다.

05   정답 ④

앞의 항에 -1.1, $+1.2$가 반복되는 수열이다.
따라서 (　)$=6.2+1.2=7.4$이다.

06   정답 ③

나열된 수를 각각 A, B, C라고 하면
$\underline{A\ B\ C} \rightarrow B-A=C$
따라서 (　)$=15-4=11$이다.

07   정답 ④

나열된 수를 각각 A, B, C라고 하면
$\underline{A\ B\ C} \rightarrow (A+B)\times3=C$
따라서 (　)$=(48\div3)-5=11$이다.

08   정답 ③

나열된 수를 각각 A, B, C라고 하면
$\underline{A\ B\ C} \rightarrow (A\times B)+2=C$
따라서 (　)$=\dfrac{(-33-2)}{5}=-7$이다.

09   정답 ④

나열된 수를 각각 A, B, C라고 하면
$\underline{A\ B\ C} \rightarrow (A\times B)+1=C$
따라서 (　)$=5\times6+1=31$이다.

10   정답 ③

나열된 수를 각각 A, B, C라고 하면
$\underline{A\ B\ C} \rightarrow A+B+C=53$
따라서 (　)$=53-(20+7)=26$이다.

11   정답 ①

앞에 항에 $+5$, -2가 반복되는 수열이다.

b	g	e	j	(h)	m	k	p
2	7	5	10	8	13	11	16

12   정답 ①

앞에 항에 $\times2$, -1이 반복되는 수열이다.

二	四	三	六	五	(十)
2	4	3	6	5	10

13   정답 ④

홀수 항은 $\times2-1$, 짝수 항은 $+3$을 하는 수열이다.

E	C	I	F	Q	I	(G)
5	3	9	6	17	9	33(7)

14
정답 ③

1^2, 2^2, 3^2, 4^2, …으로 나열된 수열이다.

A	D	I	P	(Y)	J
1	4	9	16	25	36(10)

15
정답 ③

홀수 항은 $+3$, 짝수 항은 -3을 하는 수열이다.

ㄷ	ㅍ	ㅂ	ㅊ	(ㅈ)	ㅅ	ㅌ
3	13	6	10	9	7	12

16
정답 ①

앞에 항에 -6, $+5$, -4, $+3$, …을 하고, 영어와 한글이 반복되는 수열이다.

O	ㅈ	N	ㅊ	M	(ㅋ)	L
15	9	14	10	13	11	12

17
정답 ④

앞의 두 항의 합이 다음 항이 되는 피보나치수열이다.

A	B	C	E	H	M	(U)
1	2	3	5	8	13	21

18
정답 ③

앞의 항에 $+2$, $\div 3$이 반복되는 수열이다.

S	U	G	I	(C)	E
19	21	7	9	3	5

19
정답 ①

- 진료과목 : 부인과로 방문하였으나 최종 결과는 산과이므로 코드는 01이다.
- 진료실 : 2진료실로 코드는 12이다.
- 진료시간 : 평일 오후로 코드는 22이다.
- 진료내용 : 진료를 받았으므로 코드는 33이다.
- 세부내용 : 쌍둥이로 다태아임신에 해당하며 제왕절개로 결정되었다고 했으므로 코드는 44이다.

따라서 환자코드는 0112223344이다.

20
정답 ④

세부내용은 마지막 두 자리를 보고 판단한다.

- 41 : 단태아 자연분만 3건
- 42 : 단태아 제왕절개 2건
- 43 : 다태아 자연분만 1건
- 45 : 해당 없음 5건

따라서 가장 많이 접수된 진료 세부내용은 '해당 없음' 경우이다.

21
정답 ③

산과·부인과 1진료실 평일 오전 011121-, 021121-, 산과·부인과 2진료실 평일 오전 011221-, 021221-, 산과·부인과 3진료실 평일 오후 011322-, 021322-으로 시작되는 진료가 취소되었으므로 이번 달에는 총 5건(0111213341, 0112213342, 0111213343, 0113223141, 0212213245)의 진료가 취소되었다.

22
정답 ②

오답분석

① 진료코드는 총 10자리로 유효하지 않은 환자 코드이다.
③·④ 진료실 코드는 11, 12, 13 중에 하나로, 21과 02는 없는 진료실 코드이다.

23
정답 ④

5 - 한국사
0 - 한국사
11 - 1학년 1학기
1 - 수행평가

24
정답 ③

독서는 국어에 해당하므로 첫 2자리는 15, 마지막 학교생활이라 했으므로 3학년 2학기에 해당할 것이므로 다음 2자리는 32, 개인과제이므로 마지막 자리는 20이다.

25
정답 ③

첫 번째 자리가 3, 두 번째 자리가 30이므로, 경제1이 아닌 '영어 - 작문'이 되어야 한다.

26

정답 ④

세 번째와 네 번째 숫자인 34는 학년·학기분류기호 자리이 지만, 34에 해당하는 학년·학기분류기호는 없다.

27

정답 ④

U - 공용
K - 아동
WI - 겨울
O - 스포츠
T6 - 바지
M - M사이즈

28

정답 ④

성별 구분 없이 입을 수 있어야 하므로 남녀공용(U) 성인(A)의 티셔츠(T3)로 제작해야 하며, 여름용(SU) 소재로 제작하되 운동 경기에서 활동이 편하도록 스포츠용(O)의 L사이즈로 제작해야 한다. 따라서 [성별] - [연령] - [계절] - [용도] - [유형] - [사이즈] 순의 코드 부여 방식에 따라 S사가 생산한 단체복의 제품 코드로 'UASUOT3L'이 적절하다.

29

정답 ③

WJSSUT3M
U는 용도 구분에서 찾아볼 수 없는 코드이다.

[오답분석]

① MCWIIT6XL : 남성용, 유아, 겨울, 이너웨어, 바지, XL 사이즈
② MISSHT3M : 남성용, 영아, 춘추, 홈웨어, 티셔츠, M사이즈
④ WAFOCT6L : 여성용, 성인, 사계절, 캐주얼, 바지, L사이즈

30

정답 ②

홈웨어(H)와 이너웨어(I)이므로, 다섯 번째 영문이 H와 I인 것을 찾는다.
MKSUHT6L
MCSUIT3M
WJSUHT7M
WKSUIT6XL
UKSUIT3XL
따라서 주문된 상품 중 홈웨어와 이너웨어는 총 5개이다.

03 | 지각능력검사

01 ▶ 공간지각

01	02	03	04	05	06	07	08	09	10
②	④	③	④	④	②	①	③	①	②
11	12	13	14	15	16	17	18	19	20
③	①	①	①	②	③	③	②	④	④

01　　　　　　　　　　정답 ②

- 1층 : $4 \times 4 - 8 = 8$개
- 2층 : $16 - 8 = 8$개
- 3층 : $16 - 11 = 5$개
- 4층 : $16 - 15 = 1$개
- ∴ $8 + 8 + 5 + 1 = 22$개

02　　　　　　　　　　정답 ④

- 1층 : $4 \times 4 - 7 = 9$개
- 2층 : $16 - 10 = 6$개
- 3층 : $16 - 12 = 4$개
- 4층 : $16 - 13 = 3$개
- ∴ $9 + 6 + 4 + 3 = 22$개

03　　　　　　　　　　정답 ③

- 1층 : $3 \times 3 - 2 = 7$개
- 2층 : $9 - 2 = 7$개
- 3층 : $9 - 7 = 2$개
- 4층 : $9 - 8 = 1$개
- ∴ $7 + 7 + 2 + 1 = 17$개

04　　　　　　　　　　정답 ④

- 1층 : $3 \times 3 = 9$개
- 2층 : $9 - 1 = 8$개
- 3층 : $9 - 3 = 6$개
- 4층 : $9 - 7 = 2$개
- ∴ $9 + 8 + 6 + 2 = 25$개

05　　　　　　　　　　정답 ④

- 1층 : $4 \times 4 - 6 = 10$개
- 2층 : $16 - 9 = 7$개
- 3층 : $16 - 8 = 8$개
- 4층 : $16 - 13 = 3$개
- ∴ $10 + 7 + 8 + 3 = 28$개

06　　　　　　　　　　정답 ②

- 1층 : $4 \times 4 - 7 = 9$개
- 2층 : $16 - 9 = 7$개
- 3층 : $16 - 10 = 6$개
- 4층 : $16 - 11 = 5$개
- ∴ $9 + 7 + 6 + 5 = 27$개

07　　　　　　　　　　정답 ①

- 1층 : $3 \times 3 - 4 = 5$개
- 2층 : $9 - 7 = 2$개
- 3층 : $9 - 8 = 1$개
- ∴ $5 + 2 + 1 = 8$개

08　　　　　　　　　　정답 ③

- 1층 : $3 \times 3 = 9$개
- 2층 : $9 - 3 = 6$개
- 3층 : $9 - 7 = 2$개
- ∴ $9 + 6 + 2 = 17$개

09　　　　　　　　　　정답 ①

- 1층 : $3 \times 2 = 6$개
- 2층 : $6 - 1 = 5$개
- 3층 : $8 - 3 = 3$개
- 4층 : $6 - 5 = 1$개
- ∴ $6 + 5 + 3 + 1 = 15$개

10

정답 ②

- 1층 : $4 \times 2 - 3 = 5$개
- 2층 : $8 - 5 = 3$개
- 3층 : $8 - 7 = 1$개
∴ $5 + 3 + 1 = 9$개

11

정답 ③

- 1층 : $3 \times 4 - 5 = 7$개
- 2층 : $12 - 8 = 4$개
- 3층 : $12 - 11 = 1$개
∴ $7 + 4 + 1 = 12$개

12

정답 ①

- 1층 : $3 \times 3 - 2 = 7$개
- 2층 : $9 - 7 = 2$개
- 3층 : $9 - 8 = 1$개
∴ $7 + 2 + 1 = 10$개

13

정답 ①

- 1층 : $3 \times 3 - 4 = 5$개
- 2층 : $9 - 7 = 2$개
- 3층 : $9 - 8 = 1$개
∴ $5 + 2 + 1 = 8$개

14

정답 ①

- 1층 : $3 \times 3 - 3 = 6$개
- 2층 : $9 - 6 = 3$개
- 3층 : $9 - 8 = 1$개
∴ $6 + 3 + 1 = 10$개

15

정답 ②

- 1층 : $3 \times 3 - 4 = 5$개
- 2층 : $9 - 5 = 4$개
- 3층 : $9 - 7 = 2$개
∴ $5 + 4 + 2 = 11$개

16

정답 ③

- 1층 : $3 \times 3 - 2 = 7$개
- 2층 : $9 - 5 = 4$개
- 3층 : $9 - 8 = 1$개
∴ $7 + 4 + 1 = 12$개

17

정답 ③

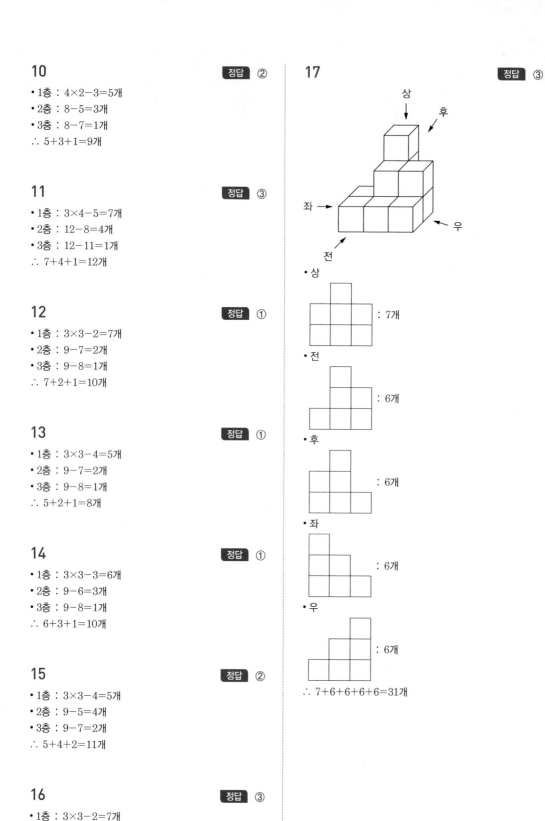

- 상 : 7개
- 전 : 6개
- 후 : 6개
- 좌 : 6개
- 우 : 6개

∴ $7 + 6 + 6 + 6 + 6 = 31$개

18

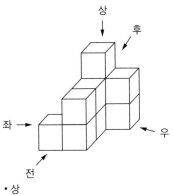

- 상

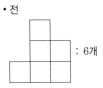

: 5개

- 전

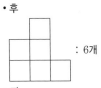

: 6개

- 후

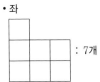

: 6개

- 좌

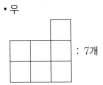

: 7개

- 우

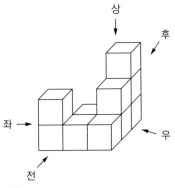

: 7개

∴ 5+6+6+7+7=31개

19

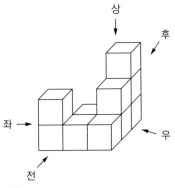

- 상

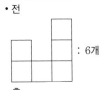

: 6개

- 전

: 6개

- 후

: 6개

- 좌

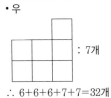

: 7개

- 우

: 7개

∴ 6+6+6+7+7=32개

20

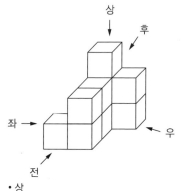

• 상

: 6개

• 전

: 7개(∵ 블록 2개)

• 후

: 7개(∵ 블록 2개)

• 좌

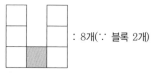
: 8개(∵ 블록 2개)

• 우

: 7개

∴ 6+7+7+8+7=35개

02 ▶ 사무지각

01	02	03	04	05	06	07	08	09	10
①	④	②	④	②	④	④	①	②	②
11	12	13	14	15	16	17	18	19	20
①	③	②	④	①	①	④	②	④	③
21	22	23	24	25					
①	①	③	②	④					

01
정답 ①

제시된 문자를 오름차순으로 나열하면 'A – ㄹ – ㅁ – ㅑ – ㅅ – Ⅰ'이므로 3번째에 오는 문자는 'ㅁ'이다.

02
정답 ④

제시된 문자나 수를 오름차순으로 나열하면 'f – g – n – 17 – 25 – z'이므로 2번째에 오는 것은 '25'이다.

03
정답 ②

제시된 문자를 오름차순으로 나열하면 'ㅂ – ㅊ – ㅋ – R – W – X'이므로 2번째에 오는 문자는 'ㅊ'이다.

04
정답 ④

제시된 문자를 오름차순으로 나열하면 'ㄱ – ㄴ – ㄹ – ㅂ – ㅅ – ㅍ'이므로 4번째에 오는 문자는 'ㅂ'이다.

05
정답 ②

제시된 문자를 오름차순으로 나열하면 'a – ㄴ – ㅁ – i – ㅊ – r'이므로 6번째에 오는 문자는 'r'이다.

06
정답 ④

제시된 문자를 오름차순으로 나열하면 'ㄴ – C – D – ㅂ – K – ㅎ'이므로 2번째에 오는 문자는 'C'이다.

07
정답 ④

제시된 문자나 수를 내림차순으로 나열하면 'N – L – ㅋ – ㅈ – 4 – 3'이므로 5번째에 오는 것은 '4'이다.

08　　　정답 ①

제시된 문자를 내림차순으로 나열하면 'ㅋ－ㅊ－ㅈ－ㅇ－ㄹ－ㄱ'이므로 3번째에 오는 문자는 'ㅈ'이다.

09　　　정답 ②

제시된 문자나 수를 내림차순으로 나열하면 'N－ㅌ－K－ㅂ－ㅁ－B'이므로 4번째에 오는 것은 'ㅂ'이다.

10　　　정답 ②

제시된 문자를 내림차순으로 나열하면 'I－H－E－C－B－A'이므로 3번째에 오는 문자는 'E'이다.

11　　　정답 ①

제시된 문자를 내림차순으로 나열하면 '햐－퍄－야－샤－랴－냐'이므로 5번째에 오는 문자는 '랴'이다.

12　　　정답 ③

제시된 문자를 내림차순으로 나열하면 '十－ㅅ－六－ㅁ－四－ㄷ'이므로 2번째에 오는 문자는 'ㅅ'이다.

13　　　정답 ②

'왕자', '공주', '거품'(인어공주는 거품이 됨)을 통해 '인어공주'를 연상할 수 있다.

14　　　정답 ④

파라오는 이집트의 '왕'으로 '종교'적 지도자 역할을 하였으며, 잘 알려진 파라오 투탕카멘의 무덤에서는 '황금마스크'가 발견되기도 하였다. 따라서 '파라오'를 연상할 수 있다.

15　　　정답 ①

걸리버 여행기에서는 주인공인 걸리버가 항해 도중 '표류'하여 '소인'국과 '대인'국 등을 여행하며 기이한 경험을 한다. 따라서 '걸리버'를 연상할 수 있다.

16　　　정답 ①

요금이 없는 무료('0원'), 심심하고 '지루함'의 무료, 1개를 사면 1개가 무료인 '1+1' 행사를 통해 '무료'를 연상할 수 있다.

17　　　정답 ④

신문사 '조선'일보의 기자, '취재' 기자, 기자 '회견'을 통해 '기자'를 연상할 수 있다.

18　　　정답 ②

• 今昔之感(금석지감) : 지금을 옛적과 비교함에 변함이 심하여 저절로 일어나는 느낌을 이르는 말

19　　　정답 ④

• 牽強附會(견강부회) : 이치에 맞지 아니한 말을 끌어 대어 자기에게 유리하게 함을 이르는 말

20　　　정답 ③

• 糊口之策(호구지책) : '입에 겨우 풀칠하며 살아가는 방책'이라는 뜻으로, 가난한 살림에 하루하루 힘들게 이어가는 형편을 이르는 말

21　　　정답 ①

• 井底之蛙(정저지와) : 우물 안 개구리처럼 세상물정을 너무 모름을 이르는 말

22　　　정답 ①

• 天人共怒(천인공노) : '하늘과 사람이 함께 분노한다.'는 뜻으로, 도저히 용서하지 못 함을 비유하는 말

23　　　정답 ③

• 談虎虎至(담호호지) : '호랑이도 제 말 하면 온다.'는 뜻으로, 이야기에 오른 사람이 마침 그 자리에 나타남을 이르는 말

24　　　정답 ②

• 飮馬投錢(음마투전) : '말에게 물을 마시게 할 때 먼저 돈을 물속에 던져서 물 값을 갚는다.'는 뜻으로, 결백한 행실을 비유하는 말

25　　　정답 ④

• 窮餘之策(궁여지책) : 매우 궁하여 어려움 속에서 낸 마지막 계책을 이르는 말

우리의 모든 꿈은 실현된다.
그 꿈을 밀고 나갈 용기만 있다면.

- 월트 디즈니 -

제1회 최종점검 모의고사

01 ▶ 수리능력검사

01	02	03	04	05	06	07	08	09	10
④	④	①	①	②	④	③	②	③	②
11	12	13	14	15	16	17	18	19	20
①	④	②	④	④	③	③	③	②	①
21	22	23	24	25	26	27	28	29	30
②	③	③	④	③	④	④	①	②	④
31	32	33	34	35	36	37	38	39	40
②	③	①	③	③	③	③	④	④	②

01　　　　정답 ④

$12,025+10,252$
$=22,277$

02　　　　정답 ④

$565\div5+44\times3$
$=113+132$
$=245$

03　　　　정답 ①

$\dfrac{1}{4}+\dfrac{1}{9}+\dfrac{5}{6}$
$=\dfrac{9+4+30}{36}$
$=\dfrac{43}{36}$

04　　　　정답 ①

$456\times2\times2^2$
$=456\times8$
$=3,648$

05　　　　정답 ②

$454+2,348\div4+54$
$=508+587$
$=1,095$

06　　　　정답 ④

$3\times2\times2^2\times2^3$
$=3\times2^6$
$=3\times64$
$=192$

07　　　　정답 ③

$44+121\div11+14$
$=44+11+14$
$=69$

08　　　　정답 ②

$2,312-1,344+556$
$=2,868-1,344$
$=1,524$

09　　　　정답 ③

$930\div5\div2\div3$
$=186\div2\div3$
$=93\div3$
$=31$

10　　　　정답 ②

$503-3\times101$
$=503-303$
$=200$

11

정답 ①

강아지와 닭의 수를 각각 x마리, $(20-x)$마리라고 하자.

$4x+2(20-x)=46$

$\rightarrow 2x=6$

$\therefore x=3$

따라서 강아지는 3마리이다.

12

정답 ④

합격한 사람의 수를 x명이라 하면 불합격한 사람의 수는 $(200-x)$명이다.

$55\times200=70\times x+40\times(200-x)$

$\rightarrow 11,000=30x+8,000$

$\rightarrow 30x=3,000$

$\therefore x=100$

따라서 합격한 사람은 100명이다.

13

정답 ②

증발시키는 물의 양을 xg이라고 하자. 증발시키기 전과 후의 소금의 양은 같으므로 식으로 나타내면 다음과 같다.

$\dfrac{8}{100}\times300=\dfrac{12}{100}(300-x)$

$\rightarrow 2,400=12(300-x)$

$\rightarrow 12x=1,200$

$\therefore x=100$

따라서 100g의 물을 증발시키면 12%의 식염수가 된다.

14

정답 ④

두 주머니 중 한 개의 주머니를 선택할 확률은 각각 $\dfrac{1}{2}$이다.

그러므로 A주머니를 택하고, 흰 공을 꺼낼 확률은 $\dfrac{1}{2}\times\dfrac{1}{4}=\dfrac{1}{8}$이고, B주머니를 택하고, 흰 공을 꺼낼 확률은 $\dfrac{1}{2}\times1=\dfrac{1}{2}$이다.

따라서 꺼낸 공이 흰 공일 확률은 $\dfrac{1}{8}+\dfrac{1}{2}=\dfrac{5}{8}$이다.

15

정답 ④

각 동전을 지불하는 경우의 수는 다음과 같다.

• 10원짜리 : 0원, 10원, 20원, 30원(4가지)
• 50원짜리 : 0원, 50원(2가지)
• 100원짜리 : 0원, 100원, 200원(3가지)
• 500원짜리 : 0원, 500원(2가지)

그러므로 동전을 모두 이용해 지불할 수 있는 경우의 수는 $4\times2\times3\times2=48$가지이고, 0원은 지불한 것으로 보지 않기에 모든 동전을 지불하지 않는 1가지 경우를 제외해야 한다.

따라서 지불할 수 있는 금액의 경우의 수는 $48-1=47$가지이다.

16

정답 ③

구하는 수를 x라고 하면 x를 4, 8, 12로 나눈 나머지가 모두 3이므로 $x-3$은 4, 8, 12의 최소공배수이다. 4, 8, 12의 최소공배수는 24이므로 $x-3=24 \rightarrow x=27$이다.

따라서 가장 작은 자연수는 27이다.

17

정답 ③

윗변의 길이를 $x$cm라고 하면 아랫변의 길이는 $(x-5)$cm이므로 $(x-5+x)\times8\div2=60 \rightarrow 8x=80$이다.

$\therefore x=10$

따라서 윗변의 길이는 10cm이다.

18

정답 ③

1시간=60분, 1분=60초, 1시간=3,600초이므로 15,000초=4시간 10분이다. 따라서 3시 55분에서 4시간 10분 후는 8시 5분이다.

19

정답 ②

소수의 약수는 2개이며, 소수의 제곱은 약수가 3개이다. 그러므로 2, 3, 5, 7, 11, 13의 제곱인 4, 9, 25, 49, 121, 169의 약수는 3개이다.

따라서 1부터 200까지의 숫자 중 약수가 3개인 수는 6개이다.

20

정답 ①

평균점수가 8점 이상이 되려면 총점은 24점 이상이 되어야 졸업할 수 있다.

따라서 $24-(7.5+6.5)=24-14=10$점 이상을 받아야 한다.

21

정답 ②

학교에서 도서관까지의 거리를 $x$km라고 하자.

$\dfrac{x}{40}=\dfrac{x}{45}+\dfrac{1}{6}$

$\rightarrow 9x-8x=60$

$\therefore x=60$

따라서 학교에서 도서관까지의 거리는 60km이다.

22

휴일이 5일, 7일 간격이기 때문에 각각 6번째 날과 8번째 날이 휴일이 된다. 두 회사 휴일의 최소공배수는 24이므로 두 회사는 24일마다 함께 휴일을 맞는다. 4번째로 함께 하는 휴일은 $24 \times 4 = 96$이므로 $96 \div 7 = 13 \cdots 5$이다.

따라서 금요일이 4번째로 함께 하는 휴일이다.

23

31, 87에서 각각에 해당하는 나머지 1, 3을 빼면 30, 84이며, 이 두 수의 최대공약수는 6이므로 자연수 A는 6이다.

24

가족 평균 나이는 $132 \div 4 = 33$세이므로 어머니의 나이는 $33 + 10 = 43$세이다. 나, 동생, 아버지의 나이를 각각 x세, y세, z세라고 하자.

$x + y = 41 \cdots \bigcirc$
$z = 2y + 10 \cdots \bigcirc\!\!\bigcirc$
$z = 2x + 4 \cdots \bigcirc\!\!\bigcirc\!\!\bigcirc$

$\bigcirc\!\!\bigcirc$, $\bigcirc\!\!\bigcirc\!\!\bigcirc$을 연립하여 정리하면 다음과 같다.

$x - y = 3 \cdots \circledast$

$\bigcirc$, $\circledast$을 연립하여 정리하면 $x = 22$, $y = 19$이다.

따라서 동생의 나이는 19세이다.

25

학생, 어른의 입장료를 각각 x원, $2x$원이라고 하자.

$5x + 6 \times 2x = 51,000 \rightarrow x = 3,000$

따라서 어른 한 명의 입장료는 $2x = 6,000$원이다.

26

B의 총점이 A보다 4점 낮다고 하였으므로 방정식은 다음과 같다.

$x + (x + 3) + 6 = (8 + 5 + 6) + 4$
$\rightarrow 2x + 9 = 23$
$\therefore x = 7$

따라서 A가 첫 번째 경기에서 획득한 점수는 7점이다.

27

중학교 이하인 인구 구성비의 2019년 대비 2022년 감소율은

$\dfrac{13 - 18}{18} \times 100 \fallingdotseq -27.8\%$이다.

28

6명 중 두 번째로 키가 큰 사람은 '연준'이며, 연준이의 몸무게는 4번째로 가볍다.

29

2023년의 어린이보호구역의 합계는 $15,136(=5,946+6,735 +131+2,313+11)$개이고, 2018년 어린이보호구역의 합계는 $8,429(=5,365+2,369+76+619)$개이므로 2023년 어린이보호구역은 2018년보다 총 6,707개 증가했다.

① 2018년 어린이보호구역의 합계는 $8,429(=5,365+2,369 +76+619)$개이다.

③ 2022년과 2023년의 특수학교 지정현황은 131개로 같으므로 옳은 내용이다.

④ 초등학교 어린이보호구역은 5,365개 – 5,526개 – 5,654개 – 5,850개 – 5,917개 – 5,946개로 계속해서 증가하고 있다.

30

2021년 출생아 수는 그 해 사망자 수의 $\dfrac{438,420}{275,895} \fallingdotseq 1.59$배로, 1.7배 미만이다.

① 출생아 수가 가장 많았던 해는 2021년이므로 옳은 설명이다.

② 표를 보면 사망자 수가 2020년부터 2023년까지 매년 전년대비 증가하고 있음을 알 수 있다.

③ 사망자 수가 가장 많은 2023년은 사망자 수가 285,534명이고, 가장 적은 2019년은 사망자 수가 266,257명으로, 두 연도의 사망자 수 차이는 $285,534 - 266,257 = 19,277$명으로 15,000명 이상이다.

31

2021년에는 전체 응답자 중 본인만의 독립생활이 불가능하기 때문에 자녀와 동거한다는 응답자가 가장 많았다.

32

• 2019년 대비 2020년 사고 척수의 증가율

$: \dfrac{2,400 - 1,500}{1,500} \times 100 = 60\%$

• 2019년 대비 2020년 사고 건수의 증가율

$: \dfrac{2,100 - 1,400}{1,400} \times 100 = 50\%$

33

연도별 사고 건수당 인명피해의 인원수를 구하면 다음과 같다.

- 2019년 : $\dfrac{700}{1,400}=0.5$명/건

- 2020년 : $\dfrac{420}{2,100}=0.2$명/건

- 2021년 : $\dfrac{460}{2,300}=0.2$명/건

- 2022년 : $\dfrac{750}{2,500}=0.3$명/건

- 2023년 : $\dfrac{260}{2,600}=0.1$명/건

따라서 사고 건수당 인명피해의 인원수가 가장 많은 연도는 2019년이다.

34

정답 ③

제품별 밀 소비량 그래프에서 라면류와 빵류의 밀 사용량의 10%는 각각 6.6톤, 6.4톤이다.
따라서 과자류에 사용될 밀 소비량은 총 $42+6.6+6.4=55$ 톤이다.

35

정답 ③

A ~ D과자 중 밀을 가장 많이 사용하는 과자는 45%를 사용하는 D과자이고, 가장 적게 사용하는 과자는 15%를 사용하는 C과자이다.
따라서 두 과자의 밀 사용량 차이는 $42\times(0.45-0.15)=42\times0.3=12.6$톤이다.

36

정답 ③

고령화지수를 구하는 공식을 바탕으로 65세 이상 인구를 구하면 다음과 같다.

$$19.7=\dfrac{(65세\ 이상\ 인구)}{50,000}\times100$$

→ (65세 이상 인구)$=19.7\times500=9,850$
따라서 65세 이상 인구는 9,850명이다.

37

정답 ③

$$\dfrac{107.1-69.9}{69.9}\times100≒53\%$$

38

정답 ④

ㄱ. 노인부양비 추이는 5년 단위로 계속 증가하고 있다.

ㄷ. $11.3-7.0=4.3\%$p

ㄹ. 5년 단위 증가폭 추이 : 2005년(7.9%), 2010년(15.5%), 2015년(26.8%), 2020년(37.2%)

오답분석

ㄴ. 고령화지수는 계속 증가하고 있지만 같은 비율로 증가하고 있지는 않다.

39

정답 ④

1990년 7,434명($=18,000\times0.413$)에서 2000년 7,657명($=19,000\times0.403$)으로 223명 증가하였다.

40

정답 ②

1990년 2.5%($≒567\div22,267\times100$)에서 2000년 3.3%($≒790\div23,690\times100$)로 0.8%p 증가하였다.

01	02	03	04	05	06	07	08	09	10
①	①	①	③	③	①	③	①	②	①
11	12	13	14	15	16	17	18	19	20
③	④	②	②	①	③	④	③	④	③
21	22	23	24	25	26	27	28	29	30
④	④	③	④	④	④	③	③	③	③
31	32	33	34	35	36	37	38	38	40
③	②	①	④	④	④	④	③	①	④	②

01
정답 ①

- a : 소꿉놀이를 좋아하는 아이
- b : 수영을 좋아하는 아이
- c : 공놀이를 좋아하는 아이
- d : 장난감 로봇을 좋아하는 아이

제시문 A를 간단히 나타내면 a → ~b, ~c → d, c → ~a이다. 따라서 a → ~c → d가 성립하고 이의 대우 명제인 ~d → ~a도 참이다.

02
정답 ①

첫 번째 명제와 세 번째 명제, 그리고 두 번째 명제의 대우 명제를 연결하면 '바다에 가면 산에 가지 않겠다.'가 성립한다.

03
정답 ①

첫 번째 명제와 세 번째 명제, 그리고 두 번째 명제의 대우 '과제를 하지 않으면 도서관에 가지 않을 것이다.'를 연결하면 '독서실에 가면 도서관에 가지 않을 것이다.'가 성립한다.

04
정답 ③

게으른 사람은 항상 일을 미루고 목표를 달성하지 못한다. 그러나 목표를 달성하지 못한 사람 중 게으른 사람은 전부 또는 일부일 수도 있으므로 알 수 없다.

05
정답 ③

새싹이 더 많이 자란 순서대로 작물을 나열하면 '토마토 – 오이 – 호박'과 '상추 – 오이 – 호박'이 되며, 토마토와 상추의 새싹은 서로 비교할 수 없다. 따라서 상추의 새싹이 가장 많이 자랐는지는 알 수 없다.

06
정답 ①

새싹이 더 많이 자란 순서대로 나열하면 '토마토 – 상추 – 오이 – 호박' 또는 '상추 – 토마토 – 오이 – 호박'이 되므로 호박의 새싹이 가장 적게 자란 것을 알 수 있다.

07
정답 ③

호박의 새싹이 가장 적게 자랐으나, 주어진 조건만으로는 어떤 작물을 가장 늦게 심었는지 알 수 없다.

08
정답 ①

주어진 조건에 따라 다섯 지역의 개나리 개화일을 정리하면 다음과 같다.

광주	대구	대전	서울	강릉	평균
3.20		3.23	3.27		3.22

대구와 강릉 중 한 곳의 개화일은 대전의 개화일과 같으며, 다섯 지역의 평균 개화일은 3월 22일이므로 나머지 한 곳의 개화일을 구하면, $\dfrac{20+23+27+23+x}{5}=22 \rightarrow x=22\times 5-93=17$일이다. 따라서 개나리 개화 시기가 가장 늦은 지역은 3월 27일의 서울이다.

09
정답 ②

08번 해설에 따르면 다섯 지역 중 평균 개화일인 3월 22일보다 개화일이 빠른 지역은 광주, 대구 또는 광주, 강릉이므로 거짓이다.

10
정답 ①

08번 해설에 따라 대구와 대전의 개화일이 같다면 강릉의 개화일은 3월 17일이 되므로 강릉의 개화 시기가 가장 빠르다.

11
정답 ③

앞의 항에 +2, +3, +4, +5, +6, …을 하는 수열이다.
따라서 (   )=25+7=32이다.

12
정답 ④

앞의 항에 ×3, ÷9가 반복되는 수열이다.
따라서 (   )=3×3=9이다.

13
정답 ②

앞의 항에 $\times 1$, $\times 2$, $\times 3$, …을 하는 수열이다.

따라서 ( )$=\dfrac{4}{3}\times 2=\dfrac{8}{3}$ 이다.

14
정답 ②

나열된 수를 각각 A, B, C라고 하면
$\underline{A\ B\ C}\to(A+B)\times 2=C$
따라서 ( )$=(2+4)\times 2=12$이다.

15
정답 ①

나열된 수를 각각 A, B, C라고 하면
$\underline{A\ B\ C}\to A\times B-1=C$
따라서 ( )$=10\times 2-1=19$이다.

16
정답 ③

홀수 항은 $\times(-5)$, 짝수 항은 $\div 2$를 하는 수열이다.
따라서 ( )$=44\times 2=88$이다.

17
정답 ④

앞의 항에 $+0.2$, $+0.25$, $+0.3$, $+0.35$, …을 하는 수열이다.
따라서 ( )$=1.8+0.4=2.2$이다.

18
정답 ③

분자는 -8이고, 분모는 $+8$인 수열이다.

따라서 ( )$=\dfrac{58-8}{102+8}=\dfrac{50}{110}$ 이다.

19
정답 ④

나열된 수를 3개씩 묶어 각각 A, B, C라고 하면
$\underline{A\ B\ C}\to B^2=A\times C$
따라서 ( )$=\sqrt{8\times 2}=4$이다.

20
정답 ③

앞의 항에 $\times 6$, $\div 3$이 반복되는 수열이다.
따라서 ( )$=9\times 6=54$이다.

21
정답 ④

홀수 항은 -2, 짝수 항은 $\times 3$을 하는 수열이다.

따라서 ( )$=\dfrac{21}{2}\times 3=\dfrac{63}{2}$ 이다.

22
정답 ④

홀수 항은 $+5$, 짝수 항은 $+4$를 하는 수열이다.

J	ㄹ	(O)	ㅇ	T	ㅌ
10	4	15	8	20	12

23
정답 ③

1, 2, 2, 3, 3, 3, 4, 4, 4, 4, …로 이루어진 수열이다.

ㄱ	ㄴ	二	ㄷ	三	C	ㄹ	(四)	D	d
1	2	2	3	3	3	4	4	4	4

24
정답 ④

1^2, 2^2, 3^2, 4^2, 5^2, …로 이루어진 수열이다.

A	D	(I)	P	Y
1^2	2^2	3^2	4^2	5^2

25
정답 ④

앞의 항에 -1, $+2$, -3, $+4$, -5를 하는 수열이다.

五	D	六	(C)	七
5	4	6	3	7

26
정답 ④

앞에 항에 $+1$을 하는 수열이다.

ㅕ	E	f	(ㅜ)	H	i
4	5	6	7	8	9

27
정답 ③

24의 약수에 해당하는 수로 이루어진 수열이다.

X	L	H	(F)	D	C	B	A
24	12	8	6	4	3	2	1

28 정답 ③

홀수 항은 12의 약수, 짝수 항은 14의 약수에 해당하는 수로 이루어진 수열이다.

L	(ㅎ)	F	ㅅ	D	ㄴ	C	ㄱ
12	14	6	7	4	2	3	1

29 정답 ③

홀수 항의 십의 자리와 일의 자리 숫자를 더하면 다음 항이 되는 수열이다.

q	ㅇ	p	ㅅ	(o)	ㅂ	n	ㅁ
17	8	16	7	15	6	14	5

30 정답 ③

홀수 항은 +2, 짝수 항은 +3을 하는 수열이다.

ㄹ	ㄷ	ㅂ	F	(ㅇ)	I	ㅊ
4	3	6	6	8	9	10

31 정답 ③

한글 자음, 알파벳 대문자, 소문자, 한자의 5번째와 10번째로 이루어진 수열이다.

ㅁ	E	e	五	ㅊ	(J)	j	十
5	5	5	5	10	10	10	10

32 정답 ②

홀수 항은 10부터 내림차순으로, 짝수 항은 1부터 오름차순으로 나열하는 수열이다.

十	一	九	二	(八)	三	七	四
10	1	9	2	8	3	7	4

33 정답 ①

소형버스인 RT코드를 모두 찾으면 다음과 같다.
RT-25-KOR-18-0803, RT-16-DEU-23-1501, RT-25-DEU-12-0904, RT-23-KOR-07-0628, RT-16-USA-09-0712
소형버스는 총 5대이며, 이 중 독일에서 생산된 것은 2대이다. 따라서 소형버스 전체의 40%를 차지하므로 ①은 옳지 않다.

34 정답 ④

오디션 분야와 가까운 내용의 상이 없더라도 그 외 다른 상이 있다면 임의로 하나만 기입하라고 되어 있다. 하지만 위 참가번호에는 '해당 없음'이라고 기입되어 있으므로 수상내역이 없다.

오답분석
① 배우라고 표기되어 있으므로 오디션 분야가 음악 쪽이라고 보긴 어렵다.
② 나이가 20대로 표기되어 있으므로 미성년자가 아니다.
③ 실거주지가 그 외 지방으로 표기되어 있으므로 수도권이 아니다.

35 정답 ④

오디션 참가번호 구성 순으로 갑에 대한 정보를 정리하면 다음과 같다.
• 래퍼분야 오디션 지원(RP) – 남고출신 (1) – 20대(2) – 홍대역(서울거주(SO)) – 래퍼활동(7) – 수상에 대한 언급 없음(00)
따라서 갑의 오디션 참가번호는 'RP12SO700'이다.

36 정답 ④

ⓒ 오디션 참가번호가 10자리로 되어 있으므로 적절하지 않다.
ⓔ 5~6번째 자리는 실거주지를 나타내는 자리이나 GN에 대한 실거주지 정보는 없다.

오답분석
㉠ AT(배우) – 1(남성) – 1(10대) – IN(인천) – 0(해당 없음) – 00(해당 없음)
㉡ SG(보컬) – 2(여성) – 2(20대) – GD(경기도) – 0(해당 없음) – 04(가창경연대회수상)
㉢ RP(래퍼) – 2(여성) – 3(30대) – IN(인천) – 7(래퍼·보컬활동) – 03(래퍼경연대회 수상)

37 정답 ③

5 – 학습참고서(중고교용)
3 – 단행본
9 – 역사
8 – 지리
0 – 0

38

정답 ①

실용서적 : 실용(1)
그림도서 : 그림책 / 만화(7)
기술 : 기술과학(5)
생활 : 생활(9)

오답분석

② 27590 : 여성, 그림책 / 만화, 기술과학, 생활
③ 17390 : 실용, 그림책 / 만화, 사회과학, 국방 / 군사학
④ 17560 : 실용, 그림책 / 만화, 기술과학, 전기공학

39

정답 ④

아동용=7, 신서판=2, 예술=6, 사진예술=6

오답분석

① 94150 : 전문, 전집, 철학, 동양철학
② 25810 : 여성, 전자출판물, 문학, 한국문학
③ 41420 : 청소년, 사전, 자연과학, 물리학

40

정답 ②

마지막 자리 숫자는 항상 0이다.

오답분석

① 01230 : 교양, 사전, 종교, 기독교 / 천주교
③ 73740 : 아동, 단행본, 언어, 영어
④ 90030 : 전문, 문고본, 총류, 백과사전

03 ▶ 지각능력검사

01	02	03	04	05	06	07	08	09	10
①	③	④	②	④	②	③	④	①	②
11	12	13	14	15	16	17	18	19	20
③	④	④	①	②	②	③	④	①	③
21	22	23	24	25	26	27	28	29	30
①	①	④	③	④	②	①	④	④	④
31	32	33	34	35	36	37	38	39	40
②	③	①	④	②	③	②	①	④	③

01

정답 ①

- 1층 : $4 \times 4 - 4 = 12$개
- 2층 : $16 - 6 = 10$개
- 3층 : $16 - 6 = 10$개
- 4층 : $16 - 8 = 8$개
∴ $12 + 10 + 10 + 8 = 40$개

02

정답 ③

- 1층 : $4 \times 4 - 8 = 8$개
- 2층 : $16 - 3 = 13$개
- 3층 : $16 - 2 = 14$개
- 4층 : $16 - 12 = 4$개
∴ $8 + 13 + 14 + 4 = 39$개

03

정답 ④

- 1층 : $4 \times 4 - 9 = 7$개
- 2층 : $16 - 6 = 10$개
- 3층 : $16 - 3 = 13$개
- 4층 : $16 - 8 = 8$개
∴ $7 + 10 + 13 + 8 = 38$개

04

정답 ②

- 1층 : $4 \times 4 - 4 = 12$개
- 2층 : $16 - 4 = 12$개
- 3층 : $16 - 6 = 10$개
- 4층 : $16 - 10 = 6$개
∴ $12 + 12 + 10 + 6 = 40$개

05

정답 ④

- 1층 : $4 \times 4 - 3 = 13$개
- 2층 : $16 - 6 = 10$개
- 3층 : $16 - 3 = 13$개
- 4층 : $16 - 13 = 3$개

$\therefore 13 + 10 + 13 + 3 = 39$개

06

정답 ②

- 1층 : $4 \times 4 - 6 = 10$개
- 2층 : $16 - 7 = 9$개
- 3층 : $16 - 5 = 11$개
- 4층 : $16 - 10 = 6$개

$\therefore 10 + 9 + 11 + 6 = 36$개

07

정답 ③

- 1층 : $4 \times 4 - 4 = 12$개
- 2층 : $16 - 5 = 11$개
- 3층 : $16 - 6 = 10$개
- 4층 : $16 - 10 = 6$개

$\therefore 12 + 11 + 10 + 6 = 39$개

08

정답 ④

- 1층 : $4 \times 4 - 7 = 9$개
- 2층 : $16 - 8 = 8$개
- 3층 : $16 - 9 = 7$개
- 4층 : $16 - 6 = 10$개

$\therefore 9 + 8 + 7 + 10 = 34$개

09

정답 ①

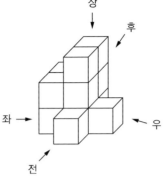

- 상

 : 6개

- 전

 : 6개

- 후

 : 6개

- 좌

 : 7개

- 우

 : 7개

$\therefore 6 + 6 + 6 + 7 + 7 = 32$개

10 정답 ②

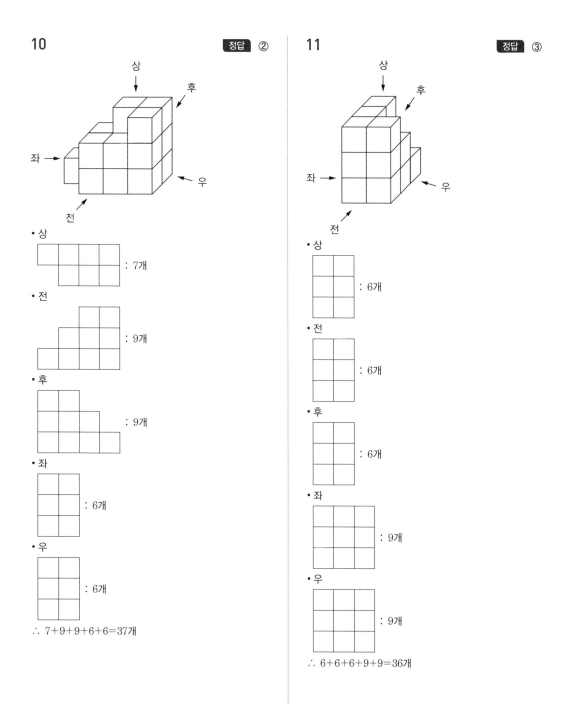

11 정답 ③

• 상

　　　　: 6개

• 전

　　　　: 6개

• 후

　　　　: 6개

• 좌

　　　　: 9개

• 우

　　　　: 9개

∴ 6+6+6+9+9=36개

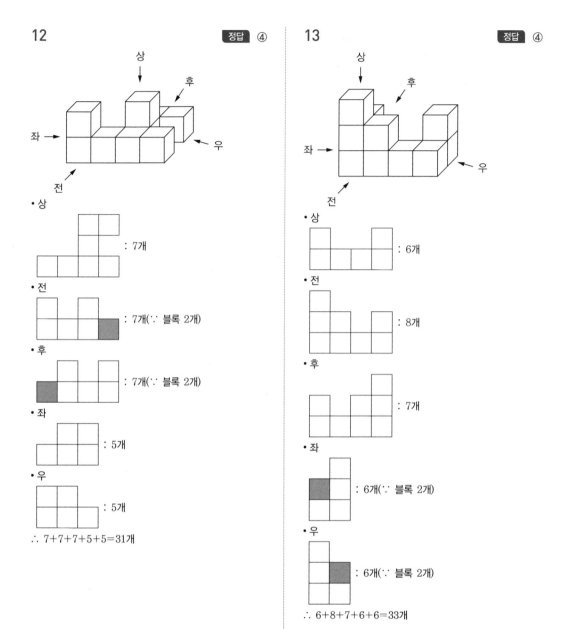

12

• 상

: 7개

• 전

: 7개(∵ 블록 2개)

• 후

: 7개(∵ 블록 2개)

• 좌

: 5개

• 우

: 5개

∴ 7+7+7+5+5=31개

13

• 상

: 6개

• 전

: 8개

• 후

: 7개

• 좌

: 6개(∵ 블록 2개)

• 우

: 6개(∵ 블록 2개)

∴ 6+8+7+6+6=33개

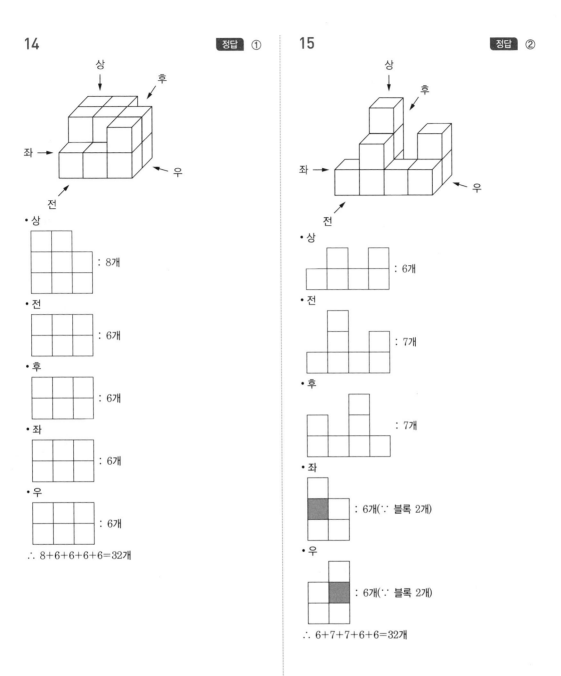

14 　정답 ①

•상

: 8개

•전

: 6개

•후

: 6개

•좌

: 6개

•우

: 6개

∴ 8+6+6+6+6=32개

15 　정답 ②

•상

: 6개

•전

: 7개

•후

: 7개

•좌

: 6개(∵ 블록 2개)

•우

: 6개(∵ 블록 2개)

∴ 6+7+7+6+6=32개

16 　　　정답 ②

제시된 문자를 오름차순으로 나열하면 'A – ㄹ – E – ㅂ – G – ㅇ'이므로 1번째에 오는 문자는 'A'이다.

17 　　　정답 ③

제시된 문자를 오름차순으로 나열하면 '五 – 九 – 十 – K – L – P'이므로 3번째에 오는 문자는 '十'이다.

18 　　　정답 ④

제시된 문자를 오름차순으로 나열하면 'ㄷ – F – ㅅ – ㅈ – K – Q'이므로 5번째에 오는 문자는 'K'이다.

19 　　　정답 ①

제시된 문자를 오름차순으로 나열하면 'D – E – G – K – M – X'이므로 6번째에 오는 문자는 'X'이다.

20 　　　정답 ③

제시된 문자를 오름차순으로 나열하면 'ㄴ – ㅇ – ㅎ – Q – R – T'이므로 4번째에 오는 문자는 'Q'이다.

21 　　　정답 ①

제시된 문자를 오름차순으로 나열하면 'ㄴ – ㅁ – ㅂ – ㅅ – ㅇ – ㅊ'이므로 2번째에 오는 문자는 'ㅁ'이다.

22 　　　정답 ①

제시된 문자를 내림차순으로 나열하면 'i – h – e – d – c – b'이므로 6번째에 오는 문자는 'b'이다.

23 　　　정답 ④

제시된 문자를 내림차순으로 나열하면 'O – J – 八 – 五 – D – 二'이므로 3번째에 오는 문자는 '八'이다.

24 　　　정답 ③

제시된 문자를 내림차순으로 나열하면 'ㅈ – 七 – ㄹ – 三 – 二 – ㄱ'이므로 2번째에 오는 문자는 '七'이다.

25 　　　정답 ④

제시된 문자를 내림차순으로 나열하면 'ㅌ – ㅈ – e – ㄹ – c – a'이므로 4번째에 오는 문자는 'ㄹ'이다.

26 　　　정답 ②

제시된 문자를 내림차순으로 나열하면 'J – H – F – E – B – A'이므로 6번째에 오는 문자는 'A'이다.

27 　　　정답 ①

제시된 문자를 내림차순으로 나열하면 'ㅎ – M – J – ㅈ – G – ㄷ'이므로 4번째에 오는 문자는 'ㅈ'이다.

28 　　　정답 ④

'화랑'은 신라 때에 인재를 선발할 목적으로 만든 조직이다. 신라는 당나라와 연합하여 660년에 백제를, 668년에 고구려를 무너뜨린 후, 나당전쟁으로 당나라 세력을 몰아내고 '통일'을 이루었다. '계림'은 신라의 국호였으며, 지증왕 때 이르러 신라로 바뀌었다.

29 　　　정답 ④

'호미'는 날, 손잡이인 '자루', 날과 자루를 연결해주는 슴베로 구성되며, 논이나 밭의 흙을 '파서' 풀을 뽑는 데 사용되는 대표적인 '농기구'이다.

30 　　　정답 ④

'도장'은 개인, 단체 등의 '이름'을 나무, 돌 등에 '새겨' 문서에 '찍도록' 만든 물건이다.

31 　　　정답 ②

'교통순경'이 교통 법규를 어긴 사람에게 주는 '벌금형'의 처벌 서류는 '딱지'이다. '상처'가 아물고 나은 자리에 일시적으로 생기는 것은 '딱지'이다.

32 　　　정답 ③

'달'은 밤에 떠 있고, '수면'은 주로 밤에 취하며, '가로등'은 어두운 밤에 켜지므로 '밤'을 연상할 수 있다.

33 　정답 ①

• 純潔無垢(순결무구) : '순수하고 깨끗하여 때가 없다.'는 뜻으로, 세속에 물들지 않아 순수한 몸과 마음을 이르는 말

34 　정답 ④

• 戴盆望天(대분망천) : '화분 등을 머리에 이고 하늘을 바라봄'이라는 뜻으로, 한 번에 두 가지 일을 할 수 없음을 비유하는 말

35 　정답 ②

• 臨戰無退(임전무퇴) : '전장에 임하여 물러서지 않는다.'는 뜻으로, 용기 있고 대담하게 끝까지 싸우는 군사의 자세를 이르는 말

36 　정답 ③

• 結者解之(결자해지) : '맺은 사람이 풀어야 한다.'는 뜻으로, 자기가 저지른 일은 자기가 해결하여야 함을 이르는 말

37 　정답 ②

• 登高自卑(등고자비) : '높은 곳에 오르려면 낮은 곳에서부터 오른다.'는 뜻으로, 일을 순서대로 하여야 함을 이르는 말

38 　정답 ①

• 牛耳讀經(우이독경) : '쇠귀에 경 읽기'라는 뜻으로, 아무리 가르치고 일러 주어도 알아듣지 못함을 이르는 말

39 　정답 ④

• 下石上臺(하석상대) : '아랫돌 빼서 윗돌괴기'라는 뜻으로, 임기응변으로 어려운 일을 처리함을 이르는 말

40 　정답 ③

• 後生可畏(후생가외) : '후생목이 우뚝하다.'라는 뜻으로, 젊은 후학들을 두려워 할 만함을 이르는 말

01 ▶ 수리능력검사

01	02	03	04	05	06	07	08	09	10
②	②	②	①	④	③	①	④	②	②
11	12	13	14	15	16	17	18	19	20
①	③	①	④	③	①	②	④	②	④
21	22	23	24	25	26	27	28	29	30
①	②	④	④	①	②	③	①	④	③
31	32	33	34	35	36	37	38	39	40
①	③	③	①	②	③	①	②	③	④

01 정답 ②

$9,681-28$
$=9,653$

02 정답 ②

$\left(\dfrac{13}{12}-\dfrac{7}{12}\right)\times2$
$=\dfrac{6}{12}\times2$
$=1$

03 정답 ②

$0.986+7.357$
$=8.343$

04 정답 ①

$1,465-95.5\div0.5$
$=1,465-191$
$=1,274$

05 정답 ④

$16\times64+108$
$=1,024+108$
$=1,132$

06 정답 ③

$1,584+43-1,465$
$=1,627-1,465$
$=162$

07 정답 ①

$72\times61-4,289$
$=4,392-4,289$
$=103$

08 정답 ④

$\dfrac{7}{9}\times\dfrac{36}{11}$
$=\dfrac{28}{11}$

09 정답 ②

$15\times108-303\div3$
$=1,620-101$
$=1,519$

10 정답 ②

$\dfrac{5}{2}-\dfrac{7}{2}\times\dfrac{6}{14}$
$=\dfrac{5}{2}-\dfrac{3}{2}$
$=1$

11

정답 ①

A부품은 12분에 1개씩, B부품은 16분에 1개씩 생산되므로 두 부품은 처음으로 동시에 생산된 후 12와 16의 최소공배수인 48분 후에 동시에 생산된다.

12

정답 ③

현재 형의 나이가 x살이면 현재 동생의 나이는 $(38-x)$살이므로 6년 후 형의 나이는 $(x+6)$살, 동생의 나이는 $(44-x)$살이다.

$2(44-x)-10=x+6$

$\rightarrow 3x=72$

$\therefore x=24$

따라서 현재 형의 나이는 24살이다.

13

정답 ①

달리기를 시작한 지점에서부터 형과 동생이 만나는 지점까지의 거리를 xm라 하자.

$\dfrac{x}{300}-3=\dfrac{x}{500}$

$\rightarrow 5x-4,500=3x$

$\therefore x=2,250$

따라서 형이 동생을 앞지르기 시작하는 지점은 출발점에서 2,250m 떨어진 곳이다.

14

정답 ④

A지역과 B지역 사이의 거리를 $x$km라 하자.

갈 때의 시간보다 올 때의 시간이 30분 덜 걸리므로 다음과 같은 식이 성립한다.

$\dfrac{x}{80}=\dfrac{x}{120}+\dfrac{1}{2}$

$\rightarrow 3x=2x+120$

$\therefore x=120$

따라서 두 지역 사이의 거리는 120km이다.

15

정답 ③

154, 49, 63의 최대공약수는 7이므로 사과는 22개씩, 참외는 7개씩, 토마토는 9개씩 7명에게 나눠줄 수 있다.

16

정답 ①

더 넣은 소금의 양을 xg이라 하자.

$\dfrac{12}{100}\times100+x=\dfrac{20}{100}\times(100+x)$

$\rightarrow 1,200+100x=2,000+20x$

$\therefore x=10$

따라서 더 넣은 소금의 양은 10g이다.

17

정답 ②

철수의 한 달 수입을 x원이라 하자.

$x-0.4x-\dfrac{1}{2}(x-0.4x)=60,000$

$\rightarrow 0.3x=60,000$

$\therefore x=200,000$

따라서 철수의 한 달 수입은 200,000원이다.

18

정답 ④

우유 1팩의 정가를 x원이라 하자.

$0.8(x+800)=2,000$

$\rightarrow 0.8x=1,360$

$\therefore x=1,700$

따라서 우유 1팩의 정가는 1,700원이다.

19

정답 ②

세라가 동생에게 준 동전의 개수를 x개라고 하자.

$42-x=2(12+x)$

$\rightarrow 3x=18$

$\therefore x=6$

따라서 세라는 동생에게 6개의 동전을 주었다.

20

정답 ④

$\dfrac{10\times2+30\times5+20\times3.5}{10+30+20}=\dfrac{240}{60}=4$점

21

정답 ①

막내의 나이를 x살, 서로 나이가 같은 3명의 멤버 중 한 명의 나이를 y살이라 하자.

$y=105\div5=21(\because y=5$명의 평균 나이$)$

$24+3y+x=105$

$\rightarrow x+3\times21=81$

$\therefore x=18$

따라서 막내의 나이는 18살이다.

22
정답 ②

사원수를 x명이라 하자.

50만 원씩 주면 100만 원이 남는 경우는 $(50x+100)$만 원의 금액이 필요하고, 60만 원씩 주면 500만 원이 부족한 경우는 $(60x-500)$만 원의 금액이 필요하다.

$50x+100=60x-500$

$\rightarrow 10x=600$

$\therefore x=60$

따라서 사원수는 60명이다.

23
정답 ④

• 남학생 중 뮤지컬을 좋아하지 않는 학생 : $50-24=26$명

• 여학생 중 뮤지컬을 좋아하지 않는 학생 : $30-16=14$명

따라서 구하고자 하는 확률은 $\dfrac{14}{26+14}=\dfrac{7}{20}$이다.

24
정답 ④

네 종류의 메모지 중 2개를 고르는 경우의 수는 $_4C_2=6$가지, 세 종류의 펜 중 1개를 고르는 경우의 수는 $_3C_1=3$가지이다. 따라서 모든 경우의 수는 $6\times3=18$가지이다.

25
정답 ①

• n개월 후 형의 통장 잔액 : $2,000n$원

• n개월 후 동생의 통장 잔액 : $(10,000+1,500n)$원

따라서 형의 통장 잔액이 동생보다 많아질 때는 $2,000n>10,000+1,500n \rightarrow n>20$이므로 21개월 후이다.

26
정답 ②

가장 구성비가 큰 항목은 국민연금으로 57%이며, 네 번째로 구성비가 큰 항목은 사적연금으로 8.5%이다.

따라서 가장 구성비가 큰 항목의 구성비 대비 네 번째로 구성비가 큰 항목의 구성비의 비율은 $\dfrac{8.5}{57.0}\times100\fallingdotseq14.9\%$이다.

27
정답 ③

정상가로 A, B, C과자를 2봉지씩 구매할 수 있는 금액은 $(1,500+1,200+2,000)\times2=4,700\times2=9,400$원이다. 이 금액으로 A, B, C과자를 할인된 가격으로 2봉지씩 구매하고 남은 금액은 $9,400-\{(1,500+1,200)\times0.8+2,000\times0.6\}\times2=9,400-3,360\times2=9,400-6,720=2,680$원이다.

따라서 남은 금액으로 A과자를 $\dfrac{2,680}{1,500\times0.8}\fallingdotseq2.23$, 2봉지 더 구매할 수 있다.

28
정답 ①

자료는 비율을 나타내기 때문에 실업자의 수는 알 수 없다.

오답분석

② 실업자 비율은 2%p 증가하였다.

③ 경제활동인구 비율은 80%에서 70%로 감소하였다.

④ 취업자 비율은 12%p 감소한 반면, 실업자 비율은 2%p 증가하였기 때문에 취업자 비율의 증감폭이 더 크다.

29
정답 ④

사병봉급은 2023년 20%로 가장 높은 인상률을 보였다.

오답분석

① 2022년의 인상률은 감소헸으므로 옳지 않다.

② 2023년 일병의 월급은 105,800원이다.

③ 2022년 상병의 월급은 97,500원으로 2021년에 비해 $\dfrac{(97.5-93.7)}{93.7}\times100=4.06\%$, 약 4% 인상했다.

30
정답 ③

학생들의 평균점수를 구하면 다음과 같다.

• A : $\dfrac{80+78+87}{3}\fallingdotseq81.7$점

• B : $\dfrac{82+80+78}{3}=80.0$점

• C : $\dfrac{88\times2+76}{3}=84.0$점

• D : $\dfrac{70+67+100}{3}=79.0$점

따라서 가장 높은 평균점수를 받은 C학생이 혜택을 받는다.

31
정답 ①

회화(영어·중국어) 중 한 과목을 수강하고, 지르박을 수강하면 2과목 수강이 가능하고 지르박을 수강하지 않고, 차차차와 자이브를 수강하면 최대 3과목 수강이 가능하다.

오답분석

② 자이브의 강좌시간이 3시간 30분으로 가장 길다.

③ 중국어 회화의 한 달 수강료는 $60,000\div3=20,000$원이고, 차차차의 한 달 수강료는 $150,000\div3=50,000$원이므로 한 달 수강료는 70,000원이다.

④ 차차차의 강좌시간은 $12:30\sim14:30$이고 자이브의 강좌시간은 $14:30\sim18:00$이므로 둘 다 수강할 수 있다.

32

정답 ③

남자 수는 전체의 60%이므로 300명, 여자 수는 전체의 40%이므로 200명이다.

- 41 ~ 50회를 기록한 남자 수 : $\frac{35}{100} \times 300 = 105$명
- 11 ~ 20회를 기록한 여자 수 : $\frac{17}{100} \times 200 = 34$명

따라서 차이는 $105 - 34 = 71$명이다.

33

정답 ③

여가활동의 주된 목적이 대인관계라고 응답한 인원의 수는 학력별로 다음과 같다.

학력	해당 인원수
초졸 이하	$923 \times 0.043 ≒ 40$명
중졸	$1,452 \times 0.056 ≒ 81$명
고졸	$4,491 \times 0.054 ≒ 243$명
대졸 이상	$3,632 \times 0.047 ≒ 171$명

따라서 여가활동의 주된 목적이 대인관계라고 응답한 인원수가 많은 순으로 나열하면 '고졸 – 대졸 이상 – 중졸 – 초졸 이하' 순이다.

34

정답 ①

ㄱ. '스트레스 해소'로 응답한 인원은 고졸 중 구성비가 중졸 중 구성비에 비해 1.1%p 더 높은 것이지, 1.1% 더 많다고 할 수 없다. 또한 고졸 중 해당 항목 응답자 수는 $4,491 \times 0.152 ≒ 683$명, 중졸에서는 $1,452 \times 0.141 ≒ 205$명으로 고졸 중 '스트레스 해소'를 선택한 인원은 중졸 인원 중 동일한 항목을 선택한 인원수의 3배 이상이다.

ㄴ. 중졸에서 응답률이 가장 낮은 항목은 '가족과의 시간', '자기계발', '대인관계'이며, 대졸 이상에서는 '시간 보내기', '자기계발', '대인관계'이다.

[오답분석]

ㄷ. '시간 보내기'로 응답한 인원은 고졸이 $4,491 \times 0.029 ≒ 130$명으로 초졸 이하의 $923 \times 0.138 ≒ 127$명보다 많다.

ㄹ. '자기계발'로 응답한 대졸 이상 인원수는 $3,632 \times 0.022 ≒ 80$명, '건강'으로 응답한 중졸 인원수 $1,452 \times 0.126 ≒ 183$명보다 적다.

35

정답 ②

1993년 대비 2023년 벼농사 작업별로 가장 크게 기계화율이 증가한 작업은 건조 / 피복($93.9 - 9.5 = 84.4$%p)이며, 가장 낮은 작업은 방제($98.1 - 86.7 = 11.4$%p)이다.
따라서 두 증가량의 차이는 $84.4 - 11.4 = 73$%p이다.

36

정답 ③

2023년 밭농사 작업의 기계화율 평균은
$$\frac{99.8 + 9.5 + 71.1 + 93.7 + 26.8}{5} = 60.18\%\text{이다.}$$

37

정답 ①

65세 이상 인구 비중이 높은 지역은 '전남 – 경북 – 전북 – 강원 – 충남 – …' 순서이다.
따라서 전북의 64세 이하 비중은 $100 - 19 = 81\%$이다.

38

정답 ②

인천 지역의 총 인구가 300만 명이라고 할 때, 65세 이상 인구는 $300 \times 0.118 = 35.4$만 명이다.

[오답분석]

① 울산의 40세 미만 비율과 대구의 40세 이상 64세 이하 비율 차이는 $48.5 - 40.8 = 7.7$%p이다.

③ 40세 미만 비율이 높은 다섯 지역을 차례로 나열하면 '세종(56.7%) – 대전(49.7%) – 광주(49.4%) – 경기(48.8%) – 울산(48.5%)'이다.

④ 조사 지역의 인구가 모두 같을 경우 40세 이상 64세 이하 인구가 두 번째로 많은 지역은 그 비율이 두 번째로 높은 지역을 찾으면 된다. 따라서 첫 번째는 41.5%인 울산이며, 두 번째는 40.8%인 대구이다.

39

정답 ③

2021년도에 이동한 총 인구수를 x천 명이라 하자.
$$\frac{628}{x} \times 100 = 14.4 \rightarrow x = \frac{62,800}{14.4} \rightarrow x ≒ 4,361$$
따라서 2019년 8월에 이동한 인구수는 4,361천 명이다.

40

정답 ④

8월 이동률이 16% 이상인 연도는 2013년과 2015년이다.

[오답분석]

① 2021 ~ 2023년 동안 8월 이동자 평균 인원은
$$\frac{628 + 592 + 566}{3} = \frac{1,786}{3} ≒ 595\text{명이다.}$$

② 8월 이동자가 700천 명 이상인 연도는 704천 명인 2015년이다.

③ 2023년 8월 이동률은 13%이다.

PART 3

01	02	03	04	05	06	07	08	09	10
①	①	①	③	①	①	③	①	②	②
11	12	13	14	15	16	17	18	19	20
③	②	④	①	③	③	④	②	①	④
21	22	23	24	25	26	27	28	29	30
③	②	④	②	②	④	①	③	③	①
31	32	33	34	35	36	37	38	39	40
①	④	②	③	②	④	①	②	①	④

01
정답 ①

가격이 높은 순서대로 나열하면 '파프리카 – 참외 – 토마토 – 오이'이므로 참외는 두 번째로 비싸다.

02
정답 ①

주어진 명제를 정리하면 다음과 같다.
• a : 독감에 걸린다.
• b : 열이 난다.
• c : 독감 바이러스가 발견된다.
• d : 독감약을 먹는다.
a → b, ~c → ~b, ~a → ~d로, 대우는 각각 ~b → ~a, b → c, d → a이다. d → a → b → c에 따라 d → c가 성립한다. 따라서 '독감약을 먹으면 독감 바이러스가 발견된 것이다.'는 참이 된다.

03
정답 ①

주어진 명제를 정리하면 다음과 같다.
• a : 초콜릿을 좋아하는 사람
• b : 사탕을 좋아하는 사람
• c : 젤리를 좋아하는 사람
• d : 캐러멜을 좋아하는 사람
a → b, c → d, ~b → ~d로, ~b → ~d의 대우는 d → b이므로 c → d → b에 따라 c → b가 성립한다. 따라서 '젤리를 좋아하는 사람은 사탕을 좋아한다.'는 참이 된다.

04
정답 ③

'인슐린이 제대로 생기지 않는 사람은 당뇨병에 걸리게 된다.'는 '인슐린은 당뇨병에 걸리지 않게 하는 호르몬이다.'의 역으로, 역은 참일 수도 있고 거짓일 수도 있다. 따라서 인슐린이 제대로 생기지 않는 사람이 당뇨병에 걸리게 되는지는 알 수 없다.

05
정답 ①

C와 D의 위치는 서로 비교할 수 없으므로 높은 위치에 있는 순서대로 나열하면 'A－C－D－B－E' 또는 'A－D－C－B－E'가 된다. 이때, 어느 경우라도 A가 가장 높은 위치에 있음을 알 수 있다.

06
정답 ①

05번의 해설에 따라 E가 가장 낮은 위치에 있음을 알 수 있다.

07
정답 ③

05번의 해설에 따라 C와 D의 위치를 서로 비교할 수 없으므로 현재 2등이 누구인지 알 수 없다.

08
정답 ①

주어진 조건에 따라 지난주 월~금의 평균 낮 기온을 정리하면 다음과 같다.

월	화	수	목	금	평균
21도	19도	22도	20도		20도

지난 주 월~금의 평균 낮 기온은 20도이므로 금요일의 낮 기온은 $\frac{21+19+22+20+x}{5}=20 \rightarrow x=20\times5-82=18$ 도이다. 따라서 지난주 낮 기온이 가장 높은 요일은 22도의 수요일임을 알 수 있다.

09
정답 ②

08번의 해설에 따라 지난주 금요일의 낮 기온은 18도이므로 거짓임을 알 수 있다.

10
정답 ②

08번의 해설에 따라 지난주 월~금 중 낮 기온이 평균 기온인 20도보다 높은 날은 월요일, 수요일이므로 거짓임을 알 수 있다.

11
정답 ③

앞의 항에 -1, -3, -5, -7, -9, -11, …을 더하는 수열이다.
따라서 ( )$=7-7=0$이다.

12

정답 ②

앞의 항에 $\times\dfrac{1}{2}$, $\times\dfrac{1}{3}$, $\times\dfrac{1}{4}$, $\times\dfrac{1}{5}$, …을 하는 수열이다.

따라서 (　)$=1\times\dfrac{1}{4}=\dfrac{1}{4}$이다.

13

정답 ④

홀수 항은 2씩 더하고, 짝수 항은 2^2, 4^2, 6^2, 8^2인 수열이다.

따라서 (　)$=11-2=9$이다.

14

정답 ①

홀수 항은 $\div 3$, 짝수 항은 $+4$를 하는 수열이다.

따라서 (　)$=\dfrac{13}{3}\div 3=\dfrac{13}{9}$이다.

15

정답 ③

앞의 항에 $\times(-2)$, $+6$이 반복되는 수열이다.

따라서 (　)$=(-1)\div(-2)=0.5$이다.

16

정답 ③

앞의 항에 $\times\dfrac{2}{3}$, -1이 반복되는 수열이다.

따라서 (　)$=4\div\dfrac{2}{3}=6$이다.

17

정답 ④

앞의 항에 $+2$, -4, $+8$, -16, $+32$, …을 하는 수열이다.

따라서 (　)$=22+32=54$이다.

18

정답 ②

홀수 항은 $\times 2+0.2$, 짝수 항은 $\times 2-0.1$을 하는 수열이다.

따라서 (　)$=4.8\times 2+0.2=9.8$이다.

19

정답 ①

나열된 수를 각각 A, B, C라고 하면

$\underline{A\ B\ C}\rightarrow (A+B)\div 3=C$

따라서 (　)$=(15+21)\div 3=12$이다.

20

정답 ④

나열된 수를 각각 A, B, C라고 하면

$\underline{A\ B\ C}\rightarrow A^2+2B=C$

따라서 (　)$=4^2+2\times 8=32$이다.

21

정답 ③

나열된 수를 각각 A, B, C라고 하면

$\underline{A\ B\ C}\rightarrow A^2-B^2=C$

따라서 (　)$=\sqrt{(-23)+12^2}=11$이다.

22

정답 ②

홀수 항은 -1, -2, -3, …, 짝수 항은 $+1$, $+2$, $+3$, …을 하는 수열이다.

j	ㅁ	i	ㅂ	g	ㅇ	(d)	ㅋ
10	5	9	6	7	8	4	11

23

정답 ④

홀수 항은 -2, 짝수 항은 $\times 3$을 하는 수열이다.

H	ㄴ	F	ㅂ	D	(ㄹ)	B
8	2	6	6	4	18(4)	2

24

정답 ②

앞의 항에 $+1$, -2, $+3$이 반복되는 수열이다.

ㄴ	ㄷ	ㄱ	ㄹ	ㅁ	ㄷ	ㅂ	ㅅ	(ㅁ)
2	3	1	4	5	3	6	7	5

25

정답 ②

앞의 항에 소수(2, 3, 5, 7, 11, …)를 더하는 수열이다.

A	C	F	K	(R)	C
1	3	6	11	18	29(3)

26

정답 ④

홀수 항은 $\times 2+1$, 짝수 항은 $\times 2$를 하는 수열이다.

ㄴ	ㄷ	ㅁ	ㅂ	ㅋ	ㅌ	(ㅈ)	ㅊ
2	3	5	6	11	12	23(9)	24(10)

27

정답 ①

앞의 항에 +1, +3, +5, +7, +9, …을 하는 수열이다.

一	二	五	十	七	(六)
1	2	5	10	17(7)	26(6)

28

정답 ③

홀수 항은 +3, +6, +9, 짝수 항은 +6을 하는 수열이다.

A	C	D	I	J	O	(S)	U
1	3	4	9	10	15	19	21

29

정답 ③

앞의 항에 +4를 하는 수열이다.

ㅁ	ㅈ	ㅍ	ㄷ	ㅅ	(ㅋ)
5	9	13	17(3)	21(7)	25(11)

30

정답 ①

앞의 항에 $+2^0$, $+2^1$, $+2^2$, $+2^3$, $+2^4$, …을 하는 수열이다.

ㄷ	ㄹ	ㅂ	ㅊ	ㄹ	(ㅂ)
3	4	6	10	18(4)	34(6)

31

정답 ①

앞의 항에 +1, +2, +3, +4, …을 하는 수열이다.

ㅅ	H	ㅊ	M	ㄷ	(V)
7	8	10	13	17(3)	22

32

정답 ④

앞의 항에 +2를 하는 수열이다.

J	L	N	(P)	R	T
10	12	14	16	18	20

33

정답 ②

메탈쿨링=AX, 프리 스탠딩=F, 313L=31, 1도어=DE

오답분석

① EDC60DE : 다용도, 키친 핏, 605L, 1도어
③ AXEFC48TE : 메탈쿨링, 독립냉각, 키친 핏, 486L, 4도어
④ AXF31DA : 메탈쿨링, 프리 스탠딩, 313L, 2도어

34

정답 ③

주문된 상품을 기호화하면 다음과 같다.

RCF84TE	EDC60DE	RQB31DA	AXEFC48TE
김치보관, 프리 스탠딩, 840L, 4도어	다용도, 키친 핏, 605L, 1도어	가변형, 빌트인, 313L, 2도어	메탈쿨링, 독립냉각, 키친 핏, 486L, 4도어
AXF31DE	EFB60DE	RQEDF84TE	EDC58DA
메탈쿨링, 프리 스탠딩, 313L, 1도어	독립냉각, 빌트인, 605L, 1도어	가변형, 다용도, 프리 스탠딩, 840L, 4도어	다용도, 키친 핏, 584L, 2도어
EFRQB60TE	AXF31DA	EFC48DA	RCEDB84TE
독립냉각, 가변형, 빌트인, 605L, 4도어	메탈쿨링, 프리 스탠딩, 313L, 2도어	독립냉각, 키친 핏, 486L, 2도어	김치보관, 다용도, 빌트인, 840L, 4도어

주문된 상품 중 가변형 기능과 키친 핏 형태가 포함되어 있는 것은 'EDC60DE, RQB31DA, AXEFC48TE, RQEDF84TE, EDC58DA, EFRQB60TE, EFC48DA' 총 7개이다.

35

정답 ②

34번 해설을 참고할 때, 무상수리 대상이 되는 상품은 'AXEFC48TE, EFB60DE, EFRQB60TE, EFC48DA' 총 4개이다.

36

정답 ④

주문된 상품의 판매현황은 다음과 같다.

기능		용량		도어	
김치보관	2개	840L	3개	4도어	5개
독립냉각	4개	605L	3개	2도어	4개
가변형	3개	584L	1개	1도어	3개
메탈쿨링	3개	486L	2개		
다용도	4개	313L	3개		

따라서 김치보관(RC), 584L(58), 1도어(DE)가 가장 인기가 없는 냉장고의 기호이다.

37

정답 ①

신규고객 : 01(처음 가는 동네)
야간 : 12(화요일 밤 10시)
개 : 10
치료 : 2

② 0112105 : 신규고객, 야간, 개, 기타
③ 0111102 : 신규고객, 주간, 개, 치료
④ 0112202 : 신규고객, 야간, 고양이, 치료

38 　　　정답 ②

0111102	0211203	0113202	0312301	0313505
0212404	0111603	0111104	0213605	0313202
0113101	0312504	0311302	0111403	0212204
0312105	0212103	0213202	0311101	0111604

주말 진료와 상담 업무의 접수를 취소하면 총 9건이 남는다.

39 　　　정답 ①

0111102	0211203	0113202	0312301	0313505
신규, 주간, 개, 치료	기존, 주간, 고양이, 정기검진	신규, 주말, 고양이, 치료	장기, 야간, 조류, 예방접종	장기, 주말, 가축, 기타
0212404	**0111603**	**0111104**	**0213605**	**0313202**
기존, 야간, 파충류, 상담	신규, 주간, 기타, 정기검진	신규, 주간, 개, 상담	기존, 주말, 기타, 기타	장기, 주말, 고양이, 치료
0113101	**0312504**	**0311302**	**0111403**	**0212204**
신규, 주말, 개, 예방접종	장기, 야간, 가축, 상담	장기, 주간, 조류, 치료	신규, 주간, 파충류, 정기검진	기존, 야간, 고양이, 상담
0312105	**0212103**	**0213202**	**0311101**	**0111604**
장기, 야간, 개, 기타	기존, 야간, 개, 정기검진	기존, 주말, 고양이, 치료	장기, 주간, 개, 예방접종	신규, 주간, 기타, 상담

개 6건, 고양이 5건, 조류 2건, 파충류 2건, 가축 2건, 기타 3건으로 개가 가장 많이 접수된 동물이다.

40 　　　정답 ④

① 0111001 → 품종에 00은 없다.
② 0214202 → 진료시간에 14는 없다.
③ 03133033 → 접수 코드는 7자리이다.

03 ▶ 지각능력검사

01	02	03	04	05	06	07	08	09	10
③	④	④	②	①	①	③	④	①	④
11	12	13	14	15	16	17	18	19	20
④	②	④	①	④	②	③	①	④	②
21	22	23	24	25	26	27	28	29	30
①	②	④	③	③	②	②	④	④	①
31	32	33	34	35	36	37	38	39	40
④	④	③	①	②	④	①	④	②	③

01 　　　정답 ③

- 1층 : $4 \times 5 - 4 = 16$개
- 2층 : $20 - 9 = 11$개
- 3층 : $20 - 15 = 5$개
- ∴ $16 + 11 + 5 = 32$개

02 　　　정답 ④

- 1층 : $5 \times 4 - 3 = 17$개
- 2층 : $20 - 4 = 16$개
- 3층 : $20 - 11 = 9$개
- ∴ $17 + 16 + 9 = 42$개

03 　　　정답 ④

- 1층 : $5 \times 5 - 6 = 19$개
- 2층 : $25 - 11 = 14$개
- 3층 : $25 - 19 = 6$개
- 4층 : $25 - 21 = 4$개
- 5층 : $25 - 23 = 2$개
- ∴ $19 + 14 + 6 + 4 + 2 = 45$개

04 　　　정답 ②

- 1층 : $3 \times 4 - 1 = 11$개
- 2층 : $12 - 3 = 9$개
- 3층 : $12 - 5 = 7$개
- 4층 : $12 - 8 = 4$개
- ∴ $11 + 9 + 7 + 4 = 31$개

05

정답 ①

- 1층 : 3×4=12개
- 2층 : 12−3=9개
- 3층 : 12−4=8개
- 4층 : 12−7=5개

∴ 12+9+8+5=34개

06

정답 ①

- 1층 : 4×4−2=14개
- 2층 : 16−4=12개
- 3층 : 16−5=11개
- 4층 : 16−9=7개

∴ 14+12+11+7=44개

07

정답 ③

- 1층 : 4×4−1=15개
- 2층 : 16−3=13개
- 3층 : 16−5=11개
- 4층 : 16−10=6개

∴ 15+13+11+6=45개

08

정답 ④

- 1층 : 4×4−2=14개
- 2층 : 16−3=13개
- 3층 : 16−8=8개
- 4층 : 16−12=4개

∴ 14+13+8+4=39개

09

정답 ①

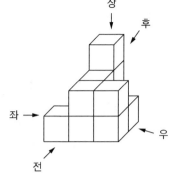

- 상

 : 6개

- 전

 : 6개

- 후

 : 6개

- 좌

 : 7개

- 우

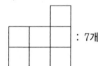 : 7개

∴ 6+6+6+7+7=32개

10

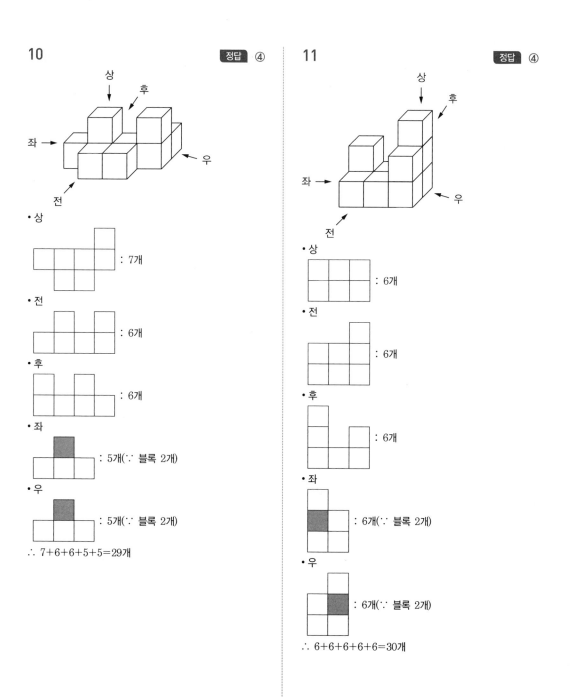

11

• 상 : 7개

• 전 : 6개

• 후 : 6개

• 좌 : 5개(∵ 블록 2개)

• 우 : 5개(∵ 블록 2개)

∴ 7+6+6+5+5=29개

• 상 : 6개

• 전 : 6개

• 후 : 6개

• 좌 : 6개(∵ 블록 2개)

• 우 : 6개(∵ 블록 2개)

∴ 6+6+6+6+6=30개

12 　정답 ②

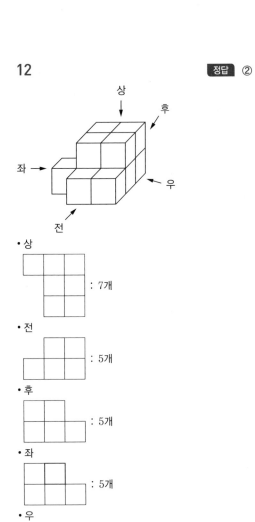

• 상

: 7개

• 전

: 5개

• 후

: 5개

• 좌

: 5개

• 우

: 5개

∴ 7+5+5+5+5=27개

13 　정답 ④

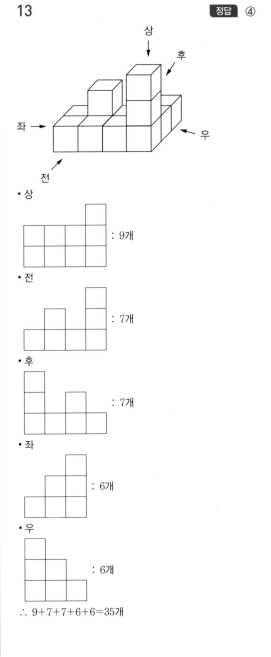

• 상

: 9개

• 전

: 7개

• 후

: 7개

• 좌

: 6개

• 우

: 6개

∴ 9+7+7+6+6=35개

14 정답 ①

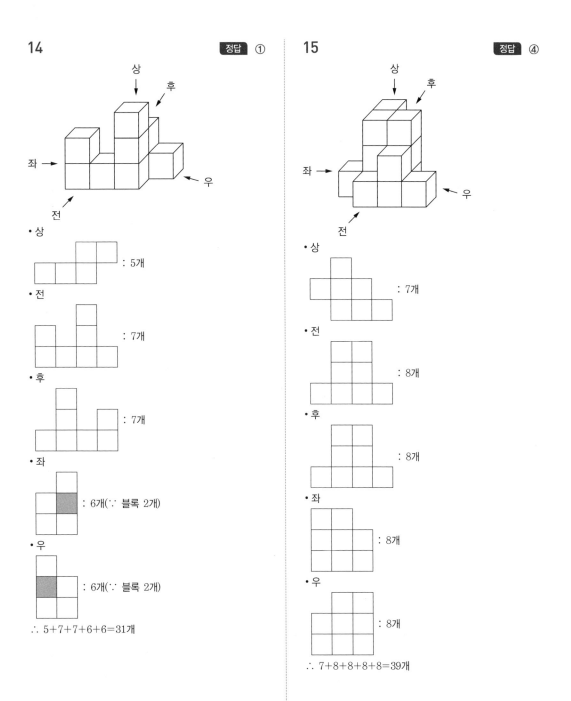

• 상

: 5개

• 전

: 7개

• 후

: 7개

• 좌

: 6개(∵ 블록 2개)

• 우

: 6개(∵ 블록 2개)

∴ 5+7+7+6+6=31개

15 정답 ④

• 상

: 7개

• 전

: 8개

• 후

: 8개

• 좌

: 8개

• 우

: 8개

∴ 7+8+8+8+8=39개

16   정답 ②

제시된 문자를 오름차순으로 나열하면 'ㄱ－B－ㅁ－ㅈ－J
－R'이므로 3번째에 오는 문자는 'ㅁ'이다.

17   정답 ③

제시된 문자를 오름차순으로 나열하면 'D－G－R－S－T
－W'이므로 6번째에 오는 문자는 'W'이다.

18   정답 ①

제시된 문자를 오름차슈으로 나열하면 'E－I－J－Q－V－
W'이므로 4번째에 오는 문자는 'Q'이다.

19   정답 ④

제시된 문자를 오름차순으로 나열하면 'E－F－M－P－X
－Z'이므로 2번째에 오는 문자는 'F'이다.

20   정답 ②

제시된 문자를 오름차순으로 나열하면 'ㅁ－O－I－ㅌ－M
－T'이므로 2번째에 오는 문자는 'O'이다.

21   정답 ①

제시된 문자를 오름차순으로 나열하면 'B－D－E－G－H
－I'이므로 1번째에 오는 문자는 'B'이다.

22   정답 ②

제시된 문자를 내림차순으로 나열하면 'N－ㅈ－H－ㅅ－D
－C'이므로 2번째에 오는 문자는 'ㅈ'이다.

23   정답 ④

제시된 문자를 내림차순으로 나열하면 '으－우－요－어－
야－아'이므로 3번째에 오는 문자는 '요'이다.

24   정답 ③

제시된 문자를 내림차순으로 나열하면 'L－K－J－I－G－
D'이므로 2번째에 오는 문자는 'K'이다.

25   정답 ③

제시된 문자를 내림차순으로 나열하면 'X－W－N－ㅍ－
ㅌ－ㅊ'이므로 4번째에 오는 문자는 'ㅍ'이다.

26   정답 ②

제시된 문자를 내림차순으로 나열하면 'M－K－O－ㅂ－
D－ㄴ'이므로 5번째에 오는 문자는 'D'이다.

27   정답 ②

제시된 문자를 내림차순으로 나열하면 'P－十－I－八－G
－一'이므로 3번째에 오는 문자는 'I'이다.

28   정답 ④

'멜로디', '리듬', '하모니'는 '음악'을 성립시키기 위해 필요한
3가지 중요 요소이다.

29   정답 ④

북한'산', 지리'산', 산의 순우리말인 '뫼'를 통해 '산'을 연상
할 수 있다.

30   정답 ①

'보상'은 남에게 끼친 손해를 '갚다'는 의미를 지니며, 물건을
메고 다니며 파는 '상인'을 뜻하기도 한다. 또한 보상으로 받
을 수 있는 '상금'을 통해 '보상'을 연상할 수 있다.

31   정답 ④

'김치', '요구르트', '청국장'은 모두 '발효'식품에 해당된다.

32   정답 ④

우리나라 '동전'에서 '다보탑'은 10원, '이순신'은 100원, '학'
은 500원에 새겨져 있다.

33   정답 ③

· 桑田碧海(상전벽해) : '뽕나무밭이 푸른 바다가 된다.'는
뜻으로, 세상이 몰라볼 정도로 바뀜을 이르는 말≒동해양
진(東海揚塵)

34

정답 ①

- 不眠不休(불면불휴) : '자지도 아니하고 쉬지도 않는다.'는 뜻으로, 쉬지 않고 힘써 일하는 모양을 이르는 말

35

정답 ②

- 肝膽相照(간담상조) : '간과 쓸개를 보여주며 사귄다.'는 뜻으로, 서로의 마음을 터놓고 사귐을 이르는 말

36

정답 ④

- 烏飛梨落(오비이락) : '까마귀 날자 배 떨어진다.'는 뜻으로, 아무 관계도 없는 일인데 우연히 때가 같음으로 인하여 무슨 관계가 있는 것처럼 의심을 받게 됨을 이르는 말

37

정답 ①

- 狐假虎威(호가호위) : '원님 덕에 나팔 분다.'는 뜻으로, 다른 사람의 권세를 빌어서 위세를 부림을 이르는 말

38

정답 ④

- 錦衣夜行(금의야행) : '비단 옷 입고 밤길을 간다.'는 뜻으로, 아무 보람 없는 행동을 이르는 말

39

정답 ②

- 安貧樂道(안빈낙도) : '가난한 생활을 하면서도 편안한 마음으로 도를 지킨다.'는 뜻으로, 재화에 대한 욕심을 버리고 인생을 그저 평안히 즐기며 살아가는 태도를 이르는 말

40

정답 ③

- 兎死狐悲(토사호비) : '토끼의 죽음을 여우가 슬퍼한다.'는 뜻으로, 같은 무리의 불행을 슬퍼함을 이르는 말

PART 3

작은 기회로부터 종종 위대한 업적이 시작된다.

- 데모스테네스 -

삼성 온라인 GSAT 4급 전문대졸 모의고사 답안지

수리능력검사

문번	1	2	3	4	문번	1	2	3	4
1	①	②	③	④	21	①	②	③	④
2	①	②	③	④	22	①	②	③	④
3	①	②	③	④	23	①	②	③	④
4	①	②	③	④	24	①	②	③	④
5	①	②	③	④	25	①	②	③	④
6	①	②	③	④	26	①	②	③	④
7	①	②	③	④	27	①	②	③	④
8	①	②	③	④	28	①	②	③	④
9	①	②	③	④	29	①	②	③	④
10	①	②	③	④	30	①	②	③	④
11	①	②	③	④	31	①	②	③	④
12	①	②	③	④	32	①	②	③	④
13	①	②	③	④	33	①	②	③	④
14	①	②	③	④	34	①	②	③	④
15	①	②	③	④	35	①	②	③	④
16	①	②	③	④	36	①	②	③	④
17	①	②	③	④	37	①	②	③	④
18	①	②	③	④	38	①	②	③	④
19	①	②	③	④	39	①	②	③	④
20	①	②	③	④	40	①	②	③	④

추리능력검사

문번	1	2	3	4	문번	1	2	3	4
1	①	②	③	④	21	①	②	③	④
2	①	②	③	④	22	①	②	③	④
3	①	②	③	④	23	①	②	③	④
4	①	②	③	④	24	①	②	③	④
5	①	②	③	④	25	①	②	③	④
6	①	②	③	④	26	①	②	③	④
7	①	②	③	④	27	①	②	③	④
8	①	②	③	④	28	①	②	③	④
9	①	②	③	④	29	①	②	③	④
10	①	②	③	④	30	①	②	③	④
11	①	②	③	④	31	①	②	③	④
12	①	②	③	④	32	①	②	③	④
13	①	②	③	④	33	①	②	③	④
14	①	②	③	④	34	①	②	③	④
15	①	②	③	④	35	①	②	③	④
16	①	②	③	④	36	①	②	③	④
17	①	②	③	④	37	①	②	③	④
18	①	②	③	④	38	①	②	③	④
19	①	②	③	④	39	①	②	③	④
20	①	②	③	④	40	①	②	③	④

지각능력검사

문번	1	2	3	4	문번	1	2	3	4
1	①	②	③	④	21	①	②	③	④
2	①	②	③	④	22	①	②	③	④
3	①	②	③	④	23	①	②	③	④
4	①	②	③	④	24	①	②	③	④
5	①	②	③	④	25	①	②	③	④
6	①	②	③	④	26	①	②	③	④
7	①	②	③	④	27	①	②	③	④
8	①	②	③	④	28	①	②	③	④
9	①	②	③	④	29	①	②	③	④
10	①	②	③	④	30	①	②	③	④
11	①	②	③	④	31	①	②	③	④
12	①	②	③	④	32	①	②	③	④
13	①	②	③	④	33	①	②	③	④
14	①	②	③	④	34	①	②	③	④
15	①	②	③	④	35	①	②	③	④
16	①	②	③	④	36	①	②	③	④
17	①	②	③	④	37	①	②	③	④
18	①	②	③	④	38	①	②	③	④
19	①	②	③	④	39	①	②	③	④
20	①	②	③	④	40	①	②	③	④

고사장

성 명

수 험 번 호

⊝	①	②	③	④	⑤	⑥	⑦	⑧	⑨
⊝	①	②	③	④	⑤	⑥	⑦	⑧	⑨
⊝	①	②	③	④	⑤	⑥	⑦	⑧	⑨
⊝	①	②	③	④	⑤	⑥	⑦	⑧	⑨
⊝	①	②	③	④	⑤	⑥	⑦	⑧	⑨
⊝	①	②	③	④	⑤	⑥	⑦	⑧	⑨
⊝	①	②	③	④	⑤	⑥	⑦	⑧	⑨

감독위원 확인

(인)

삼성 온라인 GSAT 4급 전문대졸 모의고사 답안지

고사장	
성 명	

수험번호

⓪ ① ② ③ ④ ⑤ ⑥ ⑦ ⑧ ⑨

감독위원 확인 (인)

수리능력검사

문번	1 2 3 4	문번	1 2 3 4
1	① ② ③ ④	21	① ② ③ ④
2	① ② ③ ④	22	① ② ③ ④
3	① ② ③ ④	23	① ② ③ ④
4	① ② ③ ④	24	① ② ③ ④
5	① ② ③ ④	25	① ② ③ ④
6	① ② ③ ④	26	① ② ③ ④
7	① ② ③ ④	27	① ② ③ ④
8	① ② ③ ④	28	① ② ③ ④
9	① ② ③ ④	29	① ② ③ ④
10	① ② ③ ④	30	① ② ③ ④
11	① ② ③ ④	31	① ② ③ ④
12	① ② ③ ④	32	① ② ③ ④
13	① ② ③ ④	33	① ② ③ ④
14	① ② ③ ④	34	① ② ③ ④
15	① ② ③ ④	35	① ② ③ ④
16	① ② ③ ④	36	① ② ③ ④
17	① ② ③ ④	37	① ② ③ ④
18	① ② ③ ④	38	① ② ③ ④
19	① ② ③ ④	39	① ② ③ ④
20	① ② ③ ④	40	① ② ③ ④

추리능력검사

문번	1 2 3 4	문번	1 2 3 4
1	① ② ③ ④	21	① ② ③ ④
2	① ② ③ ④	22	① ② ③ ④
3	① ② ③ ④	23	① ② ③ ④
4	① ② ③ ④	24	① ② ③ ④
5	① ② ③ ④	25	① ② ③ ④
6	① ② ③ ④	26	① ② ③ ④
7	① ② ③ ④	27	① ② ③ ④
8	① ② ③ ④	28	① ② ③ ④
9	① ② ③ ④	29	① ② ③ ④
10	① ② ③ ④	30	① ② ③ ④
11	① ② ③ ④	31	① ② ③ ④
12	① ② ③ ④	32	① ② ③ ④
13	① ② ③ ④	33	① ② ③ ④
14	① ② ③ ④	34	① ② ③ ④
15	① ② ③ ④	35	① ② ③ ④
16	① ② ③ ④	36	① ② ③ ④
17	① ② ③ ④	37	① ② ③ ④
18	① ② ③ ④	38	① ② ③ ④
19	① ② ③ ④	39	① ② ③ ④
20	① ② ③ ④	40	① ② ③ ④

지각능력검사

문번	1 2 3 4	문번	1 2 3 4
1	① ② ③ ④	21	① ② ③ ④
2	① ② ③ ④	22	① ② ③ ④
3	① ② ③ ④	23	① ② ③ ④
4	① ② ③ ④	24	① ② ③ ④
5	① ② ③ ④	25	① ② ③ ④
6	① ② ③ ④	26	① ② ③ ④
7	① ② ③ ④	27	① ② ③ ④
8	① ② ③ ④	28	① ② ③ ④
9	① ② ③ ④	29	① ② ③ ④
10	① ② ③ ④	30	① ② ③ ④
11	① ② ③ ④	31	① ② ③ ④
12	① ② ③ ④	32	① ② ③ ④
13	① ② ③ ④	33	① ② ③ ④
14	① ② ③ ④	34	① ② ③ ④
15	① ② ③ ④	35	① ② ③ ④
16	① ② ③ ④	36	① ② ③ ④
17	① ② ③ ④	37	① ② ③ ④
18	① ② ③ ④	38	① ② ③ ④
19	① ② ③ ④	39	① ② ③ ④
20	① ② ③ ④	40	① ② ③ ④

삼성 온라인 GSAT 4급 전문대졸 모의고사 답안지

수리능력검사

문번	1	2	3	4	문번	1	2	3	4
1	①	②	③	④	21	①	②	③	④
2	①	②	③	④	22	①	②	③	④
3	①	②	③	④	23	①	②	③	④
4	①	②	③	④	24	①	②	③	④
5	①	②	③	④	25	①	②	③	④
6	①	②	③	④	26	①	②	③	④
7	①	②	③	④	27	①	②	③	④
8	①	②	③	④	28	①	②	③	④
9	①	②	③	④	29	①	②	③	④
10	①	②	③	④	30	①	②	③	④
11	①	②	③	④	31	①	②	③	④
12	①	②	③	④	32	①	②	③	④
13	①	②	③	④	33	①	②	③	④
14	①	②	③	④	34	①	②	③	④
15	①	②	③	④	35	①	②	③	④
16	①	②	③	④	36	①	②	③	④
17	①	②	③	④	37	①	②	③	④
18	①	②	③	④	38	①	②	③	④
19	①	②	③	④	39	①	②	③	④
20	①	②	③	④	40	①	②	③	④

추리능력검사

문번	1	2	3	4	문번	1	2	3	4
1	①	②	③	④	21	①	②	③	④
2	①	②	③	④	22	①	②	③	④
3	①	②	③	④	23	①	②	③	④
4	①	②	③	④	24	①	②	③	④
5	①	②	③	④	25	①	②	③	④
6	①	②	③	④	26	①	②	③	④
7	①	②	③	④	27	①	②	③	④
8	①	②	③	④	28	①	②	③	④
9	①	②	③	④	29	①	②	③	④
10	①	②	③	④	30	①	②	③	④
11	①	②	③	④	31	①	②	③	④
12	①	②	③	④	32	①	②	③	④
13	①	②	③	④	33	①	②	③	④
14	①	②	③	④	34	①	②	③	④
15	①	②	③	④	35	①	②	③	④
16	①	②	③	④	36	①	②	③	④
17	①	②	③	④	37	①	②	③	④
18	①	②	③	④	38	①	②	③	④
19	①	②	③	④	39	①	②	③	④
20	①	②	③	④	40	①	②	③	④

지각능력검사

문번	1	2	3	4	문번	1	2	3	4
1	①	②	③	④	21	①	②	③	④
2	①	②	③	④	22	①	②	③	④
3	①	②	③	④	23	①	②	③	④
4	①	②	③	④	24	①	②	③	④
5	①	②	③	④	25	①	②	③	④
6	①	②	③	④	26	①	②	③	④
7	①	②	③	④	27	①	②	③	④
8	①	②	③	④	28	①	②	③	④
9	①	②	③	④	29	①	②	③	④
10	①	②	③	④	30	①	②	③	④
11	①	②	③	④	31	①	②	③	④
12	①	②	③	④	32	①	②	③	④
13	①	②	③	④	33	①	②	③	④
14	①	②	③	④	34	①	②	③	④
15	①	②	③	④	35	①	②	③	④
16	①	②	③	④	36	①	②	③	④
17	①	②	③	④	37	①	②	③	④
18	①	②	③	④	38	①	②	③	④
19	①	②	③	④	39	①	②	③	④
20	①	②	③	④	40	①	②	③	④

교사장

성 명

수 험 번 호

⓪ ① ② ③ ④ ⑤ ⑥ ⑦ ⑧ ⑨

감독위원 확인

(인)

삼성 온라인 GSAT 4급 전문대졸 모의고사 답안지

고사장

성 명

수험번호

	⓪ ① ② ③ ④ ⑤ ⑥ ⑦ ⑧ ⑨
	⓪ ① ② ③ ④ ⑤ ⑥ ⑦ ⑧ ⑨
	⓪ ① ② ③ ④ ⑤ ⑥ ⑦ ⑧ ⑨
	⓪ ① ② ③ ④ ⑤ ⑥ ⑦ ⑧ ⑨
	⓪ ① ② ③ ④ ⑤ ⑥ ⑦ ⑧ ⑨
	⓪ ① ② ③ ④ ⑤ ⑥ ⑦ ⑧ ⑨
	⓪ ① ② ③ ④ ⑤ ⑥ ⑦ ⑧ ⑨

감독위원 확인

(인)

수리능력검사

문번	1	2	3	4		문번	1	2	3	4
1	①	②	③	④		21	①	②	③	④
2	①	②	③	④		22	①	②	③	④
3	①	②	③	④		23	①	②	③	④
4	①	②	③	④		24	①	②	③	④
5	①	②	③	④		25	①	②	③	④
6	①	②	③	④		26	①	②	③	④
7	①	②	③	④		27	①	②	③	④
8	①	②	③	④		28	①	②	③	④
9	①	②	③	④		29	①	②	③	④
10	①	②	③	④		30	①	②	③	④
11	①	②	③	④		31	①	②	③	④
12	①	②	③	④		32	①	②	③	④
13	①	②	③	④		33	①	②	③	④
14	①	②	③	④		34	①	②	③	④
15	①	②	③	④		35	①	②	③	④
16	①	②	③	④		36	①	②	③	④
17	①	②	③	④		37	①	②	③	④
18	①	②	③	④		38	①	②	③	④
19	①	②	③	④		39	①	②	③	④
20	①	②	③	④		40	①	②	③	④

추리능력검사

문번	1	2	3	4		문번	1	2	3	4
1	①	②	③	④		21	①	②	③	④
2	①	②	③	④		22	①	②	③	④
3	①	②	③	④		23	①	②	③	④
4	①	②	③	④		24	①	②	③	④
5	①	②	③	④		25	①	②	③	④
6	①	②	③	④		26	①	②	③	④
7	①	②	③	④		27	①	②	③	④
8	①	②	③	④		28	①	②	③	④
9	①	②	③	④		29	①	②	③	④
10	①	②	③	④		30	①	②	③	④
11	①	②	③	④		31	①	②	③	④
12	①	②	③	④		32	①	②	③	④
13	①	②	③	④		33	①	②	③	④
14	①	②	③	④		34	①	②	③	④
15	①	②	③	④		35	①	②	③	④
16	①	②	③	④		36	①	②	③	④
17	①	②	③	④		37	①	②	③	④
18	①	②	③	④		38	①	②	③	④
19	①	②	③	④		39	①	②	③	④
20	①	②	③	④		40	①	②	③	④

지각능력검사

문번	1	2	3	4		문번	1	2	3	4
1	①	②	③	④		21	①	②	③	④
2	①	②	③	④		22	①	②	③	④
3	①	②	③	④		23	①	②	③	④
4	①	②	③	④		24	①	②	③	④
5	①	②	③	④		25	①	②	③	④
6	①	②	③	④		26	①	②	③	④
7	①	②	③	④		27	①	②	③	④
8	①	②	③	④		28	①	②	③	④
9	①	②	③	④		29	①	②	③	④
10	①	②	③	④		30	①	②	③	④
11	①	②	③	④		31	①	②	③	④
12	①	②	③	④		32	①	②	③	④
13	①	②	③	④		33	①	②	③	④
14	①	②	③	④		34	①	②	③	④
15	①	②	③	④		35	①	②	③	④
16	①	②	③	④		36	①	②	③	④
17	①	②	③	④		37	①	②	③	④
18	①	②	③	④		38	①	②	③	④
19	①	②	③	④		39	①	②	③	④
20	①	②	③	④		40	①	②	③	④

삼성 온라인 GSAT 4급 전문대졸 모의고사 답안지

수리능력검사

문번	1	2	3	4	문번	1	2	3	4
1	①	②	③	④	21	①	②	③	④
2	①	②	③	④	22	①	②	③	④
3	①	②	③	④	23	①	②	③	④
4	①	②	③	④	24	①	②	③	④
5	①	②	③	④	25	①	②	③	④
6	①	②	③	④	26	①	②	③	④
7	①	②	③	④	27	①	②	③	④
8	①	②	③	④	28	①	②	③	④
9	①	②	③	④	29	①	②	③	④
10	①	②	③	④	30	①	②	③	④
11	①	②	③	④	31	①	②	③	④
12	①	②	③	④	32	①	②	③	④
13	①	②	③	④	33	①	②	③	④
14	①	②	③	④	34	①	②	③	④
15	①	②	③	④	35	①	②	③	④
16	①	②	③	④	36	①	②	③	④
17	①	②	③	④	37	①	②	③	④
18	①	②	③	④	38	①	②	③	④
19	①	②	③	④	39	①	②	③	④
20	①	②	③	④	40	①	②	③	④

추리능력검사

문번	1	2	3	4	문번	1	2	3	4
1	①	②	③	④	21	①	②	③	④
2	①	②	③	④	22	①	②	③	④
3	①	②	③	④	23	①	②	③	④
4	①	②	③	④	24	①	②	③	④
5	①	②	③	④	25	①	②	③	④
6	①	②	③	④	26	①	②	③	④
7	①	②	③	④	27	①	②	③	④
8	①	②	③	④	28	①	②	③	④
9	①	②	③	④	29	①	②	③	④
10	①	②	③	④	30	①	②	③	④
11	①	②	③	④	31	①	②	③	④
12	①	②	③	④	32	①	②	③	④
13	①	②	③	④	33	①	②	③	④
14	①	②	③	④	34	①	②	③	④
15	①	②	③	④	35	①	②	③	④
16	①	②	③	④	36	①	②	③	④
17	①	②	③	④	37	①	②	③	④
18	①	②	③	④	38	①	②	③	④
19	①	②	③	④	39	①	②	③	④
20	①	②	③	④	40	①	②	③	④

지각능력검사

문번	1	2	3	4
21	①	②	③	④
22	①	②	③	④
23	①	②	③	④
24	①	②	③	④
25	①	②	③	④
26	①	②	③	④
27	①	②	③	④
28	①	②	③	④
29	①	②	③	④
30	①	②	③	④
31	①	②	③	④
32	①	②	③	④
33	①	②	③	④
34	①	②	③	④
35	①	②	③	④
36	①	②	③	④
37	①	②	③	④
38	①	②	③	④
39	①	②	③	④
40	①	②	③	④

교사장

성 명

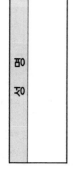

수 험 번 호

⓪ ① ② ③ ④ ⑤ ⑥ ⑦ ⑧ ⑨

감독위원 확인

(인)

※ 정답선을 따라 올려야여 실제 시험용과 강이 녹도록 고안되어 있습니다.

2024 최신판 SD에듀 All-New 삼성 온라인 GSAT 4급
전문대졸채용 7개년 기출 + 모의고사 4회 + 무료4급특강

개정20판1쇄 발행	2024년 04월 15일 (인쇄 2024년 03월 22일)
초 판 발 행	2013년 12월 20일 (인쇄 2013년 11월 22일)
발 행 인	박영일
책 임 편 집	이해욱
편 저	SDC(Sidae Data Center)
편 집 진 행	안희선 · 김내원
표지디자인	박수영
편집디자인	최미란 · 남수영
발 행 처	(주)시대고시기획
출 판 등 록	제10-1521호
주 소	서울시 마포구 큰우물로 75 [도화동 538 성지 B/D] 9F
전 화	1600-3600
팩 스	02-701-8823
홈 페 이 지	www.sdedu.co.kr
I S B N	979-11-383-4673-3 (13320)
정 가	23,000원

GSAT

4급 전문대졸
온라인 삼성직무적성검사

7개년 기출복원문제 +
모의고사 4회 + 무료4급특강

최신 출제경향 전면 반영